Cibersegurança Para leigos

Alguns golpes que os cibercriminosos usam para atacar compradores online parecem persistir por muitos anos — indicando que as pessoas estão constantemente sendo vítimas deles, o que incentiva os criminosos a continuarem usando os mesmos truques repetidas vezes. Conheça alguns desses golpes comuns e aprenda algumas dicas simples de como manter a si mesmo e a seus entes queridos protegidos ao usar a internet para fazer compras.

Além disso, as pessoas cometem erros que acabam dando margem àqueles que querem cometer crimes cibernéticos — conheça alguns dos erros mais comuns, para que não os cometa, e impeça os criminosos de atingirem você ou a seus entes queridos.

©GoodStudio/Shutterstock.com

CB001280

CIBERPROTEÇÃO PARA VOCÊ E SUA FAMÍLIA NA INTERNET

Para proteger você e sua família, verifique se todos sabem que são um alvo. As pessoas que acreditam que os hackers querem violar seus computadores e telefones, e que os cibercriminosos querem roubar seus dados, agem de maneira diferente das que não entendem a natureza da ameaça.

As pessoas que internalizam essa realidade geralmente se comportam de maneira diferente daquelas que não o fazem — às vezes nem percebem que estão agindo com segurança.

As dicas a seguir protegem seus dados, você e sua família contra golpes da internet:

- **Proteja os dispositivos.** No mínimo, execute o software de segurança em todos os dispositivos que usa para acessar informações confidenciais. Configure-os para bloquear automaticamente e exija uma senha forte para desbloqueá-los. Não os deixe em locais perigosos e instale software apenas de fontes confiáveis, como lojas de aplicativos e sites oficiais de fornecedores e revendedores.

- **Proteja os dados.** Criptografe todos os dados confidenciais e faça backup com frequência. Se não tiver certeza se algo deve ser criptografado, provavelmente deve ser. Se não tiver certeza se faz backup com frequência suficiente, como a maioria das pessoas, provavelmente não o faz.

- **Use conexões seguras.** Nunca acesse informações confidenciais por Wi-Fi público gratuito e considere evitar o acesso à internet por esses meios a partir de qualquer dispositivo no qual execute atividades ou acesse informações confidenciais. A conexão fornecida pela operadora telefônica é muito mais segura do que qualquer Wi-Fi público.

- **Use autenticação e senhas adequadas.** Todas as pessoas que acessam um sistema importante devem ter as próprias credenciais de login. Não compartilhe senhas para serviços bancários online, e-mail, redes sociais e outros, nem com seus filhos ou outras pessoas próximas. Crie um login pessoal para cada um. Use senhas fortes e exclusivas para os sistemas mais confidenciais.

- **Pondere ao compartilhar.** Não compartilhe informações nas redes sociais ou através de outras plataformas. Os bandidos procuram dados nessas plataformas e os usam com engenheiros sociais. O compartilhamento excessivo aumenta o risco de que você e seus entes queridos sejam alvo de golpistas.

Cibersegurança

para **leigos**

Cibersegurança
Para leigos

Joseph Steinberg

ALTA BOOKS
EDITORA
Rio de Janeiro, 2020

Cibersegurança Para Leigos®
Copyright © 2020 da Starlin Alta Editora e Consultoria Eireli. ISBN: 978-65-552-0067-6.

Translated from original Cybersecurity For Dummies®. Copyright © 2020 by John Wiley & Sons, Inc. ISBN 978-1-119-56032-6. This translation is published and sold by permission of John Wiley & Sons, Inc., the owner of all rights to publish and sell the same. PORTUGUESE language edition published by Starlin Alta Editora e Consultoria Eireli, Copyright © 2020 by Starlin Alta Editora e Consultoria Eireli.

Todos os direitos estão reservados e protegidos por Lei. Nenhuma parte deste livro, sem autorização prévia por escrito da editora, poderá ser reproduzida ou transmitida. A violação dos Direitos Autorais é crime estabelecido na Lei nº 9.610/98 e com punição de acordo com o artigo 184 do Código Penal.

A editora não se responsabiliza pelo conteúdo da obra, formulada exclusivamente pelo(s) autor(es).

Marcas Registradas: Todos os termos mencionados e reconhecidos como Marca Registrada e/ou Comercial são de responsabilidade de seus proprietários. A editora informa não estar associada a nenhum produto e/ou fornecedor apresentado no livro.

Impresso no Brasil — 1ª Edição, 2020 — Edição revisada conforme o Acordo Ortográfico da Língua Portuguesa de 2009.

Produção Editorial Editora Alta Books **Gerência Editorial** Anderson Vieira **Gerência Comercial** Daniele Fonseca	**Produtor Editorial** Thiê Alves	**Marketing Editorial** Livia Carvalho marketing@altabooks.com.br **Coordenação de Eventos** Viviane Paiva comercial@altabooks.com.brw	**Editor de Aquisição** José Rugeri j.rugeri@altabooks.com.br
Equipe Editorial Ian Verçosa Illysabelle Trajano Juliana de Oliveira	Maria de Lourdes Borges Raquel Porto Rodrigo Dutra Thales Silva	**Equipe Design** Larissa Lima Paulo Gomes	
Tradução Carolina Gaio **Copidesque** Eveline Vieira Machado	**Revisão Gramatical** Alessandro Thomé Thamiris Leiroza	**Revisão Técnica** Alison Antony Ribeiro Professor no Instituto Federal de Educação, Ciência e Tecnologia do Paraná	**Diagramação** Joyce Matos

Publique seu livro com a Alta Books. Para mais informações envie um e-mail para autoria@altabooks.com.br

Obra disponível para venda corporativa e/ou personalizada. Para mais informações, fale com projetos@altabooks.com.br

Erratas e arquivos de apoio: No site da editora relatamos, com a devida correção, qualquer erro encontrado em nossos livros, bem como disponibilizamos arquivos de apoio se aplicáveis à obra em questão.

Acesse o site **www.altabooks.com.br** e procure pelo título do livro desejado para ter acesso às erratas, aos arquivos de apoio e/ou a outros conteúdos aplicáveis à obra.

Suporte Técnico: A obra é comercializada na forma em que está, sem direito a suporte técnico ou orientação pessoal/exclusiva ao leitor.

A editora não se responsabiliza pela manutenção, atualização e idioma dos sites referidos pelos autores nesta obra.

Ouvidoria: ouvidoria@altabooks.com.br

```
Dados Internacionais de Catalogação na Publicação (CIP) de acordo com ISBD

S819c    Steinberg, Joseph
             Cibersegurança Para Leigos / Joseph Steinberg ; traduzido por Carolina Gaio.
         - Rio de Janeiro : Alta Books, 2020.
             368 p. : il. ; 17cm x 24cm.

             Tradução de: Cybersecurity For Dummies
             Inclui índice.
             ISBN: 978-65-552-0067-6

             1. Rede de computadores. 2. Ciberespaço. 3. Tecnologia da informação. 4.
         Segurança. I. Gaio, Carolina. II. Título.

2020-1948                                                            CDD 005.8
                                                                     CDU 004.056

         Elaborado por Odílio Hilario Moreira Junior - CRB-8/9949
```

Rua Viúva Cláudio, 291 — Bairro Industrial do Jacaré
CEP: 20.970-031 — Rio de Janeiro (RJ)
Tels.: (21) 3278-8069 / 3278-8419
www.altabooks.com.br — altabooks@altabooks.com.br
www.facebook.com/altabooks — www.instagram.com/altabooks

Sobre o Autor

Joseph Steinberg assessora empresas dos setores de cibersegurança e tecnologias emergentes, ajudando-as a crescer e ter sucesso. Também atua como testemunha especialista e consultor em assuntos relacionados.

Joseph liderou empresas e divisões no setor de segurança da informação por mais de duas décadas, foi considerado um dos três principais influenciadores da cibersegurança do mundo e escreveu livros que vão de *Cibersegurança Para Leigos* ao guia oficial de estudo com o qual muitos oficiais de segurança da informação (CISOs) estudam para seus exames de certificação. É uma das 28 pessoas em todo o mundo a ter o conjunto de certificações avançadas de segurança da informação (CISSP, ISSAP, ISSMP e CSSLP), o que representa um conhecimento raro, sólido, amplo e profundo sobre segurança da informação; suas invenções relacionadas à área são citadas em mais de quatrocentos registros de patentes nos EUA.

Joseph é um dos colunistas mais lidos de cibersegurança e uma autoridade respeitada em outras tecnologias emergentes, tendo milhões de leitores como colunista regular das revistas *Forbes* e *Inc*. Após três meses de independência, em abril de 2018, sua coluna — agora publicada exclusivamente em `JosephSteinberg.com` — alcançou 1 milhão de visualizações mensais. Seus textos refletem sua paixão por explorar o impacto das tecnologias emergentes na sociedade humana, simplificando conceitos técnicos complexos para entender e ajudar as pessoas a se concentrarem nos problemas tecnológicos e nos riscos de cibersegurança que as afetam.

Contate Joseph acessando `https://JosephSteinberg.com`.

Dedicatória

Muitos verões atrás, quando eu tinha 8 anos, meus pais organizaram uma aula de programação para mim, me apresentando ao então emergente mundo dos computadores pessoais. Sem consciência na época, o momento em que escrevi minha primeira linha de código digitando no teclado de teclas chatas do Commodore PET da escola marcou o início do que se tornaria meu fascínio pela tecnologia da computação. Esse interesse na infância acabou se transformando em hobby, depois em uma faculdade, uma especialização e uma carreira.

Na mesma nota, enquanto estou no meu escritório olhando para a fita cassete de quase quatro décadas que contém o software que escrevi naquele verão, dedico este livro aos meus pais, Dr. Edward e Sandra Steinberg.

Além disso, como minha filha caçula, Tammy, não era nascida quando dediquei um livro a minha esposa e filhos, dedico este trabalho também a ela, a primeira nativa digital de nossa família.

Agradecimentos do Autor

A cibersegurança é de suma importância no mundo de hoje, mas poucos adultos modernos aprenderam com os pais ou na escola a mitigar seus principais riscos. Combine essa falta de educação formal com a sobrecarga de informações, a proliferação de conselhos impraticáveis, repetidos com frequência, termos técnicos e a enxurrada constante de notícias sobre ataques cibernéticos e violações, e não é surpresa que, quando se trata do tema, muitas pessoas se sintam confusas, cansadas e assustadas.

Como resultado, nunca houve uma necessidade maior de um livro que traga conhecimento básico e prático de cibersegurança para "pessoas não técnicas" como há hoje.

Foi com o objetivo de atender a essa necessidade que a Wiley [a editora do original] me abordou sobre a redação deste livro, e foi a importância de cumprir esse objetivo que me levou a aceitar a oportunidade. Como tal, gostaria de agradecer a Ashley Coffey e à equipe da Wiley por concordarem em fornecer ao público o recurso de que tanto precisa e por me darem a oportunidade de colaborar com eles nessa importante empreitada.

Também gostaria de agradecer à minha editora, Kelly Ewing, e ao meu revisor técnico, Daniel Smith, cujas contribuições e orientações ajudaram a melhorar o livro que você está segurando, otimizaram a legibilidade e garantiram que lhe entregasse seu valor informacional máximo.

Agradeço também à minha esposa, Shira, e às minhas filhas Penina, Mimi e Tammy, por seu apoio e incentivo durante o demorado processo de desenvolver e escrever este trabalho.

E, finalmente, embora não houvesse aulas de cibersegurança quando fui para a escola, vários ótimos professores me ajudaram a aprimorar minha compreensão dos elementos básicos da ciência da computação, que finalmente montei e apliquei para desenvolver conhecimentos em meu campo. Desejo destacar e reconhecer especificamente dois de meus instrutores, Matthew Smosna e Aizik Leibovitch, que infelizmente não viveram para ver este livro publicado, mas cuja influência no meu pensamento ressoa ao longo dele.

Sumário Resumido

Introdução 1

Parte 1: Começando 5
CAPÍTULO 1: O que É Cibersegurança? 7
CAPÍTULO 2: Conhecendo Ciberataques Comuns 21
CAPÍTULO 3: De Boas Intenções o Inferno Está Cheio. 45

Parte 2: Segurança Pessoal 67
CAPÍTULO 4: O Acaso Não Me Protegerá 69
CAPÍTULO 5: Aumentando a Segurança Física. 87

Parte 3: Protegendo-se de Você Mesmo 99
CAPÍTULO 6: Protegendo Suas Contas 101
CAPÍTULO 7: Senhas 121
CAPÍTULO 8: Como se Prevenir da Engenharia Social 137

Parte 4: Empresas e Negócios 157
CAPÍTULO 9: Protegendo Sua Pequena Empresa. 159
CAPÍTULO 10: Protegendo Sua Grande Empresa 179

Parte 5: Incidentes de Segurança (Quando, Não Se) 193
CAPÍTULO 11: Descobrindo Violações 195
CAPÍTULO 12: Vem Viver Outra Vez a Meu Lado. 213

Parte 6: Backup e Recuperação 231
CAPÍTULO 13: Backup 233
CAPÍTULO 14: Redefinindo Tudo. 255
CAPÍTULO 15: Restaurando Backups 265

Parte 7: Ao Infinito e Além 287
CAPÍTULO 16: Fazendo Carreira 289
CAPÍTULO 17: Pequenas Tecnologias, Grandes Ameaças 303

Parte 8: A Parte dos Dez 315
CAPÍTULO 18: Dez Formas Baratas de Se Proteger 317
CAPÍTULO 19: Dez Lições das Maiores Violações 323
CAPÍTULO 20: Dez Opções Seguras com o Wi-Fi Público. 329

Índice. 333

Sumário

INTRODUÇÃO..1

    Sobre Este Livro..1

    Penso que...3

    Convenções Usadas Neste Livro.................................3

    Ícones Usados Neste Livro......................................3

    Além Deste Livro...4

    De Lá para Cá, Daqui para Lá..................................4

PARTE 1: COMEÇANDO...5

CAPÍTULO 1: O que É Cibersegurança?............................7

    Cada um Entende Cibersegurança a Seu Modo.....................8

    A Cibersegurança É um Alvo em Constante Movimento............9

        Transformações tecnológicas................................9

        Mudanças sociais...12

        Novos modelos econômicos.................................13

        Mudanças políticas.......................................13

    Observando os Riscos que a Cibersegurança Mitiga..............18

        Os três pilares...18

        De uma perspectiva humana...............................19

CAPÍTULO 2: Conhecendo Ciberataques Comuns....................21

    Ataques que Resultam em Dano...............................22

        Ataques de negação de serviço (DoS).......................22

        Ataque distribuído de negação de serviço (DDoS).............22

        Botnets e zumbis...25

        Ataques de destruição de dados............................25

    Personificação..25

        Phishing..26

        Spear phishing...27

        Fraude do CEO..27

        Smishing...27

        Vishing...28

        Whaling..28

        Adulteração...28

    Interceptação...29

    Roubo de Dados..30

        Roubo de dados pessoais..................................30

        Roubo de dados comerciais................................31

Malware...32
    Vírus...32
    Worms..33
    Trojans...33
    Ransomware...33
    Scareware...34
    Spyware..35
    Mineradores de criptomoeda....................................35
    Adware...36
    Blended malware...36
    Zero day malware..36
Serviço da Web Envenenado..36
Envenenamento de Infraestrutura da Rede.............................37
Malvertising...38
    Drive-by downloads..39
    Roubo de senhas..39
Dificuldades de Manutenção...40
Ataques Avançados..41
    Ataques oportunistas..41
    Ataques direcionados..42
    Ataques combinados (oportunistas e direcionados).........43

CAPÍTULO 3: De Boas Intenções o Inferno Está Cheio.........45

A Verdade É Relativa...46
Juro Solenemente Não Fazer Nada de Bom............................47
    Script kiddies...48
    Kids nem tão kiddies..48
    Nações e estados..49
    Espiões corporativos..49
    Criminosos...49
    Hacktivistas..50
Ciberataques e Suas Cores...52
Monetizando Ações...53
    Fraude financeira direta.......................................53
    Fraude financeira indireta.....................................53
    Ransomware...56
    Criptomineradores..56
Lidando com Ameaças Não Maliciosas................................57
    Erro humano...57
    Desastres externos..59
Defendendo-se Desses Ataques.....................................65
Acalmando os Ânimos...65

PARTE 2: SEGURANÇA PESSOAL 67

CAPÍTULO 4: **O Acaso Não Me Protegerá** 69

O que Te Vira a Cabeça, Te Tira do Sério 70
    O computador da sua casa............................. 70
    Dispositivos móveis 71
    Sistemas de jogos 71
    Dispositivos da Internet das Coisas (IoT) 71
    Equipamento de rede 72
    Ambiente de trabalho 72
    Engenharia social 72
Identificando os Riscos................................... 72
Protegendo-se contra Riscos 73
    Defesa do perímetro 73
    Firewall/roteador... 74
    Softwares de segurança................................. 75
    Computador físico....................................... 76
    Backup 76
    Detecção... 76
    Resposta... 76
    Recuperação 77
    Melhorias 77
Avaliando as Medidas de Segurança 77
    Software 77
    Hardware 78
    Seguro... 79
    Conhecimento... 79
Privacidade Elementar 80
    Pense antes de compartilhar 80
    Pense antes de postar 81
    Dicas gerais de privacidade.............................. 82
Usando o Banco Online com Segurança..................... 84
Usando Dispositivos Inteligentes com Segurança............ 85

CAPÍTULO 5: **Aumentando a Segurança Física** 87

Por que a Segurança Importa.............................. 88
Fazendo o Inventário 89
    Dispositivos fixos.. 90
    Dispositivos móveis 90
Localizando Seus Dados Vulneráveis....................... 91
Transforme o Rascunho em Arte Final 92
Implementando a Segurança Física 94
Segurança para Dispositivos Móveis 95
Pessoas de Dentro Representam os Maiores Riscos 96

Sumário   xvii

PARTE 3: PROTEGENDO-SE DE VOCÊ MESMO............ 99

CAPÍTULO 6: **Protegendo Suas Contas** 101
Percebendo que Você É um Alvo 102
Proteja Suas Contas Externas................................102
Dados Associados a Contas..................................103
Faça negócios com agentes confiáveis 103
Use apps e sites oficiais....................................104
Não instale softwares de agentes duvidosos...............104
Não faça root em seu telefone..............................104
Não dê informações confidenciais desnecessárias 104
Use serviços de pagamento que não peçam
   números de cartão de crédito 104
Use números de cartão de crédito virtuais únicos,
   quando apropriado 105
Monitore suas contas......................................106
Denuncie atividades suspeitas no ato......................106
Use uma boa estratégia de senhas 106
Utilize a autenticação multifator...........................106
Faça logout ao terminar....................................108
Use seu próprio computador ou telefone 108
Bloqueie o computador.....................................108
Use um computador separado,
   dedicado a tarefas confidenciais 108
Use um navegador separado, dedicado
   a tarefas confidenciais da web..........................109
Proteja seus dispositivos de acesso 109
Mantenha seus dispositivos atualizados 110
Não faça tarefas sigilosas no Wi-Fi público.................111
Nunca use o Wi-Fi público para qualquer
   finalidade em locais de alto risco.......................111
Acesse suas contas somente
   quando estiver em local seguro.........................111
Defina limites adequados 111
Use alertas 112
Verifique periodicamente as listas de dispositivos
   de acesso...112
Verifique as últimas informações de login 112
Responda adequadamente a qualquer alerta de fraude 112
Nunca envie informações confidenciais por
   uma conexão não criptografada 112
Ataques de engenharia social..............................113
Crie senhas de login por voz...............................114
Proteja o número de seu celular 114
Não clique em links em e-mails nem em
   mensagens de texto....................................115
Compartilhe somente o necessário.........................116
Leia as políticas de privacidade 116

Protegendo Dados ao Interagir 116
Protegendo Dados de Agentes com os quais Não Interage 118

CAPÍTULO 7: Senhas 121

Senhas: Te Contarei Meus Segredos 121
Evitando Senhas Simples 122
Considerações sobre Senhas 123
   Senhas pessoais fáceis de adivinhar 123
   Complicada e nada perfeitinha 124
   Diferentes níveis de sigilo 125
   Nem tudo é o que parece 125
   Reutilizando senhas, às vezes 126
   Pensando em um gerenciador de senhas 126
Criando Senhas Fortes e Marcantes 128
Quando Mudar de Senha 128
Alteração de Senhas após Violações 129
Fornecendo Senhas para Pessoas 130
Armazenando Senhas 131
Transmitindo Senhas 131
Alternativas às Senhas 131
   Autenticação biométrica 132
   Autenticação baseada em SMS 134
   Senhas únicas baseadas em aplicativos 134
   Autenticação de token de hardware 134
   Autenticação baseada em USB 135

CAPÍTULO 8: Como se Prevenir da Engenharia Social 137

A Tecnologia Também Deixa na Fossa 138
Ataques de Engenharia Social 138
Seis Conceitos da Engenharia Social 142
Senta Lá, Cláudia 143
   Sua programação e seus planos de viagem 145
   Informações financeiras 145
   Informações pessoais 146
   Informações sobre o trabalho 147
   Aconselhamento médico ou jurídico 148
   Sua localização 148
Vazamento em Tendências Virais 148
Identificando Fakes 149
   Foto 149
   Verificação 150
   Amigos ou conexões em comum 150
   Posts relevantes 150
   Número de conexões 151
   Indústria e localização 151
   Pessoas similares 151
   Contato duplicado 152
   Detalhes de contato 152

Sumário   **xix**

Conta premium do LinkedIn. 152
Interações no LinkedIn. 152
Atividades em grupos. 152
Níveis adequados de uso 153
Atividades humanas 153
Nomes clichês 154
Poucas informações de contato. 154
Habilidades. 154
Erros de ortografia 154
Carreira ou trajetória de vida suspeita 154
Nível ou status de celebridade. 155
Usando Informações Falsas 155
Usando Softwares de Segurança 156
Higiene Cibernética contra Engenharia Social. 156

PARTE 4: EMPRESAS E NEGÓCIOS. 157

CAPÍTULO 9: **Protegendo Sua Pequena Empresa**. 159

Encarregue Alguém. 160
Orientando os Funcionários 160
Incentivo aos funcionários. 161
Acesso limitado 161
Credenciais particulares 162
Administração restrita 162
Restrição de contas corporativas. 162
Políticas para os funcionários. 164
Reforço de políticas de redes sociais 167
Monitoramento de funcionários 167
Considerando o Seguro Cibernético 168
Regulamentos e Conformidade 168
Proteção dos dados dos funcionários. 168
PCI DSS 169
Leis de divulgação de violações 170
GDPR. 170
Dados biométricos 171
Lidando com o Acesso à Internet. 171
Separe o acesso de dispositivos pessoais 171
Leve seu próprio dispositivo. 171
Acessos de entrada 173
Proteção contra ataque DoS. 175
Uso de https no site 175
Concessão de acesso remoto a sistemas. 175
Testes de invasão 175
Cuidado com dispositivos IoT. 176
Usando vários segmentos de rede 176
Cuidado com os cartões de pagamento. 176
Gerenciando Problemas de Energia 176

XX   **Cibersegurança Para Leigos**

CAPÍTULO 10: **Protegendo Sua Grande Empresa** 179

Utilizando Complexidade Tecnológica. 180

Gerenciando Sistemas Personalizados 180

Planejamento de Continuidade e Recuperação de Desastres 181

Regulamentações 181

    Sarbanes Oxley 181

    Requisitos mais rigorosos do PCI. 182

    Empresas públicas 183

    Divulgações de violação. 183

    Reguladores e regras específicos do setor. 183

    Responsabilidades fiduciárias. 184

    Bolsos profundos 184

Bolsos Ainda Mais Profundos 184

Considerando os Colaboradores 185

    Políticas internas 185

    Treinamento. 186

    Ambientes replicados. 186

Diretor de Segurança da Informação 186

    Gestão geral do programa de segurança. 187

    Teste e medição 187

    Gestão de risco humano 187

    Classificação e controle de ativos. 187

    Operações de segurança. 187

    Estratégia de segurança da informação 188

    Gestão de identidade e acesso 188

    Prevenção de perda de dados 188

    Prevenção de fraudes 189

    Plano de resposta a incidentes 189

    Recuperação de desastres e planejamento
      de continuidade 189

    Conformidade 190

    Investigações 190

    Segurança física. 190

    Arquitetura de segurança 190

    Garantindo a auditabilidade dos administradores
      de sistema 191

    Conformidade com seguro cibernético 191

PARTE 5: INCIDENTES DE SEGURANÇA (QUANDO, NÃO SE) 193

CAPÍTULO 11: **Descobrindo Violações** 195

Identificando Violações Evidentes 196

    Ransomware 196

    Desfiguração 197

    Destruição reivindicada 197

Detectando Violações Ocultas 198

O dispositivo ficou mais lento...............................199
O Gerenciador de Tarefas não roda 199
O Editor de Registro não roda 200
A latência está comprometida 200
Problemas de comunicação e buffer..........................201
As configurações foram alteradas 201
O dispositivo envia ou recebe e-mails estranhos 202
O dispositivo envia ou recebe SMS estranho 202
Novo software (incluindo aplicativos) instalado,
   e você não o instalou....................................202
A bateria descarrega mais rápido 203
O dispositivo fica mais quente 203
Alteração no conteúdo dos arquivos 203
Faltam arquivos..203
Os sites são exibidos de forma diferente...................203
As configurações de internet mostram um proxy,
   e você nunca configurou um 203
Alguns programas (ou aplicativos)
   param de funcionar corretamente 204
Programas de segurança desativados 204
Maior uso de dados ou SMS..................................205
Maior tráfego de rede 205
Mais portas abertas do que de costume 205
O dispositivo apresenta falhas.............................206
Sua conta de celular mostra cobranças inesperadas..........206
Programas desconhecidos pedem acesso.......................206
Dispositivos externos se ligam.............................207
Parece haver mais de um usuário 207
Novo mecanismo de pesquisa 207
A senha do dispositivo mudou...............................208
Surgem pop-ups 208
Novos complementos do navegador 208
Nova página inicial 209
Seu e-mail é retido como spam 209
O dispositivo tenta acessar sites "ruins"..................209
Você enfrenta interrupções incomuns 210
As configurações de idioma mudaram 210
Atividades inexplicáveis no dispositivo 210
Atividades online inexplicáveis 210
O dispositivo se reinicia repentinamente...................211
Sinais de violações e/ou vazamentos 211
Direcionamento errado......................................211
O led do disco rígido nunca se apaga.......................211
Outras coisas anormais acontecem 211

xxii   Cibersegurança Para Leigos

CAPÍTULO 12: Vem Viver Outra Vez a Meu Lado 213

Melhor Prevenir do que Remediar 213
Mantenha a Calma e Pondere 214
Contrate um Profissional 214
Levanta a Cabeça Senão a Coroa Cai 215
    Etapa 1: Descubra o que aconteceu 215
    Etapa 2: Contenha o ataque 216
    Etapa 3: Encerre e elimine o ataque 217
Reinstale o Software Corrompido 220
    Reinicie o sistema e execute uma verificação
    de segurança atualizada 221
    Apague todos os pontos de restauração
    potencialmente problemáticos 221
    Restaurando configurações modificadas 222
    Reconstrua o sistema 223
Lidando com Informações Roubadas 223
    Pagamento de resgates 225
    Uma lição para o futuro 225
Recuperando Dados Comprometidos por Terceiros 226
    Motivo pelo qual o aviso foi enviado 226
    Golpes 227
    Senhas 227
    Informações de pagamento 228
    Documentos emitidos pelo governo 228
    Documentos emitidos por instituições
    de ensino ou seu empregador 229
    Contas de redes sociais 229

PARTE 6: BACKUP E RECUPERAÇÃO 231

CAPÍTULO 13: Backup 233

Backup É o Bicho 233
Diferentes Tipos de Backup 234
    Backups completos dos sistemas 234
    Imagens originais do sistema 235
    Imagens posteriores do sistema 235
    Mídia de instalação original 236
    Softwares baixados 236
    Backups completos de dados 236
    Backups incrementais 237
    Backups diferenciais 237
    Backups combinados 238
    Backups contínuos 238
    Backups parciais 239
    Backups de pasta 239
    Backups de unidade 240
    Backups de unidades virtuais 240

Sumário   xxiii

Exclusões 241
Backups integrados 242
Ferramentas de Backup. 243
Softwares de backup 243
Software específico para a unidade. .244
Backup do Windows. 244
Backup de smartphone/tablet 244
Backups manuais de arquivo ou pastas 245
Backups de tarefas automatizadas .245
Backups de terceiros 246
Onde Copiar. 246
Armazenamento local 246
Armazenamento externo. 247
Nuvem. 247
Armazenamento em rede 248
Locais combinados 248
Onde Não Copiar. 249
Criptografando Backups. 249
Frequência dos Backups 250
Eliminando Backups 251
Teste de Backups 252
Backups de Criptomoedas. 253
Backups de Senhas. 253
Criando um Disco de Boot. 253

CAPÍTULO 14: Redefinindo Tudo 255
Duas Formas de Redefinir 255
Redefinições fáceis 256
Redefinições difíceis 258
Personalize o Dispositivo após a Redefinição 264

CAPÍTULO 15: Restaurando Backups. 265
O que Se Precisa Restaurar. 265
Pare! Agora... 266
Restaurando Backups Completos dos Sistemas 266
Restaurando no dispositivo do qual a cópia foi feita 267
Restaurando em um dispositivo diferente. 267
Imagens originais do sistema 268
Imagens posteriores do sistema 268
Instalando o software de segurança .269
Mídia de instalação original. 269
Softwares baixados. 269
Backups completos de dados. 270
Restaurando Backups Incrementais 271
Backups incrementais dos dados 271
Backups incrementais dos sistemas 272
Backups diferenciais. 272
Backups contínuos 273

xxiv **Cibersegurança Para Leigos**

Backups parciais 274
Backups de pastas 274
Backups de unidades. 275
Backups de unidades virtuais 275
Lidando com Exclusões 276
Excluindo Arquivos e Pastas 276
Backups integrados 277
Entendendo os Arquivos 278
Vários arquivos armazenados em um. 278
Dados antigos 278
Versões antigas 279
Ferramentas de Backup. 279
Restauração de Backup do Windows 280
Restaurando em um ponto de restauração do sistema 280
Restaurando de um backup de smartphone/tablet 280
Restaurando a partir de backup
manual de arquivos ou pastas. 281
Utilizando backups de dados de terceiros. 282
Restaurando para o Devido Lugar 282
Armazenamento em rede 282
Restaurando de locais combinados. 282
Locais Diferentes dos Originais 283
Nunca Deixe os Backups Conectados. 283
Restaurando Backups Criptografados. 283
Testando Backups. 284
Restaurando Criptomoedas 284
Dando Boot com um CD de Boot. 285

PARTE 7: AO INFINITO E ALÉM. 287

CAPÍTULO 16: Fazendo Carreira 289
Cargos da Cibersegurança. 289
Engenheiro de segurança 290
Gerente de segurança 290
Diretor de segurança 290
Diretor de segurança da informação (CISO) 290
Analistas de segurança 291
Arquiteto de segurança 291
Administrador de segurança. 291
Auditor de segurança. 291
Criptógrafo 291
Analista de vulnerabilidades 292
Hacker ético. 292
Pesquisador de segurança 292
Hacker ofensivo. 292
Engenheiro de segurança de software 293
Auditor de segurança do código-fonte do software. 293
Gerente de segurança de software 293

Sumário   XXV

Consultor de segurança. 293
Especialista em segurança 293
Equipe de resposta a incidentes 294
Analista forense. 294
Especialista em regulamentos de cibersegurança 294
Especialista em regulamentos de privacidade. 294
Explorando as Carreiras. 294
Carreira: Arquiteto de segurança sênior. 295
Carreira: CISO 296
Primeiros Passos 297
Explorando Certificações Populares 298
CISSP 298
CISM. 299
CEH 299
Security+. 300
GSEC 300
Verificabilidade 301
Ética. 301
Superando um Registro Criminal 301
Outras Profissões com Foco em Cibersegurança 302

CAPÍTULO 17: **Pequenas Tecnologias, Grandes Ameaças** 303
Confiando na Internet das Coisas 304
Criptomoedas e Blockchain. 306
Otimizando a Inteligência Artificial. 308
Maior necessidade de cibersegurança 309
Ferramenta de cibersegurança 310
Ferramenta de hackers 310
Experimentando a Realidade Virtual 310
Transformando Experiências com a Realidade Aumentada 312

PARTE 8: A PARTE DOS DEZ. 315

CAPÍTULO 18: **Dez Formas Baratas de Se Proteger** 317
Entenda que Você É um Alvo 317
Use Softwares de Segurança. 318
Criptografe Informações Sigilosas 318
Sempre Faça Backup 319
Não Compartilhe Senhas e Outras Credenciais de Acesso 320
Use a Autenticação Adequada 320
Use as Redes Sociais com Inteligência 321
Separe o Acesso à Internet 321
Use o Wi-Fi Público com Consciência 321
Contrate um Profissional 322

CAPÍTULO 19: **Dez Lições das Maiores Violações** 323

Marriott 323
Target. 325
Sony Pictures 325
Escritório de Gestão de Pessoas 326
Anthem 327

CAPÍTULO 20: **Dez Opções Seguras com o Wi-Fi Público** 329

Use Seu Celular como Ponto de Acesso Móvel 329
Desative o Wi-Fi Quando Não Estiver Usando 330
Não Realize Tarefas Sigilosas por Wi-Fi Público 330
Não Redefina Senhas ao Usar o Wi-Fi Público 330
Use um Serviço de VPN 330
Use o Tor. 331
Use Criptografia. 331
Desative o Compartilhamento 331
Use Softwares de Segurança em Todo
   Dispositivo Conectado a Wi-Fi Público 331
Wi-Fi Público É Diferente do Compartilhado 332

ÍNDICE 333

Introdução

No decorrer de apenas uma geração, o mundo passou por algumas das maiores mudanças desde o início da humanidade. A disponibilidade da internet como ferramenta para consumidores e empresas, junto da invenção de dispositivos móveis e redes sem fio, deu início a uma revolução da informação que impactou quase todos os aspectos da existência humana.

Essa dependência da tecnologia, no entanto, também criou enormes riscos. Parece que não passa um dia sem surgir uma nova história de violação de dados, ataque cibernético ou algo semelhante. Simultaneamente, como a confiança da humanidade na tecnologia aumenta diariamente, as potenciais consequências adversas dos ataques cibernéticos aumentaram exponencialmente, a ponto de as pessoas agora poderem perder suas fortunas, reputação, saúde ou até a vida como resultado de ataques cibernéticos.

Não é de admirar, portanto, que as pessoas que vivem no mundo moderno compreendam a necessidade de se proteger dos perigos cibernéticos. Este livro mostra como fazer isso.

Sobre Este Livro

Embora muitos livros tenham sido escritos nas últimas duas décadas sobre uma ampla variedade de tópicos relacionados à cibersegurança, a maioria não fornece à população em geral as informações necessárias para se proteger adequadamente.

Muitos livros sobre o tema são direcionados a públicos altamente técnicos e tendem a sobrecarregar os cientistas que não são da computação com informações alheias, criando graves desafios para os leitores que procuram traduzir o conhecimento adquirido nos livros em ações práticas. Por outro lado, vários livros autopublicados de introdução ao tema sofrem de todos os tipos de deficiências sérias, incluindo, em alguns casos, ter sido escritos por não especialistas e apresentar quantidades significativas de informações erradas. Qualquer pessoa interessada em cibersegurança não deve confiar nesses materiais. Da mesma forma, muitas recomendações de segurança e afins transmitem clichês repetidos e conselhos desatualizados, às vezes fazendo com que as pessoas que seguem as recomendações contidas nesses trabalhos piorem sua postura de segurança, em vez de melhorá-la. Além disso, a repetição quase constante de vários conselhos por personalidades da mídia após notícias sobre violações ("Não se esqueça de redefinir todas as suas senhas!"), junto da falta de consequências para a maioria das pessoas depois que não os cumprem, levou à *fadiga da cibersegurança* — uma condição na qual as pessoas simplesmente não agem quando precisam, porque ouviram "o cão ladrar" muitas vezes.

Escrevi o livro *Cibersegurança Para Leigos* para fornecer àqueles que não são profissionais de cibersegurança um livro básico que lhes ensine o que precisam saber sobre o tema e explique por que precisam saber. Este livro oferece conselhos práticos, claros e diretos, que podem facilmente ser traduzidos em ações para manter você e seus filhos, pais e pequenas empresas seguros.

O *Cibersegurança Para Leigos* se divide em várias partes. As Partes 1, 2 e 3 fornecem uma visão geral e dão dicas sobre como proteger você e seus entes queridos de ameaças externas e de cometer erros perigosos (e potencialmente desastrosos). Tópicos como proteger suas contas online, selecionar e proteger senhas estão aqui.

A Parte 4 traz dicas sobre como proteger pequenas empresas, o que é pertinente para seus proprietários e funcionários. Essa parte também discute algumas das necessidades exclusivas de segurança que as empresas enfrentam à medida que crescem e aborda questões relacionadas à cibersegurança no governo.

A Parte 5 mostra como identificar violações de segurança. A Parte 6 abrange o processo de backup, algo que você deve fazer urgentemente antes que a necessidade de recuperação apareça, além de como se recuperar das violações de segurança.

A Parte 7 olha para o futuro — tanto para os interessados em seguir uma carreira relacionada à cibersegurança (que tenham filhos, outros parentes ou amigos que pensem em fazê-lo) quanto para os interessados em como as tecnologias emergentes impactarão sua própria cibersegurança pessoal.

A Parte 8 traz listas de dez itens que funcionam como recomendações.

Lembre-se de que internalizar todas as informações deste livro e colocá-las em prática melhorará drasticamente sua postura de cibersegurança, mas ler este livro não o tornará um especialista em cibersegurança, assim como ler sobre o funcionamento do coração humano não o torna um cardiologista.

A cibersegurança é um campo complexo e em rápida mudança, cujos profissionais passam anos, se não décadas, estudando e trabalhando em tempo integral para desenvolver, aprimorar e manter as habilidades e conhecimentos que utilizam em uma base constante. Como tal, não considere os conselhos contidos neste livro como um substituto para a contratação de um profissional para qualquer situação que o justifique.

Além disso, lembre-se de que os equipamentos e programas técnicos mudam com bastante frequência, portanto, as capturas de tela incluídas no livro podem não ser idênticas às telas observadas quando você executar ações semelhantes às descritas. Lembre-se: as ameaças à cibersegurança estão em constante evolução, assim como as tecnologias e as abordagens utilizadas para combatê-las.

Penso que...

Neste livro, faço algumas suposições sobre sua experiência com tecnologia:

» Você tem experiência com o uso de teclado e ponteiro, como um mouse, em um PC Mac ou Windows, e tem acesso a uma dessas máquinas.

» Sabe como usar um navegador da internet, como Firefox, Chrome, Edge, Opera ou Safari.

» Sabe como instalar programas no seu computador.

» Sabe como realizar uma pesquisa no Google.

Convenções Usadas Neste Livro

Ao explorar cada parte deste livro, lembre-se dos seguintes pontos:

» As palavras que estão sendo definidas aparecem em *itálico*.

» Código e URLs (endereços da web) são mostrados em `monofont`.

Ícones Usados Neste Livro

Nas margens deste livro, há pequenas imagens, conhecidas como ícones. Eles marcam informações importantes:

O ícone Dica identifica pontos nos quais dou dicas adicionais para tornar a jornada mais interessante ou clara. As dicas abrangem alguns atalhos interessantes que talvez não conheça.

O ícone Lembre-se marca pontos importantes que deve ter em mente.

O ícone Cuidado alerta para erros comuns e pode até dar dicas para corrigi-los.

Além Deste Livro

Além do que você está lendo no momento, este livro vem com uma Folha de Cola, cujo acesso é gratuito e pode ser feito de qualquer lugar. Ela abrange ações importantes sobre o tema. Para obtê-la, basta acessar www.altabooks.com.br e procurar pelo título do livro ou ISBN.

De Lá para Cá, Daqui para Lá

O *Cibersegurança Para Leigos* foi feito de tal maneira que não é preciso ler o livro em ordem, nem mesmo inteiro.

Se você o comprou porque sofreu algum tipo de violação da cibersegurança, por exemplo, pule para a Parte 5 sem ler o material anterior (embora seja interessante lê-lo em algum momento, porque o ajudará a se proteger de outros ataques).

1
Começando

NESTA PARTE...

Descubra o que é cibersegurança e por que a definir é mais difícil do que se imagina.

Descubra por que as violações parecem frequentes e por que a tecnologia sozinha parece não detectá-las.

Explore vários tipos de ameaças e ferramentas comuns de cibersegurança.

Entenda quem, como e por que vários tipos de invasores e ameaças não são oficialmente maliciosos.

NESTE CAPÍTULO

» **Descobrindo que cada instituição entende o conceito a seu modo**

» **Esclarecendo a diferença entre cibersegurança e segurança da informação**

» **Mostrando por que a cibersegurança é dinâmica**

» **Compreendendo os objetivos da cibersegurança**

» **Analisando os riscos mitigados pela cibersegurança**

Capítulo **1**

O que É Cibersegurança?

ara fortalecer sua cibersegurança e a de seus entes queridos, é preciso entender o que ela significa, quais devem ser seus objetivos em relação a ela e contra o que exatamente você está se protegendo.

Embora as respostas a essas perguntas possam inicialmente parecer simples e diretas, elas não são. Como você verá neste capítulo, essas respostas variam drasticamente entre pessoas, divisões de empresas, organizações e até dentro da mesma instituição em momentos diferentes.

Cada um Entende Cibersegurança a Seu Modo

Embora *cibersegurança* pareça um termo bastante simples de definir, na realidade, do ponto de vista prático, significa coisas bastante diferentes para pessoas diferentes em situações diferentes, levando a políticas, práticas e procedimentos normalmente variados. Quem deseja proteger suas contas de rede social do controle de hackers, por exemplo, dificilmente adotará muitas das abordagens e das tecnologias usadas pelos funcionários do Pentágono para proteger redes sigilosas.

Normalmente, por exemplo:

» Para **indivíduos**, *cibersegurança* significa que seus dados pessoais só estão acessíveis a eles e a quem autorizaram, e que seus dispositivos de computação funcionam corretamente e estão livres de malware.

» Para **pequenos empresários**, *cibersegurança* inclui a proteção dos dados de cartões de crédito e a implementação adequada dos padrões de segurança dos dados nos registros dos pontos de venda.

» Para **empresas que fazem negócios online**, *cibersegurança* inclui a proteção de servidores com os quais terceiros não confiáveis interagem regularmente.

» Para **provedores de serviços compartilhados**, *cibersegurança* envolve a proteção de diversos data centers que hospedam inúmeros servidores, que hospedam muitos servidores virtuais pertencentes a diversas organizações.

» Para o **governo**, *cibersegurança* pode incluir o estabelecimento de diferentes classificações de dados, cada uma com o próprio conjunto de leis, políticas, procedimentos e tecnologias relacionadas.

LEMBRE-SE

O ponto principal é que, embora cibersegurança seja fácil de definir, as expectativas práticas que surgem na mente das pessoas quando ouvem sobre elas variam bastante.

Tecnicamente falando, cibersegurança é uma ramificação da segurança da informação que trata de informações e sistemas de informação que armazenam e processam dados em formato eletrônico, enquanto a *segurança da informação* abrange a segurança de todas as formas de dados (como arquivos em papel).

Dito isto, hoje, muitas pessoas trocam os termos na linguagem coloquial, geralmente se referindo a aspectos de segurança da informação que tecnicamente não fazem parte da cibersegurança. Esse uso também resulta da combinação das duas em muitas situações. Tecnicamente falando, por exemplo, se alguém escreve uma senha em um pedaço de papel e o deixa em sua mesa, onde outras pessoas podem vê-la, em vez de colocá-lo em um cofre ou algo semelhante, violou um princípio de segurança da informação, não de cibersegurança, mesmo que suas ações possam resultar em sérias repercussões na cibersegurança.

A Cibersegurança É um Alvo em Constante Movimento

Embora o objetivo final da cibersegurança não mude muito ao longo do tempo, políticas, procedimentos e tecnologias usados para alcançá-la mudam drasticamente com o passar dos anos. Muitas abordagens e tecnologias que eram mais do que adequadas para proteger os dados digitais dos consumidores em 1980 são inúteis hoje, seja porque não são mais práticas, seja porque os avanços tecnológicos as tornaram obsoletas ou impotentes.

Ao reunir uma lista completa de todos os avanços que o mundo viu nas últimas décadas e como afetam amplamente a cibersegurança, podemos examinar várias áreas-chave de desenvolvimento e seus impactos na natureza em constante evolução da área: mudanças tecnológicas, novos modelos econômicos e terceirização.

Transformações tecnológicas

As mudanças tecnológicas impactam tremendamente a cibersegurança. Novos riscos acompanham novos recursos e conveniências das novas ofertas. À medida que o pacto de avanço tecnológico aumenta, o mesmo acontece com o ritmo dos novos riscos. Embora o número de riscos criados nas últimas décadas como resultado das novas ofertas seja impressionante, as áreas descritas nas seções a seguir produziram um impacto desproporcional na cibersegurança.

Dados digitais

As últimas décadas testemunharam mudanças drásticas nas tecnologias existentes, bem como em relação a quem as utiliza, como o fazem e com quais finalidades. Todos esses fatores afetam a cibersegurança.

Considere, por exemplo, que quando muitas das pessoas vivas hoje eram crianças, controlar o acesso aos dados em um ambiente de negócios significava simplesmente que o proprietário dos dados os colocaria em um arquivo físico contendo as informações, em um armário trancado, e daria a chave apenas às pessoas que entendia como pessoal autorizado, e somente quando a solicitassem durante o horário comercial. Para ter segurança adicional, ele poderia colocar o armário em um escritório que ficaria trancado após o horário comercial, em um prédio também trancado e com alarme.

CAPÍTULO 1 **O que É Cibersegurança?** 9

Hoje, com o armazenamento digital de informações, no entanto, esquemas simples de arquivamento e proteção foram substituídos por tecnologias complexas que demandam a autenticação automática de usuários que buscam dados de qualquer local em potencial a qualquer momento, a autorização para os usuários acessarem determinado elemento ou conjunto de dados e o fornecimento dos dados adequados com segurança — ao mesmo tempo em que impeçam ataques contra o sistema atendendo a solicitações de dados, ataques contra os dados em trânsito e qualquer um dos controles de segurança que protejam a ambos.

Além disso, a transição da comunicação por escrito para o e-mail e o bate-papo movimentou uma quantidade enorme de informações confidenciais para os servidores conectados à internet. Da mesma forma, a mudança da sociedade do cinema para a fotografia e a videografia digitais aumentou as apostas para a cibersegurança. Quase todas as fotografias e vídeos feitos hoje são armazenados eletronicamente, e não em filmes e negativos — uma situação que permitiu a criminosos situados em qualquer lugar roubar e vazar as imagens das pessoas ou as reter com ransomware. O fato de filmes e programas agora serem armazenados e transmitidos eletronicamente também permitiu aos piratas copiá-los e oferecê-los às massas, às vezes por meio de sites infestados de malware.

A internet

O avanço tecnológico mais significativo em termos de impacto na cibersegurança foi a chegada da era da internet. Apenas algumas décadas atrás, era impensável que hackers de todo o mundo pudessem atrapalhar um negócio, manipular uma eleição ou roubar um bilhão de dólares. Hoje, nenhuma pessoa minimamente sensata descartaria essas possibilidades.

Antes da era da internet, era extremamente difícil para o hacker mediano lucrar em termos financeiros. A chegada dos serviços bancários e do comércio online, na década de 1990, no entanto, significou que os hackers poderiam roubar dinheiro diretamente ou bens e serviços — o que significava não apenas que eles poderiam monetizar seus esforços com rapidez e facilidade, mas que pessoas antiéticas tinham fortes incentivos para entrar no mundo do cibercrime.

Criptomoedas

Para reforçar esses incentivos, houve a chegada e a proliferação das criptomoedas na última década, junto da inovação que aumentou drasticamente o potencial retorno do investimento para criminosos envolvidos em crimes cibernéticos, aumentando simultaneamente sua capacidade de ganhar dinheiro com crimes cibernéticos e se esconder nesse processo. Os criminosos enfrentavam um desafio ao receber pagamentos, já que a conta da qual retiravam o dinheiro muitas vezes podia estar ligada a eles. A criptomoeda eliminou esses riscos.

Mão de trabalho móvel e acesso onipresente

Há poucos anos, na era anterior à da internet, era impossível para hackers acessar sistemas corporativos remotamente, porque as redes corporativas não estavam conectadas a nenhuma rede pública e, muitas vezes, não tinham recursos de discagem. Os executivos em trânsito costumavam pedir a seus assistentes para verificar as mensagens e obter os dados necessários enquanto estavam fora.

A conexão com a internet criou alguns riscos, mas inicialmente os firewalls não permitiam que pessoas de fora da organização iniciassem comunicações — portanto, com a falta de configurações e/ou erros de firewall, a maioria dos sistemas internos permanecia relativamente isolada. O surgimento do comércio eletrônico e do banco eletrônico, é claro, significava que certos sistemas de produção precisavam ser acessíveis e manipuláveis do mundo exterior, mas as redes de funcionários, por exemplo, permaneciam isoladas.

A chegada das tecnologias de acesso remoto — começando com serviços como o Outlook Web Access e o pcAnywhere, e evoluindo para o VPN — mudou totalmente esse jogo.

Dispositivos inteligentes

Da mesma forma, a chegada de dispositivos inteligentes e da *Internet das Coisas* (o universo de dispositivos que não são computadores tradicionais, mas que estão conectados à internet) — cuja proliferação e expansão estão ocorrendo atualmente a um ritmo surpreendente — significa que o estado sólido inatacável das máquinas está sendo rapidamente substituído por dispositivos que podem ser potencialmente controlados por hackers do outro lado do mundo. Os tremendos riscos criados por esses dispositivos são discutidos no Capítulo 17.

Big data

Embora o big data facilite a criação de muitas tecnologias de cibersegurança, também cria oportunidades para os invasores. Ao correlacionar grandes quantidades de informações sobre as pessoas que trabalham para uma organização, por exemplo, um criminoso identifica com mais facilidade do que nunca os métodos ideais de engenharia social para entrar na organização ou localizar e explorar possíveis vulnerabilidades em sua infraestrutura. Como resultado, várias organizações foram efetivamente forçadas a implementar todos os tipos de controle para impedir o vazamento de informações.

Livros inteiros foram escritos sobre o impacto do avanço tecnológico. O ponto principal a entender é que o avanço tecnológico teve um impacto significativo na cibersegurança, dificultando a administração da segurança e aumentando os riscos quando as partes não conseguem proteger adequadamente seus ativos.

CAPÍTULO 1 **O que É Cibersegurança?** 11

Mudanças sociais

Várias mudanças na maneira como os seres humanos se comportam e interagem entre si também tiveram um grande impacto na cibersegurança. A internet, por exemplo, permite que pessoas de todo o mundo interajam em tempo real. Obviamente, essa interação em tempo real também permite que criminosos de todo o mundo cometam crimes remotamente. Mas também permite que cidadãos de países repressivos e países livres se comuniquem, criando oportunidades para combater a propaganda perpétua utilizada como desculpa para o fracasso do totalitarismo em produzir qualidade de vida igual no mundo democrático. Ao mesmo tempo, também oferece aos guerreiros cibernéticos de governos em desacordo a capacidade de lançar ataques pela mesma rede.

A conversão de vários sistemas de gerenciamento de informações de papel para computador, de isolados para conectados à internet, e de acessíveis apenas no escritório para acessíveis de qualquer smartphone ou computador mudou drasticamente a equação no que diz respeito ao que os hackers de informação podem roubar. Além disso, em muitos casos em que essas conversões não foram realizadas, por razões de segurança, inicialmente, a pressão emanada das expectativas das pessoas modernas de que todos os dados estivessem disponíveis para eles a qualquer momento e de qualquer lugar forçou essas conversões, criando oportunidades adicionais para criminosos. Para o deleite dos hackers, muitas organizações que, no passado, sabiamente protegiam as informações confidenciais mantendo-as offline simplesmente perderam a capacidade de usufruir de tais proteções, caso queiram permanecer no negócio.

As redes sociais também transformaram o mundo da informação, com pessoas acostumadas a compartilhar muito mais sobre si mesmas do que nunca, muitas vezes com públicos muito maiores do que antes. Hoje, devido à mudança de comportamento a esse respeito, é trivial para os malfeitores de qualquer lugar reunir listas de amigos, colegas profissionais e parentes de um alvo e estabelecer mecanismos de comunicação com todas essas pessoas. Da mesma forma, é mais fácil do que nunca descobrir quais tecnologias uma empresa em particular utiliza e para quais fins, descobrir as programações de viagens das pessoas e apurar suas opiniões sobre vários tópicos ou seus gostos em relação a músicas e filmes. A tendência para o aumento do compartilhamento continua. A maioria das pessoas permanece inconsciente de quanta informação sobre elas mora em máquinas conectadas à internet e quantas outras dessas informações podem ser deduzidas a partir dos dados mencionados.

Todas essas mudanças se transformaram em uma realidade assustadora: devido a mudanças na sociedade, um malfeitor pode facilmente lançar um ataque de engenharia social muito maior e mais sofisticado hoje do que faria uma década atrás.

Novos modelos econômicos

Conectar quase todo o mundo permitiu à internet facilitar outras tendências com enormes ramificações de cibersegurança. Modelos operacionais que antes eram impensáveis, como o de uma empresa norte-americana que utiliza um call center na Índia e uma loja de desenvolvimento de software nas Filipinas, tornaram--se o suporte de muitas empresas. Essas mudanças, no entanto, criam riscos de cibersegurança de todos os tipos.

Nos últimos vinte anos, houve um tremendo crescimento na terceirização de várias tarefas, de locais em que sua realização é mais cara para regiões nas quais podem ser executadas com custos muito mais baixos. A noção de que uma empresa nos Estados Unidos poderia confiar principalmente em programadores de computador na Índia ou nas Filipinas ou que alguém em Nova York que quisesse criar um logotipo para o seu negócio poderia, pouco antes de ir para a cama, pagar a alguém do outro lado do mundo US$5,50 para criá-lo e ter o logotipo em sua caixa de e-mail imediatamente após acordar, na manhã seguinte, parecia ficção científica econômica uma geração atrás. Hoje, não é apenas comum, mas também, em muitos casos, é mais comum que qualquer outro método para obter resultados semelhantes.

Obviamente, isso resultou em muitas ramificações de cibersegurança. Os dados transmitidos precisam ser protegidos contra destruição, modificação e roubo, e é necessário uma garantia maior de que backdoors não sejam intencional ou inadvertidamente inseridos no código. São necessárias maiores proteções para impedir o roubo de propriedade intelectual e outras formas de espionagem corporativa. Os hackers não precisam mais sempre violar diretamente as organizações que visam invadir; só precisam comprometer um ou mais de seus fornecedores, que podem ser muito menos cuidadosos com suas práticas de segurança da informação e de pessoal do que o alvo principal.

Mudanças políticas

Assim como aconteceu com os avanços da tecnologia, as mudanças políticas tiveram tremendas repercussões na cibersegurança, algumas das quais parecem permanentes nas manchetes das notícias. A combinação de poder do governo e tecnologia poderosa muitas vezes se mostrou cara para os cidadãos. Se as tendências atuais continuarem, o impacto na cibersegurança de várias mudanças políticas continuará a crescer no futuro próximo.

Coleção de dados

A proliferação de informações online e a capacidade de atacar máquinas em todo o mundo fizeram com que os governos espionassem cidadãos de seus próprios países e os residentes de outras nações em uma extensão nunca antes possível.

Além disso, à medida que mais e mais atividades empresariais, pessoais e sociais deixam rastros digitais, os governos têm acesso fácil a uma quantidade muito maior de informações sobre seus alvos potenciais de inteligência do que poderiam adquirir a custos ainda mais altos poucos anos atrás. Junto do custo relativamente baixo do armazenamento digital, o avanço das tecnologias de big data e a eventual impotência esperada de muitas das tecnologias de criptografia atuais, os governos têm um forte incentivo para coletar e armazenar o máximo de dados possível sobre o maior número possível de pessoas, caso precisem no futuro. Há pouca dúvida de que alguns governos já fazem exatamente isso.

As consequências em longo prazo desse fenômeno são, obviamente, ainda desconhecidas, mas uma coisa é certa: se as empresas não protegem adequadamente os dados, é menos provável que os países que não são amigos os obtenham e os armazenem para uso no curto prazo, no longo prazo ou em ambos.

Interferência nas eleições

Uma geração atrás, uma nação interferir nas eleições de outra não era nada trivial. Obviamente existia — ocorre desde que há eleições —, mas a realização de campanhas de interferências significativas era cara, arriscada e consumia muitos recursos.

Para espalhar informações errôneas e outras propagandas, os materiais precisavam ser impressos, distribuídos ou gravados fisicamente e transmitidos via rádio, significando que as campanhas individuais provavelmente atingiriam apenas pequenos públicos. Como tal, os efeitos de eficácia de tais esforços eram bastante baixos, e o risco de exposição da parte que os dirigia era relativamente alto.

A manipulação de bancos de dados de registro de eleitores para impedir que eleitores legítimos votem e/ou permitir que eleitores falsos votem era extremamente difícil e implicava riscos tremendos; alguém "de dentro" provavelmente teria de ser um traidor. Em um país como os Estados Unidos, no qual o registro de eleitores nos bancos de dados é descentralizado e gerenciado em nível de condado, o recrutamento de sabotadores suficientes para impactar de fato uma eleição importante provavelmente seria impossível, e as chances de ser pego na tentativa eram extremamente altas. Da mesma forma, na era das cédulas em papel e da contagem manual, era praticamente impossível para uma potência estrangeira manipular as contagens reais de votos em grande escala.

Hoje, no entanto, o jogo mudou. Um governo pode espalhar desinformação facilmente através de redes sociais a um custo extremamente baixo. Se cria uma campanha bem pensada, pode contar com outras pessoas para espalhar as informações falsas — algo que as pessoas não poderiam fazer em massa na era das gravações de rádio e panfletos impressos. A capacidade de alcançar muito mais pessoas, a um custo muito menor do que nunca, significou que mais partidos são capazes de interferir em campanhas políticas, e podem fazê-lo com mais eficácia do que no passado. Da mesma forma, os governos podem espalhar informações erradas para provocar descontentamento civil nas nações adversárias e espalhar hostilidade entre grupos étnicos e religiosos que vivem em terras estrangeiras.

Com os bancos de dados de registros de eleitores armazenados eletronicamente e, às vezes, em servidores que estão pelo menos indiretamente conectados à internet, esses registros podem ter informações adicionadas, modificadas ou excluídas em metade do mundo sem detecção. Mesmo que tal invasão seja, na realidade, impossível, o fato de muitos cidadãos hoje acreditarem que isso é possível levou a uma diminuição da fé nas eleições, um fenômeno que testemunhamos nos últimos anos e permeou todos os níveis de sociedade. Até Jimmy Carter, ex-presidente dos Estados Unidos, expressou que acredita que uma investigação completa sobre as eleições presidenciais de 2016 mostraria que Donald Trump perdeu a eleição — apesar de não haver absolutamente nenhuma evidência para apoiar tal conclusão, mesmo depois de uma investigação completa do FBI sobre o assunto.

Também não é difícil imaginar que, se surgisse a votação online, o potencial de manipulação por governos estrangeiros, criminosos e até partidos políticos dentro da nação — para remover a auditoria que existe hoje — cresceria astronomicamente.

Há menos de uma década, os Estados Unidos não consideravam os sistemas de computadores relacionados às eleições uma infraestrutura crítica e não disponibilizavam fundos federais diretamente para protegê-los. Hoje, a maioria das pessoas entende que a necessidade de haver cibersegurança nessas áreas é de suma importância, e as políticas e o comportamento de apenas anos atrás parecem simplesmente loucura.

Hacktivismo

Da mesma forma, a disseminação da democracia desde o colapso da União Soviética, uma geração atrás, junto da utilização da internet entre pessoas de todo o mundo, inaugurou a era do hacktivismo. As pessoas estão conscientes dos acontecimentos em mais lugares do que no passado. Os hackers irritados com alguma política ou atividade governamental em algum local podem ter como alvo o governo ou os cidadãos do país o qual ele governa, mesmo que a distância.

CAPÍTULO 1 **O que É Cibersegurança?** 15

Liberdade ampliada

Ao mesmo tempo, pessoas reprimidas estão mais conscientes do estilo de vida daquelas que vivem em países mais livres e prósperos, um fenômeno que forçou alguns governos a se liberalizar e motivou outros a implementar controles do tipo cibersegurança para impedir o uso de vários serviços baseados na internet.

Sanções

Outra ramificação política da cibersegurança se dá em relação às sanções internacionais: estados desonestos sujeitos a essas sanções puderam usar o cibercrime de várias formas para contorná-las.

Por exemplo, acredita-se que a Coreia do Norte tenha espalhado malware que explora a criptomoeda para o estado totalitário por computadores em todo o mundo, permitindo ao país contornar as sanções ao obter dinheiro líquido, que pode ser facilmente gasto em qualquer lugar.

Em 2019, acredita-se que a falha dos indivíduos em proteger adequadamente seus computadores pessoais impactou diretamente as negociações políticas.

Novo equilíbrio de poder

Embora as forças armadas de certas nações tenham se tornado mais poderosas do que as de seus adversários — tanto a qualidade quanto a quantidade de armas variam muito entre as nações —, quando se trata de cibersegurança, o equilíbrio de poder é totalmente diferente.

Embora a qualidade das armas cibernéticas varie entre os países, o fato de o lançamento de ataques cibernéticos custar pouco significa que todos os militares têm um suprimento bem ilimitado de quaisquer armas usadas. Na maioria dos casos, lançar milhões de ataques cibernéticos custa pouco mais do que lançar apenas um.

Além disso, diferentemente do mundo físico, em que qualquer nação que bombardeou casas civis no território da adversária pode sofrer uma severa represália, com frequência governos desonestos atacam impunemente pessoas de outros países. As vítimas muitas vezes não sabem que foram comprometidas, raramente relatam esses incidentes à polícia e nem sequer sabem a quem culpar.

Mesmo quando a vítima percebe que ocorreu uma violação e especialistas técnicos apontam os agressores como culpados, os estados por trás dos ataques gozam de negação plausível, impedindo qualquer governo de retaliá-los publicamente. A dificuldade de determinar a fonte dos ataques cibernéticos, associada ao elemento de negação plausível, é um forte incentivo para que os governos os usem como um mecanismo de ataque proativo a um adversário, causando várias formas de destruição sem medo de represálias significativas.

Além disso, o mundo da cibersegurança criou um tremendo desequilíbrio entre invasores e defensores, que funciona em benefício das nações menos poderosas.

Os governos que nunca poderiam se dar ao luxo de criar enormes barreiras contra um adversário no mundo físico podem fazê-lo facilmente no mundo cibernético, onde lançar cada ataque custa quase nada. Como resultado, os invasores podem continuar até obter sucesso — e precisam violar os sistemas apenas uma vez para tal —, criando um tremendo problema para os defensores, que precisam proteger seus ativos contra todos os ataques. Esse desequilíbrio se traduziu em grande vantagem para os invasores em relação aos defensores e significou que mesmo poderes menores podem violar sistemas de superpotências.

Esse desequilíbrio contribui para o motivo pelo qual as violações da cibersegurança parecem ocorrer com tanta frequência, pois muitos hackers simplesmente continuam atacando até obter sucesso. Se uma organização se defender contra 10 milhões de ataques, mas não conseguir interromper o 10.000.001, poderá sofrer uma violação grave e ir a público. Os relatórios da violação provavelmente nem mencionam o fato de que a taxa de sucesso é de 99,99999999% na proteção de dados e no sucesso de interromper os invasores um milhão de vezes seguidas. Da mesma forma, se uma empresa instalou 99,999% das atualizações e correções que deveria, mas não corrigiu uma única vulnerabilidade conhecida, provavelmente sofrerá uma violação devido ao número de explorações disponíveis para os criminosos. Os meios de comunicação apontarão o fracasso da organização em se corrigir adequadamente, negligenciando seu registro quase perfeito nessa área.

Assim, a era cibernética também mudou o equilíbrio de poder entre criminosos e policiais.

Os criminosos sabem que as chances de ser pegos e processados por um crime cibernético são drasticamente menores do que na maioria dos outros crimes, e que repetidas tentativas fracassadas de cometer um crime cibernético não são uma receita para determinadas prisões, como são para a maioria dos outros crimes. Também estão cientes de que as agências policiais não dispõem de recursos para perseguir a maioria dos cibercriminosos. Rastrear, tomar custódia e processar alguém que está roubando dados do outro lado do mundo por meio de inúmeras investidas em muitos países e uma rede de computadores comandada por pessoas que cumprem as leis, por exemplo, requer reunir e dedicar significativamente mais recursos do que levar um ladrão, que foi gravado na câmera roubando uma loja, para uma delegacia de polícia local.

Com o baixo custo de lançar ataques repetidos, as chances de sucesso eventual a seu favor, as chances mínimas de serem pegos e punidos, e as recompensas em potencial crescentes com o aumento da digitalização, os criminosos sabem que o cibercrime compensa, ressaltando que você precisa se proteger.

Observando os Riscos que a Cibersegurança Mitiga

Às vezes, as pessoas explicam que a cibersegurança é importante dizendo que "impede os hackers de invadir sistemas e roubar dados e dinheiro". Mas essa descrição subestima drasticamente o papel que a cibersegurança desempenha na manutenção da casa, dos negócios ou do mundo moderno.

O papel da cibersegurança pode ser visto sob vários pontos de vista, e cada um deles apresenta um conjunto diferente de objetivos. É claro que as listas a seguir não estão completas, mas fomentam o debate e enfatizam a importância de entender como proteger ciberneticamente a si mesmo e a seus entes queridos.

Os três pilares

Os profissionais de cibersegurança costumam explicar que seu objetivo é garantir a confidencialidade (*Confidentiality*), a integridade (*Integrity*) e a disponibilidade (*Availability*) dos dados, que são conhecidos como os três pilares da segurança cibernética:

CUIDADO

» A **confidencialidade** se baseia em garantir que as informações não sejam divulgadas ou de qualquer outra forma disponibilizadas a entidades não autorizadas (incluindo pessoas, organizações ou processos de computador).

Não confunda confidencialidade com privacidade: a confidencialidade é um subconjunto do domínio da privacidade. Lida especificamente com a proteção de dados de pessoas não autorizadas, enquanto a privacidade, em geral, abrange muito mais.

Hackers que roubam dados minam a confidencialidade.

» A **integridade** se baseia em garantir a precisão e a integridade dos dados.

Precisão significa, por exemplo, que os dados nunca são modificados de forma alguma por terceiros não autorizados ou por uma falha técnica. *Integridade* significa, por exemplo, que os dados não foram removidos por nenhuma parte não autorizada ou falha técnica.

A integridade também inclui garantir a *não rejeição*, o que significa que os dados são criados e manipulados de tal maneira que ninguém possa razoavelmente argumentar que não são autênticos ou imprecisos.

Os ataques cibernéticos que interceptam e modificam os dados antes de retransmiti-los a seu destino — às vezes conhecidos como *ataques intermediários* — minam a integridade.

» A **disponibilidade** se baseia em garantir que as informações, os sistemas usados para armazená-las e processá-las, os mecanismos de comunicação usados para acessá-las e retransmiti-las, e todos os controles de segurança associados funcionem corretamente para atender a alguma referência específica (por exemplo, 99,99% de tempo de atividade). Às vezes, pessoas fora do campo da cibersegurança pensam na disponibilidade como um aspecto secundário da segurança da informação, após a confidencialidade e a integridade. Mas garantir a disponibilidade é parte integrante da cibersegurança. Fazer isso, porém, às vezes é mais difícil do que garantir a confidencialidade ou a integridade. Um dos motivos é que a manutenção da disponibilidade geralmente envolve muito mais profissionais de segurança não cibernética, levando a um desafio do tipo "muitos cozinheiros na cozinha", especialmente em organizações maiores. Os ataques de negação de serviço tentam minar a disponibilidade. Além disso, considere que os ataques costumam usar muita capacidade e largura de banda roubadas do computador para iniciar ataques DDoS, mas os respondentes que procuram garantir a disponibilidade podem aproveitar apenas uma quantidade pequena de recursos com que podem arcar.

De uma perspectiva humana

Os riscos que a cibersegurança aborda também podem ser pensados em termos que refletem melhor a experiência humana:

» **Riscos para a privacidade:** Decorrentes da perda de controle adequado ou uso indevido de informações pessoais ou outras informações confidenciais.

» **Riscos para as finanças:** Riscos de perdas financeiras devido a hackers. As perdas financeiras incluem tanto as diretas — por exemplo, o roubo de dinheiro da conta bancária de alguém por um hacker que a invadiu — quanto as indiretas, como a perda de clientes que não confiam mais em uma pequena empresa depois de sofrer uma violação de segurança.

» **Riscos profissionais:** Riscos para a carreira de alguém decorrentes de violações. Obviamente os profissionais de cibersegurança correm o risco de sofrer danos na carreira se uma violação ocorrer sob sua vigilância e se for determinado que ocorreu devido à negligência, mas outros profissionais também podem sofrer danos na carreira devido a uma violação. Executivos de nível C podem ser demitidos, membros do conselho podem ser processados, e assim por diante. Também podem ocorrer danos profissionais se os hackers liberarem informações ou dados particulares que mostram alguém em uma situação ruim — por exemplo, registrar que uma pessoa foi disciplinada por alguma ação inadequada, enviou um e-mail com material questionável etc.

CAPÍTULO 1 **O que É Cibersegurança?** 19

» **Riscos comerciais:** São semelhante aos riscos profissionais para um indivíduo. Documentos internos vazaram após a violação da Sony Pictures ter pintado a empresa de maneira negativa em relação a algumas de suas práticas de compensação.

» **Riscos pessoais:** Muitas pessoas armazenam informações privadas em seus dispositivos eletrônicos, de fotos explícitas a registros de participação em atividades que podem não ser consideradas respeitáveis pelos membros de seus respectivos círculos sociais. Às vezes, esses dados podem causar danos significativos aos relacionamentos pessoais, se vazarem. Da mesma forma, os dados pessoais roubados ajudam os criminosos a fraudar a identidade das pessoas, o que resulta em todos os tipos de problemas pessoais.

NESTE CAPÍTULO

- » **Explorando ataques danosos**
- » **Descobrindo a diferença entre personificação, interceptação de dados e roubo de dados**
- » **Analisando os vários tipos de malware, envenenamento e publicidade maliciosa**
- » **Vendo como os ciberataques desafiam a manutenção de infraestruturas complexas**
- » **Descobrindo ataques avançados**

Capítulo **2**

Conhecendo Ciberataques Comuns

Existem muitos tipos de ataques cibernéticos — tantos que eu poderia escrever uma série inteira de livros sobre eles. Aqui, no entanto, não abordo em detalhes todos os tipos de ameaças, porque a realidade é que você provavelmente está lendo este livro para aprender sobre como se manter seguro, não para aprender sobre assuntos que não têm impacto em sua vida, como ataques normalmente direcionados a agências de espionagem, equipamentos industriais ou armamentos militares.

Neste capítulo, você descobre os diferentes tipos de problemas que os ciberinvasores podem criar com ataques que geralmente afetam indivíduos e pequenas empresas.

Ataques que Resultam em Dano

Os invasores lançam alguns ataques cibernéticos com a intenção de causar danos às vítimas. A ameaça representada por eles não equivale a um criminoso roubando diretamente seu dinheiro ou seus dados, mas os invasores lhe causarão dano de alguma outra maneira específica, que pode se traduzir em benefícios financeiros, militares, políticos ou outros a ele e (potencialmente) danos de algum tipo à vítima.

Tipos de ataques que causam danos incluem:

» Ataques de negação de serviço (DoS).

» Ataques distribuídos de negação de serviço (DDoS).

» Botnets e zumbis.

» Ataques de destruição de dados.

Ataques de negação de serviço (DoS)

Um *ataque de negação de serviço* é aquele em que um invasor tenta paralisar um computador ou rede de computadores inundando-o com grandes quantidades de solicitações ou dados, que sobrecarregam o alvo e o tornam incapaz de responder adequadamente às solicitações legítimas.

Em muitos casos, as solicitações enviadas pelo invasor são, em si, legítimas — por exemplo, uma solicitação normal para carregar uma página da web.

Em outros, as solicitações não são normais. Em vez disso, eles aproveitam o conhecimento de vários protocolos para enviar solicitações que otimizam ou até ampliam o efeito do ataque.

Em qualquer caso, os ataques de negação de serviço funcionam sobrecarregando as Unidades de Processamento Central (CPU) e/ou a memória dos sistemas de computador, utilizando toda a largura de banda de comunicação de rede disponível e/ou esgotando os recursos da infraestrutura de rede, como roteadores.

Ataque distribuído de negação de serviço (DDoS)

Um *ataque distribuído de negação de serviço* (DDoS) é um ataque de DoS no qual muitos computadores individuais ou outros dispositivos conectados em regiões diferentes inundam simultaneamente o alvo com solicitações. Nos últimos anos, quase todos os principais ataques de negação de serviço foram distribuídos por

22   PARTE 1 **Começando**

natureza, e alguns envolveram o uso de câmeras conectadas e outros dispositivos como veículos de ataque, em vez de computadores clássicos. A Figura 2-1 ilustra um ataque DDoS simples.

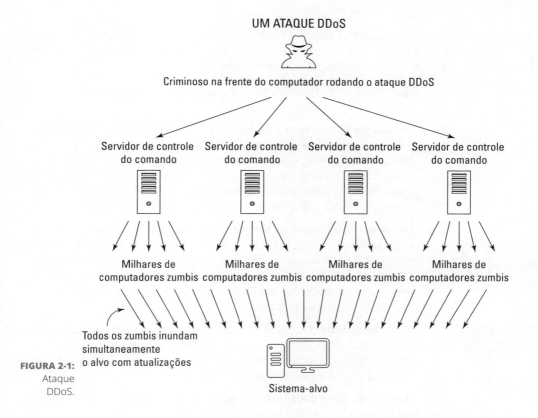

FIGURA 2-1: Ataque DDoS.

O objetivo de um ataque DDoS é deixar a vítima offline, e a motivação varia.

Às vezes o objetivo é financeiro: imagine, por exemplo, o dano que pode resultar nos negócios de uma loja online se um concorrente inescrupuloso deixar seu site offline durante o final de semana da Black Friday. Imagine um bandido que reduz o estoque de uma grande loja de brinquedos logo antes de lançar um ataque DDoS contra ele duas semanas antes do Natal.

Os ataques DDoS continuam sendo uma ameaça séria e crescente. As empresas criminosas até oferecem DDoS para serviços de aluguel, que são anunciados na dark web por uma taxa para "deixar os sites de seus concorrentes offline de uma maneira econômica".

Em alguns casos, os desenvolvedores de DDoS têm motivos políticos, e não financeiros. Por exemplo, um político corrupto pode tentar derrubar o site de seu oponente durante o período eleitoral, reduzindo assim sua capacidade de espalhar mensagens e receber contribuições de campanhas online. Os hacktivistas também lançam ataques DDoS para derrubar sites em nome da "justiça" — por exemplo, atacar sites de aplicação da lei depois que uma pessoa desarmada é morta durante um confronto com a polícia.

De acordo com um estudo de 2017 da Kaspersky Lab e da B2B International, quase metade das empresas do mundo que sofreram um ataque DDoS suspeita que seus concorrentes estejam envolvidos.

Os ataques DDoS impactam indivíduos de três maneiras significativas:

>> **Um ataque DDoS a uma rede local pode diminuir significativamente o acesso à internet a partir dela.** Às vezes esses ataques tornam a conectividade tão lenta, que as conexões aos sites falham devido às configurações de tempo limite da sessão, o que significa que os sistemas encerram as conexões depois de verificar que as solicitações levam mais tempo para obter respostas do que o limite máximo permitido.

>> **Um ataque DDoS pode tornar inacessível um site que uma pessoa planeje usar.** Em 21 de outubro de 2016, por exemplo, muitos usuários não conseguiram acessar vários sites de grande visibilidade, incluindo Twitter, PayPal, CNN, HBO Now, The Guardian e dezenas de outros sites populares, devido a um ataque DDoS maciço lançado contra terceiros fornecendo vários serviços técnicos para esses sites e muito mais.

DICA

A possibilidade de ataques DDoS é um dos motivos pelos quais você nunca deve esperar até o último minuto para realizar uma transação bancária online — o site que precisa utilizar pode estar inacessível por vários motivos, um deles é um ataque DDoS em andamento.

>> **Um ataque DDoS pode levar os usuários a obter informações de um site, em vez de outro.** Ao tornar um site indisponível, é provável que os usuários da internet que procuram informações específicas as obtenham em outro site — um fenômeno que permite que invasores espalhem informações erradas ou impeçam as pessoas de obter determinadas informações ou pontos de vista sobre questões importantes. Assim, os ataques DDoS são um mecanismo eficaz, pelo menos em curto prazo, para censurar pontos de vista opostos.

Botnets e zumbis

Geralmente, os ataques DDoS usam o que é conhecido como *botnets*, uma coleção de computadores comprometidos que pertencem a terceiros, mas que um hacker controla e usa remotamente para executar tarefas sem o conhecimento dos proprietários legítimos.

Os criminosos que infectam com êxito um milhão de computadores com malware podem, por exemplo, usar essas máquinas, conhecidas como *zumbis*, para fazer simultaneamente várias solicitações de um único servidor ou de vários servidores na tentativa de sobrecarregar o alvo com tráfego.

Ataques de destruição de dados

Às vezes os invasores querem fazer mais do que deixar uma parte temporariamente offline, sobrecarregando-a com solicitações — querem prejudicar a vítima destruindo ou corrompendo suas informações e/ou sistemas de informação. Um criminoso pode tentar destruir os dados de um usuário por meio de um *ataque de destruição de dados* — por exemplo, se o usuário se recusar a pagar um resgate de ransomware exigido pelo bandido.

Obviamente todos os motivos para iniciar ataques DDoS (veja a seção anterior) também são válidos para um hacker querer tentar destruir os dados de alguém.

Os *ataques wiper* são ataques avançados de destruição de dados, nos quais um criminoso usa malware para limpar os dados no disco rígido ou no SSD da vítima, de maneira que sua recuperação fique difícil ou impossível.

Simplificando, a menos que a vítima tenha backups, é provável que alguém cujo computador seja apagado por um wiper perca o acesso a todos os dados e softwares armazenados no dispositivo atacado.

Personificação

Um dos grandes perigos que a internet cria é a facilidade com que agentes maliciosos podem se passar por outros. Antes da era da internet, por exemplo, os criminosos não podiam personificar facilmente um banco ou uma loja e convencer as pessoas a entregar seu dinheiro em troca de alguma taxa de juros prometida ou bens. Cartas enviadas fisicamente e chamadas telefônicas posteriores tornaram-se ferramentas de golpistas, mas nenhuma dessas técnicas de comunicação chegou perto do poder da internet de ajudar criminosos que tentavam se passar por cumpridores da lei.

Criar um site que imita o site de um banco, loja ou agência governamental é bastante simples e, às vezes, pode ser feito em minutos. Os criminosos podem encontrar um suprimento quase infinito de nomes de domínio próximos o suficiente de pessoas legítimas para induzir alguns a acreditar que um site que estão vendo representa o verdadeiro negócio, o que dá aos criminosos o primeiro ingrediente típico da receita para a personificação online.

CUIDADO

Enviar um e-mail que parece ter vindo de outra pessoa é simples e permite que criminosos cometam todos os tipos de crimes online. Eu mesmo demonstrei há mais de 20 anos como consegui derrotar várias defesas enviando um e-mail que foi entregue aos destinatários em um sistema seguro — a mensagem parecia aos leitores ter sido enviada de `god@heaven.sky`. A Figura 2-2 mostra outra mensagem de e-mail que pode ter sido falsificada.

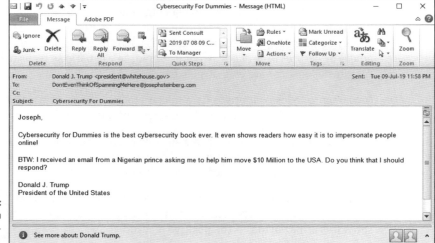

FIGURA 2-2: Mensagem de personificação.

Phishing

Phishing é uma tentativa de convencer uma pessoa a tomar alguma ação ao se passar por um agente confiável que pode legitimamente solicitar ao usuário que tome essa ação.

Por exemplo, um criminoso pode enviar um e-mail que parece ter sido enviado por um grande banco e solicitar ao destinatário que clique em um link para redefinir sua senha devido a uma possível violação de dados. Quando o usuário clica no link, é direcionado para um site que parece pertencer ao banco, mas, na verdade, é uma réplica executada pelo criminoso. Como tal, o criminoso usa o site fraudulento para coletar nomes de usuário e senhas para o site bancário.

Spear phishing

Spear phishing são ataques de phishing projetados e enviados para atingir uma pessoa, empresa ou organização específica. Se um criminoso procura obter credenciais no sistema de e-mail de uma empresa específica, por exemplo, pode enviar e-mails criados para indivíduos específicos da organização. Frequentemente criminosos que praticam phishing pesquisam seus alvos online e aproveitam informações compartilhadas em excesso nas redes sociais para criar e-mails aparentemente legítimos.

Por exemplo, o seguinte tipo de e-mail é muito mais convincente do que algo na linha "Faça login no servidor de e-mail e redefina sua senha".

> *Olá, entrarei no meu voo em dez minutos. Você pode fazer login no servidor Exchange e verificar quando é a minha reunião? Por alguma razão, não consigo entrar. Você pode tentar me ligar primeiro por razões de segurança, mas, se eu não atender, vá em frente, verifique as informações e me envie por e-mail — porque, você sabe, as receberei em um voo prestes a decolar.*

Fraude do CEO

A *fraude do CEO* é semelhante ao spear phishing (veja a seção anterior), pois nela um criminoso representa o CEO ou outro executivo sênior de uma empresa em particular, mas as instruções fornecidas pelo "CEO" podem levar a que se tome uma ação diretamente, não fazer login no sistema, e o objetivo pode não ser capturar nomes de usuário e senhas ou similares.

O bandido, por exemplo, pode enviar um e-mail ao CFO ou diretor financeiro da empresa instruindo-o a emitir um pagamento a um novo fornecedor em particular ou enviar todos os formulários W2 da organização do ano para um endereço de e-mail específico, supostamente pertencente ao contador da empresa. Veja a Figura 2-3.

A fraude do CEO gera retornos significativos para os criminosos e faz com que os funcionários que caem nos golpes pareçam incompetentes. Como resultado, as vítimas de tais fraudes acabam sendo demitidas.

Smishing

Smishing representa casos de phishing em que os atacantes enviam suas mensagens por meio de mensagens de texto (SMS), em vez de por e-mail. O objetivo pode ser capturar nomes de usuário e senhas ou induzir o usuário a instalar malware.

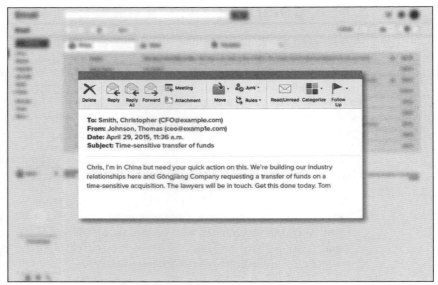

FIGURA 2-3: E-mail fraudulento.

Vishing

Vishing, ou phishing baseado em voz, é phishing via POTS, que significa "serviço telefônico antigo comum", da sigla em inglês. Sim, os criminosos usam métodos antigos e consolidados para enganar as pessoas. Hoje, a maioria dessas chamadas é transmitida por sistemas de voz sobre IP, mas, no final, os golpistas também ligam para as pessoas de telefones comuns, da mesma maneira como fazem há décadas.

Whaling

Whaling é o spear phishing que visa executivos de alto nível ou funcionários do governo. Para ter mais informações sobre spear phishing, veja a seção anterior deste capítulo.

Adulteração

Às vezes os invasores não querem interromper as atividades normais de uma organização, mas procuram explorá-las para obter ganhos financeiros. Muitas vezes, bandidos alcançam esses objetivos manipulando dados em trânsito ou enquanto residem nos sistemas de seus alvos, por meio do processo conhecido como *adulteração*.

Em um caso básico de adulteração de dados em trânsito, por exemplo, imagine que um usuário de banco online tenha instruído seu banco a transferir dinheiro para uma conta específica, mas de alguma forma um criminoso interceptou a solicitação e alterou o endereço de roteamento e conta para receber o dinheiro.

Um criminoso também pode invadir um sistema e manipular informações para fins semelhantes. Usando o exemplo anterior, imagine que um criminoso alterou o endereço de pagamento associado a determinado beneficiário para que, quando o departamento de Contas a Pagar efetue um pagamento online, os fundos sejam enviados para o destino errado (bem, errado aos olhos do pagador).

Interceptação

A *interceptação* ocorre quando os invasores capturam informações em trânsito entre computadores. Se os dados não estiverem corretamente criptografados, a parte que os interceptar poderá utilizá-los de modo errado.

Um tipo especial de interceptação é conhecido como *ataque do homem do meio*. Nesse tipo de ataque, o proxy intercepta os dados entre o remetente e o destinatário, na tentativa de disfarçar o fato de que os dados estão sendo interceptados. *Proxy* nesse caso se refere às solicitações de interceptação do intermediário, à transmissão (na forma modificada ou não) aos destinos pretendidos originais e, em seguida, ao recebimento das respostas desse destino e à retransmissão (na forma modificada ou não) ao remetente. Ao empregar o proxy, o técnico intermediário dificulta ao remetente saber que suas comunicações estão sendo interceptadas, porque, ao se comunicar com um servidor, recebe as respostas esperadas.

Por exemplo, um criminoso pode configurar um site de banco falso (veja a seção anterior, "Phishing") e retransmitir qualquer informação que alguém insira no site falso para o site do banco real, para que o criminoso possa responder com as mesmas informações que o banco legítimo enviaria. Um proxy desse tipo não só ajuda o criminoso a evitar a detecção — um usuário que lhe fornece sua senha e executa suas tarefas normais no banco online pode não ter ideia de que algo anormal ocorreu durante a sessão —, mas também ajuda o criminoso a capturar a senha correta. Se um usuário digitar uma senha incorreta, o criminoso saberá solicitar a correta.

A Figura 2-4 mostra uma comunicação interceptada do homem do meio e sua retransmissão.

FIGURA 2-4: Interceptação do homem do meio.

Roubo de Dados

Muitos ataques cibernéticos envolvem o roubo de dados da vítima. Um invasor pode querer roubar dados pertencentes a indivíduos, empresas ou uma agência governamental por um ou muitos motivos possíveis.

Pessoas, empresas, organizações sem fins lucrativos e governos são vulneráveis.

Roubo de dados pessoais

Os criminosos tentam roubar os dados das pessoas na esperança de encontrar itens que gerem renda, incluindo:

- » Dados que podem ser usados para roubo de identidade ou vendidos para ladrões de identidade.
- » Fotos comprometedoras ou dados relacionados à saúde que podem ser vendidos ou usados como parte de esquemas de chantagem.
- » Informações que são roubadas e depois apagadas da máquina do usuário e que podem ser resgatadas.
- » Listas de senhas que podem ser usadas para violar outros sistemas.

COMO UM ATAQUE CIBERNÉTICO CUSTA 1 BILHÃO SEM ROUBAR 1 CENTAVO

O roubo de propriedade intelectual (PI), como documentos confidenciais de design e código-fonte de computador, é um assunto extremamente sério e uma área crescente de crimes cibernéticos.

Por exemplo, em 2007, a empresa norte-americana de tecnologia American Superconductor, que fabricava software para controlar turbinas eólicas, fez parceria com a Sinovel, empresa chinesa que fabrica turbinas eólicas, para começar a vender as turbinas na China.

Em 2011, a Sinovel se recusou a pagar os US$70 milhões devidos à empresa pelo supercondutor e começou a vender turbinas com o próprio software. Uma investigação revelou que a Sinovel obtivera ilegalmente o IP do supercondutor subornando um único funcionário para ajudá-la a roubar o código-fonte.

A Supercondutor quase faliu, diminuiu em mais de US$1 bilhão e teve de cortar 700 funcionários, quase metade de sua mão de obra.

» Informações comerciais confidenciais que podem ser usadas para realizar operações ilegais de ações com base em informações privilegiadas.

» Informações sobre os próximos planos de viagem que podem ser usadas para planejar assaltos à casa da vítima.

Roubo de dados comerciais

Os criminosos podem usar os dados roubados das empresas para vários fins nefastos:

» **Negociar ações:** O conhecimento prévio de como será um trimestre fornece a um criminoso informações privilegiadas com as quais negociar ilegalmente ações ou opções e potencialmente obter um lucro significativo.

» **Vender dados a concorrentes inescrupulosos:** Os criminosos que roubam informações sobre o pipeline de vendas, documentos contendo detalhes de produtos futuros ou outras informações confidenciais podem vender esses dados a concorrentes ou a funcionários inescrupulosos que trabalhem com concorrentes, e a gerência pode nunca descobrir como eles aprimoraram repentinamente seu desempenho.

» **Vazar dados para a mídia:** Dados confidenciais complicam a vítima e causam queda nas ações (talvez após a venda de ações a descoberto).

» **Vazar dados cobertos por regulamentos de privacidade:** A vítima pode ser multada.

» **Recrutar funcionários:** Ou vender as informações para outras empresas que desejam contratar funcionários com habilidades semelhantes ou com conhecimento dos sistemas da concorrência. Criminosos que roubam e-mails e descobrem a comunicação entre funcionários, indicando que um ou mais funcionários estão descontentes em suas posições, vendem essas informações a terceiros que desejam contratá-los.

» **Roubar e usar propriedade intelectual:** Os agentes que roubam o código-fonte do software de computador podem evitar pagar taxas de licenciamento ao proprietário legítimo. As partes que roubam documentos de design criados por terceiros após extensa pesquisa e desenvolvimento economizam facilmente milhões de dólares — e, às vezes, até bilhões — em custos de pesquisa e desenvolvimento. Para saber mais sobre os efeitos desse tipo de roubo, veja o box "Como um ataque cibernético custa 1 bilhão sem roubar 1 centavo".

Malware

Malware, ou software malicioso, é um termo abrangente para softwares que causam intencionalmente danos a seus usuários, que normalmente não têm ideia de que o estão executando.

O termo malware engloba vírus de computador, worms, cavalos de Troia, ransomware, scareware, spyware, mineradores de criptomoeda, adware e outros programas destinados a explorar os recursos do computador para fins nefastos.

Vírus

Vírus de computador são instâncias de malware que, quando executadas, se replicam, inserindo o próprio código nos sistemas de computador. Normalmente a inserção fica em arquivos de dados (por exemplo, como macros não autorizadas em um documento do Word), na parte especial de discos rígidos ou em unidades de estado sólido que contêm o código e os dados usados para inicializar um computador ou disco (também conhecidos como *boot sectors*) ou outros programas de computador.

Como vírus biológicos, os vírus de computador não podem se espalhar sem hospedeiros (hosts) para infectar. Alguns vírus de computador afetam significativamente o desempenho de seus hosts, enquanto outros são quase imperceptíveis.

Embora os vírus de computador ainda causem danos tremendos em todo o mundo, a maioria das ameaças sérias de malware, atualmente, chega sob a forma de worms e cavalos de Troia.

Worms

Worms de computador são peças de malware independentes que se replicam sem a necessidade de hosts para se espalhar. Os worms se propagam por conexões, explorando vulnerabilidades de segurança em computadores e redes de destino.

Como consomem largura de banda da rede, podem causar danos mesmo sem modificar sistemas ou roubar dados. Eles diminuem as conexões de rede, e ninguém gosta de que suas conexões internas e a internet se reduzam.

Trojans

Trojans (apropriadamente nomeado após o histórico cavalo de Troia) é um malware disfarçado de software não malicioso ou oculto em um aplicativo legítimo e não malicioso ou em dados digitais.

Os cavalos de Troia costumam se espalhar por alguma forma de engenharia social — por exemplo, levando as pessoas a clicar em um link, instalar um aplicativo ou executar um anexo de e-mail. Diferente de vírus e worms, os cavalos de Troia não se propagam automaticamente usando a tecnologia — em vez disso, dependem da iniciativa (ou, mais precisamente, de erros) dos seres humanos.

Ransomware

Ransomware é um malware que exige um resgate a ser pago a algum criminoso em troca da parte infectada, que não está sofrendo nenhum dano.

O ransomware geralmente criptografa os arquivos do usuário e ameaça excluir a chave de criptografia se um resgate não for pago dentro de um período relativamente curto, mas outras formas de ransomware envolvem um criminoso que realmente rouba dados do usuário e ameaça publicá-los online se um resgate não for pago.

Alguns ransomwares, na verdade, roubam os arquivos dos computadores dos usuários, em vez de simplesmente criptografar os dados, para garantir que o usuário não tenha como recuperar seus dados (por exemplo, usando um utilitário antirransomware) sem pagar o resgate.

O ransomware geralmente chega às vítimas como cavalo de Troia ou vírus, mas também foi espalhado por criminosos que o empacotaram em um worm. Nos últimos anos, criminosos sofisticados criaram campanhas direcionadas de ransomware que aproveitam o conhecimento sobre quais dados são mais valiosos para um determinado alvo e quanto esse alvo pode pagar em resgate.

A Figura 2-5 mostra a tela de pedido de resgate do WannaCry — uma amostra de ransomware que infligiu pelo menos centenas de milhões de dólares em danos (se não bilhões) depois de se espalhar em maio de 2017. Muitos especialistas em segurança acreditam que o governo norte-coreano ou outros que trabalham para ele criaram o WannaCry, que, em quatro dias, infectou milhares de computadores em cerca de 150 países.

FIGURA 2-5: Ransomware exigindo resgate.

Scareware

Scareware é um malware que assusta as pessoas para que tomem alguma ação. Um exemplo comum é o malware que as assusta para comprarem softwares de segurança. Uma mensagem aparece em um dispositivo informando que ele está infectado por algum vírus que somente um pacote de segurança específico pode remover, com um link para comprar o "software de segurança".

Spyware

Spyware é um software que, clandestinamente e sem permissão, coleta informações de um dispositivo. O spyware pode capturar as teclas digitadas por um usuário (nesse caso, é chamado de *keylogger*), vídeo de uma câmera de vídeo, áudio de um microfone, imagens de tela, e assim por diante.

É importante entender a diferença entre spyware e programas invasivos. Algumas tecnologias que tecnicamente podem ser consideradas spyware se os usuários não soubessem que estavam sendo rastreados online estão sendo usadas por empresas legítimas; elas podem ser invasivas, mas não são malware. Esses tipos de *não spyware que também espiona* incluem beacons que verificam se um usuário carregou uma página da web específica e rastreiam cookies instalados por sites ou aplicativos. Alguns especialistas argumentaram que qualquer software que rastreie a localização de um smartphone enquanto o aplicativo não está sendo usado pelo usuário também se enquadra na categoria de *não spyware que também espiona*, o que inclui aplicativos populares, como Uber.

Mineradores de criptomoeda

Mineradores de criptomoeda são malwares que, sem a permissão dos proprietários dos dispositivos, comandam a capacidade cerebral dos dispositivos infectados (seus ciclos de CPU) para gerar novas unidades de uma determinada criptomoeda (que o malware atribui aos criminosos que o operam), completando problemas matemáticos complexos que exigem um poder de processamento significativo para serem resolvidos.

A proliferação de mineradores de criptomoeda explodiu em 2017 com o aumento dos valores delas. Mesmo depois que os níveis de preços caíram, os mineradores continuam onipresentes, uma vez que os criminosos investem em sua criação e há pouco custo em continuar implantando-os. Não é de surpreender que, como os preços das criptomoedas começaram a subir novamente em 2019, novas linhagens de criptomineradores começaram a aparecer também — alguns voltados especificamente a smartphones Android.

Muitos cibercriminosos de classe baixa preferem o uso de criptomineradores. Mesmo que cada minerador, por si só, pague pouco ao invasor, é fácil obter e monetizar ataques cibernéticos diretamente sem a necessidade de etapas extras (como coletar um resgate) ou sistemas sofisticados de comando e controle.

Adware

Adware é um software que gera receita para quem o opera exibindo anúncios online em um dispositivo. O adware pode ser um malware, isto é, instalado e executado sem a permissão do proprietário do dispositivo, ou um componente legítimo do software (por exemplo, instalado conscientemente pelos usuários como parte de algum pacote gratuito suportado por anúncios).

DICA

Alguns profissionais de segurança se referem ao primeiro como *malware de adware* e ao segundo como adware. Como não existe consenso, é melhor esclarecer qual dos dois está sendo discutido quando você ouvir alguém mencionar apenas o termo genérico adware.

Blended malware

Blended malware utiliza vários tipos de tecnologia de malware como parte de um ataque — por exemplo, combinando recursos de cavalos de Troia, worms e vírus.

Pode ser bastante sofisticado e geralmente se originar de invasores qualificados.

Zero day malware

Zero day malware é qualquer malware que explore uma vulnerabilidade desconhecida pelo público ou pelo fornecedor da tecnologia que o contém e, portanto, é extremamente potente.

Criar o zero day malware requer recursos e desenvolvimento significativos. É muito caro e geralmente é criado pelos exércitos cibernéticos dos países, e não por outros hackers.

Sabe-se que seus fornecedores comerciais cobram mais de US$1 milhão por uma única exploração.

Serviço da Web Envenenado

Muitos tipos de ataques aproveitam as vulnerabilidades nos servidores, e novas fraquezas são descobertas constantemente, e é por isso que os profissionais de cibersegurança trabalham em tempo integral para manter os servidores seguros. Livros inteiros, e até várias séries de livros, podem ser escritos sobre esse tópico, o que está obviamente além do escopo deste trabalho.

Dito isso, é importante entender os conceitos básicos de ataques baseados em servidor, porque alguns deles podem impactá-lo diretamente.

Uma dessas formas é um *ataque de serviço da web envenenado* ou *ataque de página envenenada*. Nesse tipo de ataque, um invasor entra em um servidor da web e insere um código que faz com que ele ataque os usuários quando acessarem uma página ou um conjunto de páginas hospedadas no servidor.

Por exemplo, um hacker pode comprometer o servidor da web que atende ao site `www.abc123.com` e modificar a página inicial que é exibida aos usuários que o acessam, para que contenha malware.

Mas um hacker nem precisa violar um sistema para envenenar páginas!

Se um site que permite aos usuários comentar nas postagens não é protegido adequadamente, por exemplo, pode permitir que o usuário adicione o texto de vários comandos em um comentário — comandos que, se criados adequadamente, podem ser executados pelos navegadores dos usuários sempre que carregam a página que exibe o comentário. Um criminoso pode inserir um comando para executar um script em seu site, que pode receber as credenciais de autenticação do usuário no site original porque é chamado no contexto de uma das páginas da web desse site. Esse ataque é conhecido como *cross site scripting* e continua sendo um problema mesmo depois de mais de uma década buscando soluções.

Envenenamento de Infraestrutura da Rede

Assim como ocorre nos servidores da web, muitos tipos de ataques aproveitam vulnerabilidades na infraestrutura da rede, e novas fraquezas são descobertas constantemente. A maior parte desse tópico está além do escopo deste livro. Dito isso, como é o caso dos servidores envenenados, você precisa entender os conceitos básicos dos ataques baseados em servidor, porque alguns deles podem impactá-lo diretamente.

Por exemplo, os criminosos podem explorar várias fraquezas para adicionar dados corrompidos do sistema de nomes de domínio (DNS) em um servidor DNS.

DNS é o serviço da internet que traduz endereços legíveis por seres humanos em seus equivalentes numéricos e utilizáveis por computador (endereços IP). Por exemplo, se você digitar `https://JosephSteinberg.com` no navegador, o DNS direcionará sua conexão para o endereço 104.18.45.53.

Ao inserir informações incorretas nas tabelas DNS, um criminoso pode fazer com que um servidor DNS retorne um endereço IP incorreto ao computador do usuário. Esse ataque facilmente resulta no desvio do tráfego de um usuário para um computador de sua escolha, em vez do destino pretendido. Se o criminoso configurar um site de banco falso no servidor para o qual o tráfego está sendo desviado, por exemplo, e personificar nesse servidor um banco que o usuário estava tentando acessar, mesmo que insira a URL do banco em seu navegador (em vez de apenas clicar em um link), pode ser desviado para o site falso (esse tipo de ataque é conhecido como *envenenamento de DNS* ou *manipulação*).

Os ataques à infraestrutura da rede assumem várias formas. Alguns procuram encaminhar pessoas para destinos errados, outros procuram capturar dados, enquanto outros tentam efetuar condições de negação de serviço. O ponto principal a entender é que a canalização da internet é bastante complexa, não foi inicialmente projetada com a segurança em mente e é vulnerável a muitas formas de uso indevido.

Malvertising

Malvertising é uma abreviação, em inglês, de publicidade maliciosa e se refere ao uso da publicidade online como veículo para espalhar malware ou lançar alguma outra forma de ataque cibernético.

Como muitos sites exibem anúncios que são veiculados e gerenciados por redes de terceiros e contêm links para vários outros agentes, os anúncios online são um ótimo veículo para os invasores. Mesmo as empresas que protegem adequadamente seus sites podem não tomar as devidas precauções para garantir que não entreguem anúncios problemáticos criados e gerenciados por outra pessoa.

Às vezes o malvertising permite que criminosos insiram seu conteúdo em sites respeitáveis e de alta visibilidade, com grande número de visitantes (algo difícil de obterem de outra forma), muitos dos quais podem ter consciência da segurança e não seriam expostos ao conteúdo do criminoso se tivessem sido publicados em um site menos respeitável.

Além disso, como os sites costumam ganhar dinheiro para seus proprietários com base no número de pessoas que clicam em vários anúncios, os proprietários colocam anúncios em seus sites de maneira a atrair usuários para esses anúncios.

Dessa forma, o malvertising permite que os criminosos alcancem grandes públicos por meio de um site confiável sem ter de invadir nada.

Alguns malvertisings exigem que os usuários cliquem nos anúncios para serem infectados por malware; outros não exigem participação do usuário — seus dispositivos são infectados no momento em que o anúncio é exibido.

38   PARTE 1 **Começando**

Drive-by downloads

Drive-by downloads são um eufemismo que se refere ao software que um usuário baixa sem entender o que está fazendo. Pode ocorrer, por exemplo, se um usuário baixa malware acessando um site envenenado que envia automaticamente o malware para seu dispositivo ao abrir o site.

Os drive-by downloads também englobam casos em que um usuário sabe que está baixando software, mas não está ciente das consequências completas de fazê-lo. Por exemplo, se um usuário é apresentado a uma página que diz que uma vulnerabilidade de segurança está presente em seu computador e pede ao usuário para clicar em um botão Download para instalar um patch de segurança, o usuário forneceu autorização para o download (malicioso), mas apenas porque foi convencido de que a natureza do download era muito diferente do que realmente é.

Roubo de senhas

Os criminosos roubam senhas de várias maneiras. Os métodos comuns incluem:

» **Roubos de bancos de dados de senhas:** Se um criminoso rouba um banco de dados de senhas de uma loja online, qualquer pessoa cuja senha apareça nele corre o risco de ter a senha comprometida. (Se a loja criptografar corretamente suas senhas, pode levar tempo para o criminoso executar o que é conhecido como *ataque de hash*, mas, mesmo assim, as senhas — sobretudo aquelas que provavelmente serão testadas no início — ainda podem estar em risco. Roubar senhas é a maneira mais comum de miná-las.)

» **Ataques de engenharia social:** São ataques nos quais um criminoso induz alguém a fazer algo que não faria se tivesse percebido que a pessoa que fez a solicitação o estava enganando de alguma forma. Um exemplo de roubo de senha por meio de engenharia social é quando um criminoso finge ser membro do departamento de suporte técnico do empregador de seu alvo e diz que deve redefinir uma senha específica para determinado valor com objetivo de a conta associada ser testada, como é necessário após a recuperação de alguma violação, e o alvo obedece (para ter mais informações, veja a seção anterior sobre phishing).

» **Ataques de credenciais:** São ataques que buscam entrar no sistema inserindo, sem autorização, uma combinação válida de nome de usuário e senha (ou outras informações de autenticação, conforme o necessário). Esses ataques se enquadram em quatro categorias principais:

   • *Força bruta:* Os criminosos usam ferramentas automatizadas que testam todas as senhas possíveis até descobrirem a correta.

CAPÍTULO 2 **Conhecendo Ciberataques Comuns** 39

- *Ataques de dicionário:* Os criminosos usam ferramentas automatizadas para testar todas as palavras do dicionário em um site até que descubram a senha correta.

- *Ataques calculados*: Os criminosos utilizam informações sobre um alvo para adivinhar sua senha. Os criminosos podem, por exemplo, testar o nome de solteira da mãe de alguém, porque facilmente o obtém observando os sobrenomes mais comuns de seus amigos do Facebook ou postagens nas redes sociais. (Uma postagem no Facebook de "Feliz Dia das Mães para minha mãe maravilhosa!" com uma tag de usuário de uma mulher com um sobrenome diferente do usuário é um bom sinal.)

- *Ataques combinados:* Alguns ataques utilizam uma combinação das técnicas anteriores — por exemplo, utilizando uma lista de sobrenomes comuns ou executando uma tecnologia de ataque de força bruta que melhora drasticamente sua eficiência, aproveitando o conhecimento sobre a forma como os usuários costumam criar senhas.

» **Malware:** Se os bandidos conseguirem colocar malware no dispositivo de alguém, podem capturar suas senhas (para ter mais detalhes, veja a seção sobre malware, anteriormente neste capítulo).

» **Sniffing de rede:** Se alguém transmitir sua senha para um site sem criptografia adequada enquanto estiver usando uma rede Wi-Fi pública, um criminoso usando a mesma rede poderá vê-la durante a transmissão, assim como outros criminosos conectados à rede veem o caminho do usuário para o site em questão.

» **Preenchimento de credenciais:** No preenchimento de credenciais, alguém tenta fazer login em um site usando nomes de usuário e senhas combinados roubados de outro site.

LEMBRE-SE

Você pode utilizar senhas e uma estratégia de senhas para driblar todas essas técnicas — veja o Capítulo 7.

Dificuldades de Manutenção

Manter sistemas de computador não é nada simples. Os fornecedores de software geralmente lançam atualizações, muitas das quais podem afetar outros programas em execução em uma máquina. No entanto, alguns patches são absolutamente críticos para ser instalados em tempo hábil, porque corrigem erros no software — erros que podem introduzir vulnerabilidades de segurança exploráveis. O conflito entre segurança e procedimentos de manutenção adequados é uma batalha sem fim, e a segurança nem sempre vence.

Como resultado, a maioria dos computadores não é atualizada. Mesmo as pessoas que ativam atualizações automáticas em seus dispositivos podem não estar atualizadas — porque as verificações são feitas periodicamente, não a cada segundo de cada dia, e porque nem todo software oferece atualização automática. Além disso, às vezes as atualizações de um software introduzem vulnerabilidades em outro software em execução no mesmo dispositivo.

Ataques Avançados

Se reparar nas notícias durante a denúncia de um grande ataque cibernético, ouvirá críticos se referindo a ataques avançados. Embora alguns ataques cibernéticos sejam claramente mais complexos que outros e exijam maior habilidade técnica para ser lançados, não existe uma definição objetiva específica de um ataque avançado. Dito isso, de uma perspectiva subjetiva, você pode considerar qualquer ataque que exija um investimento significativo em pesquisa e desenvolvimento executado com êxito como avançado. Obviamente a definição de investimento significativo também é subjetiva. Em alguns casos, as despesas de P&D são tão altas e os ataques são tão sofisticados, que há um acordo quase universal de que um ataque foi avançado. Alguns especialistas consideram qualquer ataque zero day avançado, mas outros discordam.

Ataques avançados podem ser oportunistas, direcionados ou uma combinação.

Ataques oportunistas visam o maior número possível de alvos, a fim de encontrar alguns que sejam suscetíveis a eles. O invasor não tem uma lista de alvos predefinidos — seus alvos são efetivamente todo e qualquer sistema acessível vulnerável. Esses ataques são semelhantes a alguém que dispare vários tiros com uma escopeta em uma área com muitos alvos na esperança de que um ou mais projéteis atinjam um alvo e o perfurem.

Ataques direcionados visam uma parte específica e envolvem o uso de uma série de técnicas de ataque até que algum consiga penetrar no alvo. Ataques adicionais podem ser lançados posteriormente, a fim de percorrer os sistemas do alvo.

Ataques oportunistas

O objetivo da maioria dos ataques oportunistas é ganhar dinheiro, e é por isso que os invasores não se importam com os sistemas que violam; o dinheiro é o mesmo, independentemente de quais sistemas foram violados.

Além disso, em muitos casos, os invasores oportunistas podem não se importar em esconder o fato de que ocorreu uma violação — especialmente depois de terem tido tempo de monetizar a violação, por exemplo, vendendo listas de senhas ou números de cartão de crédito roubados.

Embora nem todos sejam avançados, alguns certamente o são.

Os ataques oportunistas são bem diferentes dos ataques direcionados.

Ataques direcionados

Quando se trata de ataques direcionados, violar com êxito qualquer sistema que não esteja na lista de alvos é algo desprezado.

Por exemplo, se um agente russo tiver a missão de invadir os sistemas de e-mail dos partidos democratas e republicanos e roubar cópias de todos os e-mails nos servidores de e-mail dos partidos, sua missão será considerada um sucesso apenas se atingir esse objetivo exato. Se conseguir roubar US$1 milhão de um banco online usando as mesmas técnicas de hacking que ele direciona para seus alvos, isso não mudará o fracasso em violar os alvos pretendidos, mesmo que com um pequeno sucesso. Da mesma forma, se o objetivo de um invasor lançando um ataque direcionado é derrubar o site de um ex-empregador que o demitiu, derrubar outros sites é o mesmo que nada.

Como esses invasores precisam violar seus alvos, não importa quão bem defendidos sejam, os ataques direcionados geralmente utilizam métodos avançados — por exemplo, explorando vulnerabilidades desconhecidas do público ou dos fornecedores que precisariam corrigi-las.

Como você pode imaginar, ataques direcionados avançados geralmente são realizados por agentes com muito mais habilidade técnica do que aqueles que realizam ataques oportunistas. Frequentemente, mas nem sempre, o objetivo dos ataques direcionados é roubar dados não detectados ou causar sérios danos — não ganhar dinheiro. Afinal, se o objetivo é ganhar dinheiro, por que gastar recursos direcionados a um site bem defendido? Basta adotar uma abordagem oportunista e escolher os sites mais bem defendidos e relevantes.

Algumas ameaças avançadas usadas em ataques direcionados são descritas como *ameaças persistentes avançadas* (APTs):

» **Avançadas:** Utilizam técnicas avançadas de hacking, provavelmente com um grande orçamento para apoiar a P&D.

» **Persistentes:** Continuam tentando diferentes técnicas para violar um sistema de destino e não passam a segmentar outro sistema apenas porque o alvo inicial está bem protegido.

» **Ameaças:** Têm o potencial de causar danos severos.

Ataques combinados (oportunistas e direcionados)

Outro tipo de ataque avançado é o oportunista e semidirecionado.

Se um criminoso quiser roubar números de cartão de crédito, por exemplo, pode não se importar se rouba com sucesso um número equivalente de números ativos da Best Buy, Walmart ou Barnes & Noble. Tudo o que provavelmente quer obter são os números de cartão de crédito — de quem os números são roubados não é relevante.

Ao mesmo tempo, lançar ataques contra sites sem dados de cartão de crédito é um desperdício de tempo e recursos do invasor.

44   PARTE 1 **Começando**

NESTE CAPÍTULO

» Esclarecendo quem são os "mocinhos" e os "bandidos"

» Vendo os tipos de hackers

» Descobrindo como os hackers ganham dinheiro com seus crimes

» Explorando ameaças de agentes não maliciosos

» Defendendo-se contra hackers e outras formas de mitigar riscos

Capítulo **3**

De Boas Intenções o Inferno Está Cheio

Muitos séculos atrás, o estrategista e filósofo militar chinês Sun Tzu escreveu:

Se você conhece o inimigo e se conhece, não precisa temer o resultado de cem batalhas.

Se você se conhece mas não ao inimigo, a cada vitória conquistada também sofrerá uma derrota.

Se não conhece nem o inimigo nem a si mesmo, sucumbirá em todas as batalhas.

Como tem sido o caso desde os tempos antigos, conhecer o inimigo é fundamental para sua própria defesa.

Essa sabedoria permanece verdadeira na era da segurança digital. Embora o Capítulo 2 cubra muitas das ameaças de ciberinimigos, este capítulo cobre os próprios inimigos:

- » Quem são?
- » Por que lançam ataques?
- » Como lucram com ataques?

Você também conhecerá invasores não maliciosos — pessoas e coisas inanimadas que podem causar danos sérios, mesmo sem intenção.

A Verdade É Relativa

Albert Einstein disse que "Tudo é relativo", e esse conceito certamente é válido quando se trata de entender quem são os "bandidos" e os "mocinhos" na internet.

Como alguém que tenta se defender contra ataques cibernéticos, por exemplo, você pode ver como bandidos hackers russos que comprometem seu computador para usá-lo para hackear sites do governo dos EUA, mas para cidadãos russos patrióticos, eles podem ser heróis.

Da mesma forma, se você mora no Ocidente, pode ver os criadores do Stuxnet — um malware que destruiu as centrífugas iranianas usadas para enriquecer urânio para uso potencial em armas nucleares — como heróis. Se é membro da equipe de defesa cibernética do exército iraniano, seus sentimentos provavelmente são bem diferentes (para mais informações sobre o Stuxnet, veja o próximo box).

Se você é norte-americano, gosta da liberdade de expressão online e faz posts promovendo ateísmo, cristianismo, budismo ou judaísmo, e um hacker iraniano invadir seu computador, provavelmente o considerará um cara mau, mas vários membros do governo iraniano e outros grupos islâmicos fundamentalistas podem considerar as ações do hacker uma tentativa heroica de impedir a propagação de blasfêmia herege.

Em muitos casos, determinar quem é bom e quem é mau pode ser ainda mais complicado e cria divisões profundas entre os membros de uma mesma cultura.

Por exemplo, como você vê alguém que infringe a lei e a liberdade de expressão dos neonazistas ao lançar um ataque cibernético contra um site neonazista que prega ódio contra afro-americanos, judeus e gays? Ou alguém fora da polícia que lança ilegalmente ataques contra sites que espalham pornografia infantil, malware ou material jihadista que incentiva as pessoas a matar norte-americanos? Acha que todos que conhece concordariam com você? Os tribunais dos EUA concordariam?

STUXNET

Stuxnet é um worm de computador que foi descoberto em 2010, e acredita-se ter causado, pelo menos temporariamente, sérios danos ao programa nuclear do Irã. Até o momento, ninguém assumiu a responsabilidade pela criação do Stuxnet, mas o consenso geral no setor de segurança da informação é o de que foi um esforço colaborativo por guerreiros cibernéticos norte-americanos e israelenses.

O Stuxnet tem como alvo controladores lógicos programáveis (PLCs) que gerenciam o controle automatizado de máquinas industriais, incluindo centrífugas usadas para separar átomos mais pesados e leves de elementos radioativos. Acredita-se que o Stuxnet tenha comprometido os PLCs em uma instalação de enriquecimento de urânio no Irã, programando centrífugas para sair do controle e efetivamente se autodestruírem, enquanto informava que tudo estava funcionando corretamente.

O Stuxnet explorou quatro vulnerabilidades zero day que eram desconhecidas do público e dos fornecedores envolvidos no momento em que foi descoberto. O worm foi projetado para se propagar pelas redes — e se espalhar como fogo —, mas ficar inativo se não detectasse o PLC relevante e o software da Siemens usado nas instalações iranianas.

Antes de responder, considere que, no caso de 1977 do *Partido Nacional Socialista da América versus Vila de Skokie*, a Suprema Corte dos EUA decidiu que a liberdade de expressão é tão ampla, que permite às suásticas nazistas marcharem livremente em um bairro no qual muitos sobreviventes do Holocausto nazista vivem. Claramente, no mundo cibernético, apenas os olhos de quem vê podem medir o que é bom e o que é mau.

Para os propósitos deste livro, portanto, você precisa definir quem são os mocinhos e os bandidos e, como tal, deve assumir que a abordagem do livro opera da sua perspectiva à medida que procura se defender digitalmente. Qualquer pessoa que pretenda prejudicar seus interesses, por qualquer motivo, e independentemente do que você perceba, é, para os fins deste livro, ruim.

Juro Solenemente Não Fazer Nada de Bom

Um grupo de invasores que provavelmente é conhecido pela maioria das pessoas são os bandidos mal-intencionados. Esse grupo é heterogêneo, com diversas motivações e capacidades de ataque, e compartilha um objetivo em comum: todos procuram se beneficiar à custa dos outros, incluindo à sua custa.

Esses bandidos incluem:

- » Script kiddies.
- » Kids nem tão kiddies.
- » Nações e estados.
- » Espiões corporativos.
- » Criminosos.
- » Hacktivistas.

Script kiddies

O termo *script kiddies* (skids ou também kiddies) refere-se a pessoas — geralmente jovens — que hackeiam, mas utilizando scripts e/ou programas desenvolvidos por terceiros, porque não têm a sofisticação tecnológica necessária para criar as próprias ferramentas ou invadir sem a assistência de outras pessoas.

Kids nem tão kiddies

Enquanto os script kiddies são tecnologicamente pouco sofisticados (veja a seção anterior), muitos outros "kids" não o são.

Há anos, o estereótipo do hacker é um jovem nerd, interessado em computadores, que hackeia da casa de seus pais ou de um dormitório na faculdade.

A primeira safra de hackers direcionados a sistemas civis incluiu muitos jovens (daí "kids") tecnologicamente sofisticados, interessados em explorar ou realizar várias tarefas maliciosas para reclamar direitos ou por curiosidade.

Embora esses invasores ainda existam, a porcentagem de ataques que emanam deles caiu drasticamente para uma fração mínima entre todos os ataques.

Simplificando, hackers adolescentes semelhantes aos mostrados em filmes das décadas de 1980 e 1990 podem ter sido uma força significativa na era pré-comercial da internet, mas, uma vez que o hacking passou a gerar dinheiro, bens caros e dados valiosos e monetizáveis, criminosos que procuravam o lucro se juntaram em massa à briga. Além disso, à medida que o mundo se tornava cada vez mais dependente de dados e mais sistemas governamentais e industriais estavam conectados à internet, nações e estados começaram a aumentar drasticamente os recursos alocados para operações cibernéticas, tanto do ponto de vista da espionagem quanto do militar, diluindo ainda mais o estereótipo a uma porção ínfima dos ciberataques de hoje.

Nações e estados

Os hackers de países e estados receberam uma cobertura significativa da imprensa nos últimos anos. Os supostos hackeamentos dos sistemas de e-mail do Partido Democrata por agentes russos durante a campanha eleitoral presidencial de 2016 dos EUA e o sistema de e-mail do Partido Republicano durante as eleições de meio mandato de 2018 são exemplos de perfis de hackers estaduais.

Da mesma forma, o Stuxnet é um exemplo de malware patrocinado por país ou nação (para ler sobre o Stuxnet, veja o box anteriormente neste capítulo).

Dito isso, a maioria dos ataques cibernéticos nacionais e estaduais não é tão importante quanto esses exemplos, não recebe cobertura da mídia e não tem como alvo agentes críticos. Muitas vezes, eles nem são descobertos ou conhecidos por ninguém, exceto pelos invasores!

Além disso, em alguns países, é difícil, se não impossível, distinguir entre hackers de nações ou estados e espionagem comercial. Considere países nos quais as principais empresas pertencem e são operadas pelo governo, por exemplo. Os hackers de tais empresas são hackers de nação ou estado? Essas empresas são alvos legítimos do governo ou um exemplo de espionagem corporativa?

Obviamente nações e estados que hackeiam também afetam o sentimento do público, as decisões políticas e as eleições em outras nações. As discussões sobre esse tópico têm sido veiculadas regularmente nos principais meios de comunicação desde a eleição presidencial de 2016 dos EUA.

Espiões corporativos

Às vezes, empresas sem escrúpulos utilizam o hacking como forma de obter vantagens competitivas ou roubar propriedades intelectuais valiosas. O governo dos Estados Unidos, por exemplo, acusou repetidamente as empresas chinesas de roubar a propriedade intelectual de empresas do país, custando bilhões de dólares por ano aos norte-americanos. Às vezes, o processo de roubo de propriedade intelectual envolve invadir os computadores domésticos dos funcionários de empresas-alvo, na esperança de que usem seus dispositivos pessoais para se conectar às redes de seus empregadores.

Criminosos

Os criminosos têm inúmeras razões para lançar várias formas de ataques cibernéticos:

>> **Roubar dinheiro diretamente:** Atacar para obter acesso à conta bancária online de alguém e fazer uma transferência para si próprio.

CAPÍTULO 3 **De Boas Intenções o Inferno Está Cheio** 49

EMPRESAS CHINESAS ROUBAM IP NORTE-AMERICANO: UNIDADE 61398

Em maio de 2014, os promotores federais dos Estados Unidos acusaram cinco membros do Exército Popular de Libertação (PLA) da China por invadir quatro empresas dos EUA e um sindicato como parte de seu serviço na Unidade 61398, a unidade de guerreiros cibernéticos da China. As partes supostamente hackeadas incluem Alcoa, Allegheny Technologies, SolarWorld e Westinghouse, todos os principais fornecedores de bens para serviços públicos, e o sindicato United Steel Workers.

Embora a extensão total dos danos às empresas norte-americanas causados pelos hackers permaneça desconhecida até hoje, a SolarWorld alegou que, como resultado de informações confidenciais roubadas pelos hackers, um concorrente chinês parecia ter acesso à tecnologia proprietária da SolarWorld para fabricar células solares mais eficientes. Esse caso em particular ilustra os limites dúbios entre nação, estado e espionagem corporativa quando se trata de nações comunistas e também destaca a dificuldade em levar hackers que participam de tais ataques à justiça; nenhuma das partes indiciadas foi julgada porque nenhuma deixou a China para qualquer jurisdição que as extraditasse para os Estados Unidos.

» **Roubar números de cartão de crédito, software, vídeos, arquivos de música e outros produtos:** Atacar para comprar mercadorias ou adicionar instruções de remessa falsas em um sistema corporativo para que produtos sejam enviados sem pagamento por parte do remetente, e assim por diante.

» **Roubar dados corporativos e individuais:** Atacar para obter informações que os criminosos podem monetizar de várias maneiras (veja a seção "Monetizando Ações", mais adiante neste capítulo).

Ao longo dos anos, os tipos de criminosos online evoluíram de agentes estritamente individuais para uma mistura de amadores e crime organizado.

Hacktivistas

Hacktivistas são ativistas que usam o hacking para espalhar a mensagem de sua "causa" e fazer justiça contra os agentes que acham que não seriam punidos por infrações que os ativistas veem como crimes. Os hacktivistas se dividem em terroristas e pessoas de dentro desonestas.

Terroristas

Os terroristas podem atacar por vários fins, inclusive:

> » Causar danos diretos (por exemplo, invadir uma concessionária e desligar a energia).
>
> » Obter informações para planejar ataques terroristas (por exemplo, hackear para descobrir quando as armas estão sendo transportadas entre as instalações e podem ser roubadas).
>
> » Financiar operações terroristas (veja a seção anterior sobre criminosos).

Pessoas de dentro desonestas

Funcionários descontentes, contratados desonestos e funcionários que foram incentivados financeiramente por um agente inescrupuloso representam sérias ameaças às empresas e a seus funcionários.

CUIDADO

Especialistas que pretendem roubar dados ou causar danos são normalmente considerados o grupo mais perigoso de ciberataques. Eles geralmente sabem muito mais do que qualquer pessoa de fora sobre quais dados e sistemas de computadores uma empresa possui, onde esses sistemas estão, como estão protegidos e outras informações pertinentes aos sistemas de destino e suas possíveis vulnerabilidades. Especialistas invasores podem visar uma empresa por um ou mais motivos:

> » Tentar interromper as operações para aliviar as próprias cargas de trabalho pessoais ou ajudar um concorrente.
>
> » Podem se vingar por não receber uma promoção ou bônus.
>
> » Manchar a imagem de outro funcionário ou equipe.
>
> » Causar danos financeiros ao empregador.
>
> » Planejar sair e querer roubar dados que serão valiosos no próximo trabalho ou em seus empreendimentos futuros.

Ciberataques e Suas Cores

Os ciberataques geralmente são agrupados com base em seus objetivos:

» **Hackers de chapéu preto** têm más intenções e empregam truques para roubar, manipular e/ou destruir. Quando a pessoa típica pensa em um hacker, está pensando em um hacker de chapéu preto.

» **Hackers de chapéu branco** são hackers éticos que hackeiam para testar, reparar e aprimorar a segurança de sistemas e redes. Geralmente são especialistas em segurança de computadores, em testes invasivos e contratados por empresas e governos para encontrar vulnerabilidades em seus sistemas de TI. Um hacker é considerado chapéu branco somente se tem permissão explícita para hackear o proprietário dos sistemas que está invadindo.

» **Hackers de chapéu cinza** são hackers que não têm a intenção maliciosa dos chapéu preto, mas que, pelo menos às vezes, agem de forma não ética ou violam leis anti-hackers. Um hacker que tenta encontrar vulnerabilidades em um sistema sem a permissão do proprietário e que relata suas descobertas ao proprietário sem causar nenhum dano a qualquer sistema varrido está agindo como um chapéu cinza. Os hackers de chapéu cinza às vezes agem como tal para ganhar dinheiro. Por exemplo, quando relatam vulnerabilidades aos proprietários do sistema, podem se oferecer para corrigir os problemas se o proprietário pagar taxas de consultoria. Alguns dos hackers que muitas pessoas consideram chapéu preto são, na verdade, chapéu cinza.

» **Hackers de chapéu verde** são novatos que procuram se tornar especialistas. Quando um chapéu verde se enquadra no espectro branco-cinza-preto, pode evoluir com o tempo, assim como seu nível de experiência.

» **Hackers de chapéu azul** são pagos para testar o software quanto a erros exploráveis antes que o software seja lançado no mercado.

Para os propósitos deste livro, os hackers de chapéu preto e de chapéu cinza são os que devem preocupá-lo, sobretudo ao procurar se proteger ciberneticamente e a seus entes queridos.

Monetizando Ações

Muitos, mas não todos, ciberataques buscam lucrar financeiramente com seus crimes. Os cibercriminosos ganham dinheiro de várias maneiras:

- » Fraude financeira direta.
- » Fraude financeira indireta.
- » Ransomware.
- » Criptomineradores.

Fraude financeira direta

Os hackers podem tentar roubar dinheiro diretamente através de ataques. Por exemplo, instalando malware nos computadores das pessoas para capturar suas sessões bancárias online e instruir o servidor do banco online a enviar dinheiro para as contas dos criminosos. É claro que os criminosos sabem que os sistemas bancários costumam estar bem protegidos contra essas fraudes; muitos migraram para atingir sistemas menos defendidos. Por exemplo, agora alguns criminosos se concentram mais na captura de credenciais de autenticação (nomes de usuário e senhas) para sistemas que armazenam créditos — por exemplo, aplicativos de cafeteria que permitem os usuários armazenarem valores pré-pagos de cartões — e roubam o dinheiro depositado nessas contas, usando-o para comprar bens e serviços. Além disso, se os criminosos comprometem as contas de usuários com recursos de recarga automática configurados, podem roubar repetidamente o valor após cada recarregamento automático. Da mesma forma, podem tentar comprometer as contas de viajantes frequentes das pessoas e transferir os pontos para outras contas, comprar mercadorias ou obter passagens aéreas e quartos de hotel que vendem a outras pessoas por dinheiro. Os criminosos também podem roubar números de cartão de crédito e usá-los ou vendê-los a outros bandidos, que depois os usam para cometer fraudes.

LEMBRE-SE

A ideia de *direto* não é preto no branco; há muitos mais tons de cinza que cinquenta.

Fraude financeira indireta

Os cibercriminosos sofisticados geralmente evitam os cibercrimes que envolvem fraude financeira direta porque esses esquemas geralmente oferecem quantias relativamente pequenas. As partes comprometidas podem ser prejudicadas mesmo depois do fato (por exemplo, revertendo transações fraudulentas ou invalidando um pedido de mercadorias feito com informações roubadas) e criam riscos relativamente significativos de ser pego. Em vez disso, procuram obter dados que gerem receita com fraudes indiretas. Exemplos das várias possibilidades incluem:

» Lucrar com o comércio ilegal de valores mobiliários.

» Roubo de informações de cartões de crédito.

» Roubo de bens.

» Roubo de dados.

Lucrar com o comércio ilegal de valores mobiliários

Os cibercriminosos podem fazer fortuna com o comércio ilegal de valores mobiliários, como ações, títulos e opções, de várias maneiras:

» **Venda criminosa de ações:** Os criminosos hackeiam uma empresa e roubam seus dados, reduzem suas ações e os divulgam na internet para que o preço das ações caia. Nesse momento, eles as compram (para cobrir a venda a descoberto) a um preço mais baixo do que estava antes.

» **Comunicados de imprensa e publicações nas redes sociais falsos:** Os criminosos compram ou vendem ações de uma empresa. Em seguida, lançam um comunicado de imprensa falso ou espalham fake news sobre uma empresa invadindo seus sistemas de marketing ou contas de rede social e emitindo notícias ruins ou boas por meio de seus canais oficiais.

» **Informações privilegiadas:** Um criminoso pode tentar roubar rascunhos de comunicados de imprensa do departamento de relações públicas de uma empresa pública para verificar se ocorrerão anúncios surpreendentes de ganhos trimestrais. Se o bandido descobrir que uma empresa anunciará números muito melhores do que o esperado por Wall Street, poderá comprar *opções de compra* (que dão ao bandido o direito de comprar as ações a um determinado preço), o que faz o valor disparar. Da mesma forma, se uma empresa está prestes a anunciar más notícias, o criminoso pode encurtar suas ações ou comprar *opções de venda* (que dão ao criminoso o direito de vendê-las a um determinado preço), o que, por razões óbvias, dispara o valor se o preço de mercado da ação associada cai.

Discussões sobre fraudes financeiras indiretas dos tipos mencionados não são teóricas nem resultam de teorias paranoicas ou de conspiração; os criminosos já foram pegos realizando-as. Essas fraudes também costumam ser menos arriscadas para os criminosos do que roubar dinheiro diretamente, pois é difícil para os reguladores detectarem tais crimes à medida que ocorrem, e é quase impossível para alguém reverter transações relevantes. Para cibercriminosos sofisticados, os menores riscos de serem pegos, junto com as chances altas de sucesso, se traduzem em uma mina de ouro.

FRAUDE INDIRETA DE MAIS DE US$30 MILHÕES

Durante o verão de 2015, o Departamento de Justiça dos EUA anunciou que entrou com acusações contra nove pessoas — algumas no país e outras na Ucrânia — que alegaram ter roubado 150 mil comunicados de imprensa de serviços de transmissão e os usado em cerca de 800 lançamentos, que ainda não haviam sido emitidos ao público, para fazer negócios ilegais. O governo estimou que os lucros da atividade dos nove indivíduos excederam os US$30 milhões.

Roubar informações de cartões de crédito

Como costuma aparecer nas reportagens, muitos criminosos querem roubar números de cartões de crédito. Ladrões podem usá-los para comprar bens ou serviços sem pagar. Alguns criminosos tendem a comprar cartões-presente eletrônicos, números de série de software ou outros ativos semilíquidos ou líquidos, que revendem em dinheiro a pessoas inocentes, enquanto outros compram bens e serviços reais que podem ser entregues em locais como casas vazias, onde podem facilmente pegar os itens.

Outros criminosos não usam os cartões de crédito que roubam. Em vez disso, os vendem na dark web (ou seja, partes da internet que podem ser acessadas apenas ao usar a tecnologia que concede anonimato àqueles que a usam) a criminosos que têm infraestrutura para explorá-los ao máximo e rapidamente antes que as pessoas denunciem fraude nas contas e os cartões sejam bloqueados.

Roubo de bens

Além das formas de roubo de mercadorias descritas na seção anterior, alguns criminosos buscam informações sobre pedidos de itens pequenos e líquidos de alto valor, como joias. Em alguns casos, seu objetivo é roubar os itens quando são entregues aos destinatários, em vez de criar transações fraudulentas.

Roubo de dados

Alguns criminosos roubam dados para usá-los em vários crimes financeiros. Outros os roubam para vendê-los a terceiros ou os vazam para o público. Dados roubados de uma empresa, por exemplo, podem ser extremamente valiosos para um concorrente inescrupuloso.

Ransomware

Ransomware é um malware de computador que impede que os usuários acessem seus arquivos até pagarem um resgate a uma empresa criminosa. Somente esse tipo de ataque cibernético já arrecadou bilhões de dólares para criminosos (sim, bilhões) e colocou em risco muitas vidas, pois os sistemas de computadores hospitalares infectados se tornaram inacessíveis aos médicos. O ransomware continua sendo uma ameaça crescente, com os criminosos melhorando constantemente os recursos técnicos e o potencial de ganho de suas armas cibernéticas. Os criminosos estão, por exemplo, criando ransomwares que, em um esforço para obter maiores retornos sobre o investimento, infectam um computador e pesquisam redes e dispositivos conectados para encontrar os sistemas e dados mais sigilosos. Em seguida, em vez de sequestrar os dados que encontrou de início, o ransomware ativa e impede o acesso às informações mais importantes.

LEMBRE-SE

Os criminosos entendem que, quanto mais importante a informação é para o proprietário, maior a probabilidade de ele estar disposto a pagar um resgate e de o resgate máximo ser pago voluntariamente.

O ransomware está se tornando cada vez mais furtivo, e muitas vezes não é detectável por softwares antivírus. Além disso, os criminosos que usam ransomwares lançam ataques direcionados a agentes que sabem que podem pagar grandes resgates. Os criminosos sabem, por exemplo, que o norte-americano médio tem muito mais probabilidade de pagar US$200 por resgate do que a pessoa média que vive na China. Da mesma forma, geralmente visam ambientes nos quais ficar offline tem sérias consequências — um hospital, por exemplo, não pode ficar sem o sistema de registros de pacientes por um longo período.

Criptomineradores

Um *criptominerador*, no contexto do malware, é um software que usa alguns dos recursos de um computador infectado para executar os cálculos matemáticos complexos necessários para criar novas unidades de criptomoeda. A moeda criada é transferida para o criminoso que opera o criptominerador. Muitas variantes modernas de malware de criptomineradores usam grupos de máquinas infectadas trabalhando em conjunto para fazer a mineração.

Como os criptomineradores geram dinheiro para os criminosos sem a necessidade de envolvimento de suas vítimas humanas, os cibercriminosos, em especial os que não têm a sofisticação para lançar ataques de ransomwares direcionados de alto risco, têm procurado cada vez mais os criptomineradores para monetizar rapidamente ataques cibernéticos.

Embora o valor das criptomoedas flutue muito (pelo menos até o momento da redação deste capítulo), acredita-se que algumas redes de mineração de criptomoeda relativamente pouco sofisticadas gerem uma receita líquida de mais de US$30 mil por mês para suas operadoras.

Lidando com Ameaças Não Maliciosas

Enquanto alguns invasores em potencial pretendem se beneficiar à sua custa, outros não têm a intenção de causar danos. No entanto, podem criar, ainda que inocentemente, perigos ainda maiores do que aqueles representados por agentes hostis.

Erro humano

Talvez o maior perigo da cibersegurança — para um indivíduo, empresa ou entidade governamental — seja a possibilidade de erro humano. Quase todas as principais violações abordadas na mídia na última década foram possíveis, pelo menos em parte, por causa de algum elemento de erro humano. Na verdade, o erro humano geralmente é necessário para que os agentes hostis tenham sucesso com seus ataques, um fenômeno do qual estão bem cientes.

Seres humanos: O Calcanhar de Aquiles

Por que os seres humanos são o elo fraco da cadeia de cibersegurança — cometendo erros que permitem violações maciças? A resposta é bem simples.

Considere o quanto a tecnologia avançou nos últimos anos. Os aparelhos eletrônicos onipresentes hoje eram material de livros e filmes de ficção científica apenas uma ou duas gerações atrás. Em muitos casos, a tecnologia até superou as previsões sobre o futuro — os telefones atuais são muito mais poderosos e convenientes do que o sapato de Maxwell Smart, e o relógio de Dick Tracy nem seria percebido como avançado o suficiente para ser um brinquedo moderno em comparação com dispositivos que hoje custam menos de US$100.

A tecnologia de segurança também avançou drasticamente com o tempo. Todos os anos são lançados vários novos produtos, e muitas versões novas e aprimoradas das tecnologias existentes aparecem no mercado. A tecnologia de detecção de intrusões atual, por exemplo, é tão melhor que a de uma década atrás, que até classificar produtos na mesma categoria os torna questionáveis.

Por outro lado, considere o cérebro humano. Foram necessários dezenas de milhares de anos para que evoluísse a partir das espécies anteriores — nenhuma melhoria fundamental ocorre durante a vida humana ou mesmo nos séculos de gerações que vão e vêm. Como tal, a tecnologia de segurança avança muito mais rapidamente do que a mente humana.

Além disso, os avanços na tecnologia geralmente acarretam que seres humanos precisam interagir e entender como utilizar adequadamente um número cada vez maior de dispositivos, sistemas e software cada vez mais complexos. Dadas as limitações humanas, as chances de as pessoas cometerem erros significativos aumentam com o tempo.

A crescente demanda por inteligência que o avanço da tecnologia coloca nas pessoas é notável, mesmo no nível mais básico. Quantas senhas seus avós precisavam saber quando tinham a sua idade? Quantas seus pais precisavam? Quantas você precisa? E com que facilidade os hackers remotos poderiam decifrar senhas e explorá-las para obter ganhos na era de seus avós? De seus pais? Na sua?

Provavelmente seus avós não tinha mais do que uma ou duas senhas na sua idade — talvez nenhuma. E nenhuma daquelas senhas era hackeável por computadores remotos, o que significa que a seleção e a lembrança de senhas eram triviais e não os expunham a riscos. Hoje, no entanto, é provável que você tenha muitas senhas, e a maioria pode ser invadida remotamente com ferramentas automatizadas, aumentando muito o risco.

DICA

Conclusão: você precisa internalizar que o erro humano representa um grande risco para sua cibersegurança, e agir estando ciente disso.

Engenharia social

No contexto da segurança da informação, *engenharia social* se refere à manipulação psicológica dos seres humanos para realizar ações que, de outra forma, não seriam executadas e que são prejudiciais a seus interesses.

Exemplos de engenharia social incluem:

- » Ligar para alguém fingindo ser um membro do departamento de TI e solicitar que a pessoa redefina a senha de seu e-mail.
- » Enviar e-mails de phishing (veja o Capítulo 2).
- » Enviar e-mails de fraude do CEO (veja o Capítulo 2).

Embora os criminosos que lançam ataques de engenharia social possam ter intenções maliciosas, os agentes reais que criam a vulnerabilidade ou causam o dano normalmente o fazem sem intenção de prejudicar o alvo. No primeiro exemplo, o usuário que redefine sua senha acredita que está fazendo isso para ajudar o departamento de TI a reparar problemas de e-mail, não sabe que está permitindo que hackers entrem no sistema de e-mail. Da mesma forma, alguém que é vítima de uma fraude de phishing ou do CEO obviamente não está procurando ajudar o hacker que o ataca.

Outras formas de erro humano que comprometem a cibersegurança incluem as pessoas que, sem querer, apagam informações, configuram sistemas incorretamente, infectam um computador com malware, desabilitam erroneamente as tecnologias de segurança e outros erros inocentes que permitem que criminosos cometam todos os tipos de atos maliciosos.

CUIDADO

O ponto principal é nunca subestimar a inevitabilidade e o poder dos erros humanos, incluindo os seus. Você cometerá erros, e eu também — todos cometem. Portanto, em assuntos importantes, verifique sempre mais de uma vez para garantir que tudo está como deve.

Desastres externos

Conforme descrito no Capítulo 2, a cibersegurança inclui a manutenção da confidencialidade, da integridade e da disponibilidade dos dados. Um dos maiores riscos à disponibilidade, que também cria riscos indiretos para a confidencialidade e a integridade, são os desastres externos. Eles se enquadram em duas categorias: ocorrências naturais e aquelas provocadas pelo homem.

Desastres naturais

Um grande número de pessoas vive em áreas, em certo nível, propensas a várias formas de desastres naturais. De furacões a tornados, de inundações a incêndios, a natureza pode ser brutal — e pode corromper ou até destruir computadores e dados que as máquinas abrigam.

O planejamento de continuidade e a recuperação após desastres são, portanto, ensinados como parte do processo de certificação para profissionais de cibersegurança. A realidade é que, estatisticamente falando, a maioria das pessoas encontrará e experimentará pelo menos uma forma de desastre natural em algum momento da vida. Assim, se deseja proteger seus sistemas e dados, deve se preparar adequadamente para essa eventualidade.

Uma estratégia de armazenamento de backups em discos rígidos em dois locais pode ser ruim, por exemplo, se os dois locais estiverem em porões localizados em residências dentro de zonas de inundação.

Problemas ambientais provocados pelo homem

Obviamente, a natureza não é o único agente que cria problemas externos. Os seres humanos podem causar inundações e incêndios, e os desastres causados pelo homem às vezes são piores do que os que ocorrem naturalmente. Além disso, quedas e picos de energia, protestos e motins, greves, ataques terroristas, falhas na internet e interrupções nas telecomunicações também afetam a disponibilidade de dados e sistemas.

As empresas que fizeram backup de seus dados dos sistemas no World Trade Center de Nova York para os sistemas no World Financial Center, nas proximidades, descobriram da pior forma, após o 11 de Setembro, a importância de manter os backups longe dos sistemas correspondentes, pois o World Financial Center ficou inacessível por um tempo após a destruição do World Trade Center.

Riscos apresentados por governos e empresas

Alguns riscos de cibersegurança — incluindo, pode-se argumentar razoavelmente, os mais perigosos para a privacidade dos indivíduos — não são criados por criminosos, mas, sim, por empresas e entidades governamentais, mesmo nas democracias ocidentais.

Guerreiros e espiões cibernéticos

Os governos modernos têm enormes exércitos de guerreiros cibernéticos à sua disposição.

Essas equipes tentam descobrir vulnerabilidades em produtos e sistemas de software para usá-las com objetivo de atacar e espionar adversários, bem como para usar como uma ferramenta de aplicação da lei.

Fazer isso, no entanto, cria riscos para indivíduos e empresas. Em vez de relatar vulnerabilidades aos fornecedores relevantes, várias agências governamentais mantêm as vulnerabilidades em segredo — o que significa deixar seus cidadãos, empresas e outras entidades governamentais vulneráveis a ataques de adversários que podem descobri-las.

Além disso, os governos podem usar suas equipes de hackers para combater o crime ou, em alguns casos, abusar de seus recursos cibernéticos para manter controle sobre seus cidadãos e preservar o partido no poder. Mesmo nos EUA, após o 11 de Setembro, o governo implementou vários programas de coleta de dados em massa que impactaram os cidadãos cumpridores da lei. Se qualquer um dos bancos de dados tivesse sido invadido por potências estrangeiras, os cidadãos estariam em risco de sofrer todo tipo de problema cibernético.

Os perigos de governos criarem uma grande quantidade de explorações de dados são reais. Nos últimos anos, várias armas cibernéticas poderosas que foram criadas por uma agência de inteligência do governo dos EUA surgiram online, tendo sido claramente roubadas por alguém cujos interesses não estavam alinhados com os da agência. Até hoje, ainda não está claro se essas armas foram usadas contra os norte-americanos por quem as roubou.

A impotência do Fair Credit Reporting Act

Muitos norte-americanos estão familiarizados com o Fair Credit Reporting Act (FCRA), um conjunto de leis aprovadas há quase meio século e atualizadas em várias ocasiões. O FCRA regula a coleta e a gestão de relatórios de crédito e os dados nele utilizados. O FCRA foi criado para garantir a justiça para as pessoas, a precisão e a proteção das informações relacionadas ao crédito.

De acordo com o FCRA, as agências de relatórios de crédito devem remover várias formas de informações adversas dos relatórios das pessoas após decorridos períodos específicos. Se você não pagar a fatura do cartão de crédito a tempo enquanto estiver na faculdade, por exemplo, é contra a lei que o atraso no pagamento seja listado no seu relatório e considerado contra você na sua pontuação de crédito quando solicitar um financiamento duas décadas depois. A lei ainda permite que as pessoas que declaram insolvência, a fim de recomeçar, removam esses registros. Afinal, qual seria a vantagem de recomeçar se uma insolvência o impedisse para sempre de ter uma ficha limpa?

Porém, hoje, várias empresas de tecnologia comprometem a proteção do FCRA. Qual é a dificuldade de um agente de empréstimos encontrar bancos de dados online de processos judiciais relacionados a insolvências, com uma simples pesquisa no Google, e pesquisar informações relevantes sobre um tomador de empréstimo? Ou ver se há algum registro de execução associado ao nome dele? Isso leva poucos segundos, e nenhuma lei proíbe esses bancos de dados de incluir registros com idade suficiente para serem retirados dos relatórios de crédito, e, pelo menos nos EUA, ninguém proíbe o Google de mostrar links para esses bancos de dados quando alguém pesquisa o nome de alguém que esteve envolvido com essas atividades décadas antes.

Registros eliminados não são mais eliminados

O sistema de justiça tem várias leis que, em muitos casos, permitem que os jovens eliminem pequenos delitos de seus registros criminais permanentes e oferecem aos juízes a capacidade de selar determinados arquivos e eliminar outras formas de informação dos registros das pessoas. Essas leis ajudam as pessoas a recomeçar, e muitos grandes cidadãos produtivos poderiam não ter dado a volta por cima sem essa proteção.

Mas de que servem essas leis se um possível empregador pode encontrar as informações supostamente eliminadas em segundos, fazendo uma pesquisa no Google com o nome de um candidato? O Google retorna resultados de registros policiais e judiciais publicados em jornais locais que agora estão arquivados online. Alguém que foi citado por um pequeno delito e depois teve todas as acusações contra ele retiradas ainda pode sofrer represálias profissionais e pessoais décadas mais tarde — mesmo que nunca tenha sido indiciado, julgado ou considerado culpado de qualquer crime.

Números da Previdência Social

Uma geração atrás, era comum usar os números da Previdência Social como identificação na universidade. O mundo era tão diferente na época, que, por questões de privacidade, muitas instituições até postavam as notas das pessoas usando esses números, em vez de usar nomes! Sim, é sério.

O DIREITO DE SER ESQUECIDO

O *direito de ser esquecido* é o direito que as pessoas têm de impedir que determinados dados adversos sobre elas sejam acessíveis na internet e que possam remover entradas dos resultados dos mecanismos de pesquisa em seus nomes, se as informações estiverem desatualizadas ou forem irrelevantes. Hoje, os residentes da União Europeia desfrutam do último; os norte-americanos, de nenhum.

A lógica por trás do direito de ser esquecido é a de que é do interesse da sociedade que as pessoas não sejam mal julgadas para sempre, estigmatizadas e/ou punidas como consequência de alguma pequena infração cometida há muito tempo, que não representa o hoje. Por exemplo, se um profissional de 45 anos com um histórico profissional e pessoal estelar, e sem antecedentes criminais, se candidatar a um emprego, é injusto para ele e prejudicial para a sociedade como um todo perder a oportunidade porque os resultados dos mecanismos de pesquisa vistos por um empregador em potencial mostram que foi acusado de conduta desordeira aos 18 anos por uma brincadeira barulhenta, não violenta e não prejudicial realizada quando era um estudante do ensino médio imaturo quase três décadas antes.

Várias nações fora da UE também adotam diversas formas do direito de ser esquecido: um tribunal na Índia — um país que, tecnicamente, não tem leis nos livros que garantam a ninguém o direito de ser esquecido — decidiu em favor de um requerente que busca a remoção de informações que impactaram sua reputação, aparentemente adotando uma posição de que as pessoas têm o direito inerente de impedir a disseminação de informações adversas que podem não estar desatualizadas, mas que provavelmente lhes causarão danos, cujo benefício da exposição a qualquer outra pessoa é ínfimo.

A adoção de alguma forma de direito de ser esquecido ajuda a reduzir alguns dos riscos de cibersegurança e privacidade discutidos neste capítulo, tornando mais difícil para os criminosos obter respostas para perguntas desafiadoras, lançar ataques de engenharia social, e assim por diante. Também restauraria algumas das proteções oferecidas por leis, como o FCRA, que se tornaram impotentes com a tecnologia.

Todos os estudantes que ingressaram na faculdade nas décadas de 1970, 1980 ou início da década de 1990 têm seus números de Previdência Social expostos ao público, porque os materiais da faculdade criados no mundo pré-web agora foram arquivados online e indexados em alguns mecanismos de pesquisa. Para piorar a situação, algumas partes autenticam os usuários solicitando os quatro últimos dígitos dos números de telefone das pessoas, que geralmente podem ser encontrados em uma fração de segundo por meio de uma pesquisa inteligente no Google ou Bing. Se é do conhecimento geral que essas informações foram expostas, em função de hábitos que antes eram aceitáveis, por que o governo ainda utiliza os números da Previdência Social e os trata como se ainda fossem privados?

Da mesma forma, os arquivos online de igrejas e sinagogas e outros boletins comunitários contêm anúncios de nascimento, listando não apenas o nome do bebê e dos pais, mas também o dos avós, o hospital e a data em que nasceu. Quantas perguntas de segurança para um usuário específico de um sistema de computador podem ser descobertas por um bandido que vê um desses anúncios? Todos esses exemplos mostram como os avanços na tecnologia minam nossa privacidade e cibersegurança, até mesmo minando legalmente as leis que foram estabelecidas para nos proteger.

Plataformas de rede social

Um grupo de empresas de tecnologia que geram sérios riscos à cibersegurança são as plataformas de rede social.

Os cibercriminosos examinam cada vez mais as redes sociais, às vezes com ferramentas automatizadas, para encontrar informações que possam usar contra empresas e seus funcionários. Os invasores aproveitam as informações encontradas para criar todo tipo de ataque, como o que envolve a entrega de ransomware (para obter mais informações sobre ransomware, veja a respectiva seção, anteriormente neste capítulo). Por exemplo, eles podem criar e-mails de spear--phishing altamente eficazes, críveis o suficiente para induzir os funcionários a clicar em URLs para sites que fornecem ransomware ou abrir anexos infectados por ransomware.

O número de golpes virtuais de sequestro — nos quais os criminosos entram em contato com a família de uma pessoa que está inacessível, em um voo ou algo semelhante, e exigem um resgate em troca de liberar a pessoa que alegam ter sequestrado — disparou na era das redes sociais, pois os criminosos muitas vezes percebem as atividades das pessoas olhando suas postagens nas redes sociais, e sabem quando agir e com quem entrar em contato.

O Google sabe de tudo

Uma das maneiras como os sistemas de computador verificam se uma pessoa é quem afirma ser é fazendo perguntas para as quais poucos, além da pessoa em questão, saberiam as respostas corretas. Em muitos casos, alguém que pode responder com êxito "Quanto você paga de financiamento atualmente?" e "Quem foi seu professor de ciências no sétimo ano?" tende mais a ser autêntico do que um usurpador.

NOME DE SOLTEIRA DA MÃE

Quantas vezes já lhe perguntaram o nome de solteira de sua mãe como forma de provar sua identidade?

As redes sociais acabaram facilitando essa questão; os cibercriminosos não precisam mais chutar sobrenomes comuns para alguém de sua nacionalidade. Eles conseguem obter essas informações por meio de redes sociais, de várias maneiras, mesmo que as pessoas não listem seus parentes em seus perfis em nenhuma plataforma — por exemplo, vendo sobrenomes reincidentes entre os amigos de alguém no Facebook. Para muitas pessoas, um desses nomes será o nome de solteira da mãe.

Mas o mecanismo de indexação do Google prejudica essa autenticação. Muitas informações difíceis de se obter rapidamente apenas alguns anos atrás agora podem ser obtidas quase de imediato por meio de uma pesquisa no Google. Em muitos casos, as respostas às perguntas de segurança usadas por vários sites para ajudar a autenticar usuários estão, para criminosos, "a um clique".

Embora sites mais avançados travem a autenticação se a resposta à pergunta de segurança for inserida mais de X segundos após ser feita, a maioria não impõe tais restrições, o que significa que qualquer pessoa que saiba usar o Google consegue burlar muitos sistemas de autenticação modernos.

Rastreamento de dispositivos móveis

Da mesma forma, o próprio Google pode correlacionar todos os tipos de dados obtidos de telefones com Android ou seus aplicativos Maps e Waze, o que significa a maioria das pessoas no mundo ocidental. Obviamente, os fornecedores de outros aplicativos executados em milhões de telefones e com permissão para acessar dados de localização também podem fazer o mesmo. Qualquer agente que rastreie onde uma pessoa está e por quanto tempo pode criar um banco de dados voltado a todos os tipos de propósitos nefastos, incluindo prejudicar a autenticação baseada em conhecimento, facilitar ataques de engenharia social, minar a confidencialidade de informações secretas, e assim por diante. Mesmo que a empresa que cria o banco de dados não tenha intenção maliciosa, funcionários ou hackers invasores que obtêm acesso ou o roubam representam sérias ameaças.

Esse rastreamento afeta a privacidade. O Google sabe, por exemplo, quem vai regularmente a uma clínica de quimioterapia, onde as pessoas dormem (para a maioria das pessoas, o tempo em que dormem é o único momento em que seus telefones ficam inativos por muitas horas) e várias outras informações a partir das quais muitas extrapolações sigilosas podem ser feitas.

64   PARTE 1 **Começando**

Defendendo-se Desses Ataques

LEMBRE-SE

É importante entender que não existe 100% de cibersegurança. Na verdade, a segurança adequada na internet é definida pela compreensão de quais riscos existem, quais são adequadamente mitigados e quais persistem.

Defesas adequadas para se proteger contra alguns riscos e invasores são inadequadas contra outros. O que pode ser suficiente para proteger um computador doméstico, por exemplo, pode ser extremamente inadequado para um servidor bancário online. O mesmo vale para os riscos baseados em quem usa um sistema: um telefone celular usado pelo presidente dos EUA para conversar com seus conselheiros, por exemplo, obviamente requer uma segurança melhor do que o telefone celular usado por um aluno qualquer da sexta série.

Acalmando os Ânimos

Nem todos os riscos requerem atenção, e nem todos os riscos que exigem atenção devem ser tratados da mesma forma. Você pode decidir, por exemplo, que contratar um seguro é proteção suficiente contra um risco específico ou que o risco é tão improvável e/ou ínfimo, que não vale o custo de evitá-lo.

Por outro lado, às vezes os riscos são tão grandes, que uma pessoa ou uma empresa pode decidir abandonar um esforço específico para evitá-los. Por exemplo, se o custo para proteger uma empresa de pequeno porte for maior do que o lucro previsto que a empresa obteria sem a segurança, pode ser imprudente até mesmo abri-la.

PARTE 1 **Começando**

2 Segurança Pessoal

NESTA PARTE...

Entenda por que você pode ter menos cibersegurança do que pensa.

Descubra como se proteger contra vários perigos.

Entenda o que a segurança física tem a ver com a cibernética.

NESTE CAPÍTULO

» **Descobrindo que você não está tão seguro quanto pensa**

» **Entendendo como se proteger contra riscos**

» **Avaliando suas atuais medidas de segurança**

» **Observando a privacidade**

» **Adotando boas práticas**

Capítulo **4**

O Acaso Não Me Protegerá

O primeiro passo para melhorar sua proteção contra ameaças cibernéticas é entender exatamente o que precisa proteger. Somente depois de ter uma boa compreensão dessas informações, poderá avaliar o que é realmente necessário para fornecer segurança adequada e determinar se há alguma lacuna a ser reparada.

Você deve considerar quais dados possui, de quem deve protegê-los e qual é o grau de sigilo. O que aconteceria se, por exemplo, esses dados fossem divulgados na internet para o mundo ver? Depois, você pode avaliar quanto está disposto a gastar — em termos de tempo e dinheiro — para protegê-los.

O que Te Vira a Cabeça, Te Tira do Sério

Você precisa entender as várias áreas em que sua atual postura de cibersegurança não está adequada para que descubra como resolver os problemas e garantir a proteção ideal. Inventarie todos os itens que podem conter dados confidenciais, tornar-se plataformas de lançamento para ataques etc.

O computador da sua casa

Os computadores domésticos podem sofrer um ou mais tipos críticos de problemas no que diz rspeito à cibersegurança:

» **Violação:** Um hacker pode ter invadido seu computador doméstico e conseguir usá-lo tanto quanto você — visualizar o conteúdo, conectar-se a outras máquinas, aproveitá-lo como plataforma para atacar e invadi-las, minerar criptomoeda, visualizar dados em sua rede, e assim por diante.

» **Malware:** Semelhante aos perigos criados por invasores humanos, um invasor de computador — um *malware* — pode estar no seu computador doméstico, permitindo que um criminoso o use o máximo que puder — visualize o conteúdo, entre em contato com outras máquinas, minere criptomoeda etc. —, além de ler dados do tráfego da rede e infectar outros computadores na rede e fora dela.

» **Computadores compartilhados:** Ao compartilhar um computador com outras pessoas, incluindo parentes próximos, você expõe seu dispositivo ao risco, porque talvez os outros não se protejam como você, e, como resultado, o expõe à infecção por malware, violação de algum hacker ou ocorrência acidental de danos pessoais.

» **Conexões com outras redes e aplicativos de armazenamento:** Se você conectar seu computador por meio de uma rede virtual privada (VPN) a outras redes, como do seu trabalho, malwares transmitidos nessas redes remotas ou hackers ocultos em dispositivos conectados a elas podem atacar sua rede e dispositivos locais também. Em alguns casos, há riscos semelhantes se executar aplicativos que conectam seu computador a serviços remotos, como sistemas de armazenamento.

» **Riscos de segurança física:** Conforme detalhado no Capítulo 5, o local físico de seu computador pode colocar ele e seu conteúdo em risco.

70 PARTE 2 **Segurança Pessoal**

Dispositivos móveis

Do ponto de vista da segurança da informação, os dispositivos móveis são inerentemente arriscados, porque:

- » Estão constantemente conectados a internet insegura.
- » Muitas vezes, têm informações confidenciais armazenadas neles.
- » São usados para se comunicar com muitas pessoas e sistemas, ambos grupos que incluem agentes que nem sempre são confiáveis, através da internet (que também não é, de maneira geral, confiável).
- » Pode receber mensagens de agentes com os quais você nunca interagiu antes de recebê-las.
- » Muitas vezes, não executa completamente o software de segurança devido a limitações de recursos.
- » Pode ser perdido, roubado, danificado ou destruído acidentalmente.
- » Conecta-se a redes Wi-Fi inseguras e não confiáveis.

Sistemas de jogos

Os sistemas de jogos são computadores e, como tais, às vezes são explorados para vários fins nefastos, além de travessuras específicas do jogo. Se os dispositivos contiverem vulnerabilidades de software, por exemplo, poderão ser invadidos e controlados por hackers, e outros softwares, além do sistema de jogos, poderão ser executados neles.

Dispositivos da Internet das Coisas (IoT)

Conforme discutido em detalhes no Capítulo 17, o mundo da computação conectada mudou drasticamente nos últimos anos. Há pouco tempo, os únicos dispositivos conectados à internet eram computadores clássicos, ou seja, desktops, laptops e servidores que podiam ser usados para diversos fins de computação. Hoje, no entanto, vivemos em um mundo diferente.

De smartphones a câmeras de segurança, de geladeiras a carros, de cafeteiras a equipamentos para exercícios, todos os tipos de dispositivos eletrônicos agora têm computadores embutidos, e muitos ficam conectados à internet em tempo integral.

A Internet das Coisas (IoT), como é comumente conhecido o ecossistema de dispositivos conectados, tem crescido exponencialmente nos últimos anos, mas sua segurança, em geral, é inadequada.

Muitos dispositivos IoT não contêm tecnologia de segurança adequada para se proteger de violações. Mesmo aqueles que o fazem, muitas vezes não estão configurados corretamente para serem considerados seguros. Os hackers podem explorar os dispositivos IoT para espioná-lo, roubar dados, hackear ou lançar ataques de negação de serviço contra outros dispositivos, além de outros danos.

Equipamento de rede

O equipamento de rede pode ser invadido para direcionar o tráfego para sites falsos, capturar dados, iniciar ataques, bloquear o acesso à internet etc.

Ambiente de trabalho

Você pode ter dados confidenciais em seu ambiente de trabalho, e também pode ser colocado em risco por colegas de trabalho.

Por exemplo, ao levar dispositivos eletrônicos para o trabalho, conectá-los a uma rede da empresa, depois levá-los para casa e conectá-los à sua rede doméstica, malwares e outros problemas podem se espalhar para o dispositivo, e para sua rede doméstica, a partir de um dispositivo de seu empregador ou de qualquer colega que use a mesma infraestrutura.

Engenharia social

Todas as pessoas do seu círculo familiar e social apresentam riscos enquanto fonte de informações sobre você, que pode ser explorada para fins de engenharia social. Discuto detalhadamente a engenharia social no Capítulo 8.

Identificando os Riscos

Para proteger qualquer coisa, você deve saber o que está protegendo; proteger um ambiente é difícil, se não impossível, caso você não saiba o que há nele.

Para se proteger, portanto, você deve entender quais ativos, em formatos digitais e físicos, possui e o que procura proteger. E também deve entender os riscos que enfrenta com eles.

DICA

O inventário desses ativos é bastante simples para indivíduos: faça uma lista de todos os dispositivos que conecta à sua rede. Muitas vezes, basta logar no roteador e olhar a seção "Dispositivos conectados". Obviamente, você pode ter alguns dispositivos que se conectam à sua rede apenas às vezes ou que devem ser protegidos, mesmo que não se conectem, portanto, inclua-os na lista.

72   PARTE 2 **Segurança Pessoal**

Adicione à lista, em outra seção, todos os dispositivos de armazenamento que usa, incluindo discos rígidos externos, unidades flash e cartões de memória.

Escreva ou imprima. Lembre-se de que até um único dispositivo pode causar problemas.

Protegendo-se contra Riscos

Após identificar o que deve proteger (veja a seção anterior), você deve desenvolver e implementar defesas apropriadas para esses itens, para mantê-los tão seguros quanto devem, e limitar o impacto de uma possível violação.

No contexto de usuários domésticos, a proteção inclui o fornecimento de barreiras para quem deseja acessar seus ativos digitais e físicos sem a devida autorização, estabelecendo processos e procedimentos (mesmo informais) para proteger seus dados confidenciais e criando backups de todas as configurações e pontos de restauração do sistema básico.

Os elementos básicos de proteção para a maioria dos indivíduos incluem:

>> Defesa do perímetro.

>> Firewall/roteador.

>> Softwares de segurança.

>> Computador físico.

>> Backup.

Defesa do perímetro

Defender seu perímetro cibernético é o equivalente digital da construção de um fosso ao redor de um castelo — a fim de impedir que alguém entre, exceto por caminhos autorizados, sob os olhos atentos dos guardas.

Para criar esse fosso digital, não conecte, em hipótese alguma, nenhum computador diretamente ao seu modem. Em vez disso, conecte um firewall/roteador ao modem e os computadores a ele (se seu modem contém um firewall/roteador, serve para ambos os propósitos; se sua conexão for com a parte do firewall/roteador, não com o próprio modem, tudo bem). Normalmente, as conexões entre firewalls e modems são cabeadas — com um cabo de rede físico.

CAPÍTULO 4 **O Acaso Não Me Protegerá** 73

Firewall/roteador

Os roteadores modernos usados em ambientes domésticos incluem recursos de firewall que bloqueiam a maioria das formas de tráfego de entrada quando não é gerado como resultado de atividades iniciadas por dispositivos protegidos pelo firewall. Ou seja, um firewall impedirá que pessoas de fora entrem em contato com um computador que esteja em sua casa, mas não impedirá que um servidor responda se um computador dentro de casa solicitar uma página hospedada nele. Os roteadores usam várias tecnologias para obter essa proteção.

Uma tecnologia importante é a conversão de endereço de rede, que permite aos computadores de sua rede doméstica usar endereços IP (protocolo de internet) inválidos para a internet, que só podem ser usados em redes privadas. Para a internet, todos os dispositivos parecem usar um endereço, o do firewall.

As recomendações a seguir ajudam seu roteador/firewall a protegê-lo:

LEMBRE-SE

» **Mantenha seu roteador atualizado.** Instale todas as atualizações antes de começar a usá-lo e verifique regularmente se há novas atualizações (a menos que seu roteador tenha um recurso de atualização automática. Nesse caso, basta aproveitá-lo).

Uma vulnerabilidade não corrigida no roteador permite que pessoas de fora entrem em sua rede.

» **Altere a senha padrão do firewall/roteador para uma forte que somente você saiba.** Anote-a e coloque o papel em um cofre ou algo parecido. Faça login no roteador com frequência para não esquecer a senha.

» **Não use o nome padrão do roteador para a rede Wi-Fi (o SSID).** Crie um novo nome.

» **Configure a rede Wi-Fi para usar criptografia, pelo menos, no padrão WPA2.** Era o padrão no momento em que escrevi este livro.

» **Impeça que dispositivos se conectem à sua rede Wi-Fi sem senha.** Escolha uma senha forte. Para obter informações sobre a criação de senhas fortes e se lembrar delas, veja o Capítulo 7.

» **Se todos os dispositivos sem fio souberem usar os modernos protocolos de rede sem fio 802.11ac e 802.11n, desative os protocolos Wi-Fi mais antigos que o roteador suporta** — por exemplo, 802.11b e 802.11g.

» **Habilite a filtragem de endereço MAC ou verifique se todos os membros da sua família sabem que ninguém deve conectar nada à rede com fio sem sua permissão.** Pelo menos em teoria, a filtragem de endereços MAC impede que qualquer dispositivo se conecte à rede se você não configura o roteador para permitir a conexão; não permita que as pessoas conectem dispositivos inseguros à rede antes de protegê-los.

» **Centralize o roteador sem fio em sua casa.** Fazer isso fornecerá um sinal melhor dentro de casa e reduzirá sua força fora dela, para aqueles que tentarem se pendurar na sua rede.

» **Não ative o acesso remoto ao roteador.** O roteador precisa ser gerenciável apenas por meio de conexões de dispositivos protegidos, e não pelo mundo externo. A conveniência do gerenciamento remoto de um firewall doméstico não vale o risco à segurança criado pela ativação do recurso.

» **Mantenha uma lista atualizada dos dispositivos conectados à rede.** Inclua também aqueles que deseja conectar a ela.

» **Para todos os convidados para os quais conceder acesso à rede, ative o recurso de rede convidado (Guest) do roteador e, como na rede privada, ative a criptografia e exija uma senha forte.** Conceda aos convidados acesso a essa rede de convidados, e não à rede principal. O mesmo se aplica a qualquer outra pessoa a quem der acesso à internet, mas que não sabe se a proteção do dispositivo é adequada, incluindo familiares, como crianças.

» **Se tem conhecimento técnico suficiente para desativar o DHCP e alterar o intervalo de endereços IP padrão usado pelo roteador para a rede interna, faça-o.** Isso interfere em algumas ferramentas automatizadas de hackers e fornece outros benefícios de segurança. Se não conhece esses conceitos ou não tem ideia do significado da frase destacada, ignore este parágrafo. Nesse caso, os benefícios de segurança da recomendação serão superados pelos problemas da complexidade técnica adicional de desligar o DHCP e alterar o intervalo de endereços IP padrão.

Softwares de segurança

Como usar softwares de segurança para se proteger?

» Use um software de segurança em todos os computadores e dispositivos móveis. O software deve conter, pelo menos, recursos antivírus e de firewall para os dispositivos pessoais.

» Use um software antispam em qualquer dispositivo em que leia e-mails.

» Ative a limpeza remota em todo e qualquer dispositivo móvel.

» Exija uma senha forte para fazer login em qualquer computador e dispositivo móvel.

» Ative as atualizações automáticas sempre que possível e mantenha os dispositivos atualizados.

Computador físico

Para proteger os computadores, em termos físicos:

> » **Controle o acesso físico ao computador e deixe-o em um local seguro.**
> Se for fácil, para quem entra em sua casa, acessá-lo, ele poderá ser roubado,
> usado ou danificado com relativa facilidade sem seu conhecimento.

> » **Se possível, não o compartilhe com familiares.** Se precisar compartilhá-lo,
> crie contas separadas para cada familiar e não conceda privilégios
> administrativos a nenhum outro usuário do dispositivo.

> » **Não confie na exclusão de dados antes de jogar fora, reciclar, doar ou
> vender um dispositivo antigo.** Use programas de destruição completa
> de informações para todos os discos rígidos e unidades sólidas. Remova
> as mídias de armazenamento do computador antes de se livrar dele, e as
> destrua.

Backup

Faça backup regularmente. Para ter mais informações, veja o Capítulo 13.

Detecção

Detecção refere-se à implementação de mecanismos que possibilitem detectar
eventos de cibersegurança o mais rápido possível assim que começarem. Embora
a maioria dos usuários domésticos não tenha orçamento para comprar produtos
especializados para tais fins, isso não significa que a fase de detecção deva ser
ignorada.

Hoje, a maioria dos softwares de segurança de computadores pessoais tem
vários tipos de recursos de detecção. Verifique se todos os dispositivos gerenciados possuem um software de segurança que procure invasões, por exemplo, e
veja o Capítulo 11 para obter mais detalhes sobre a detecção de violações.

Resposta

Resposta é o mecanismo de responder a um incidente de cibersegurança. A maioria dos softwares de segurança solicita automaticamente que os usuários ajam se
detectarem possíveis problemas.

Para saber mais sobre como responder, veja o Capítulo 12.

Recuperação

Recuperação refere-se à restauração de um computador, rede ou dispositivo impactado — e todos os seus recursos relevantes — ao seu estado de pleno funcionamento e adequado após a ocorrência de um evento de cibersegurança. Veja os Capítulos 12, 14 e 15 para obter mais informações sobre a recuperação.

LEMBRE-SE

O ideal é documentar um plano formal e priorizado de como fazer a recuperação antes que ela seja necessária. A maioria dos usuários domésticos não cria um, mas ele é extremamente benéfico. Na maioria dos casos domésticos, terá menos de uma página.

Melhorias

Que vergonha não aprender com os próprios erros! Todo incidente de cibersegurança oferece lições que podem ser aplicadas para reduzir riscos futuros. Para ter exemplos de como aprender com os erros, veja o Capítulo 19.

Avaliando as Medidas de Segurança

Depois de saber o que precisa proteger e como proteger, determine a diferença entre o que precisa ter ou fazer e o que já possui.

As seções a seguir abordam alguns aspectos a considerar. Nem todos os itens se aplicam a todos os casos.

Software

Quando se trata de software e cibersegurança, pense nas seguintes perguntas para cada dispositivo:

» Todos os pacotes de software (incluindo o próprio sistema operacional) do computador são legais e suas versões são legítimas?

» Atualmente, todos os pacotes de software (incluindo o próprio sistema operacional) são suportados pelos respectivos fornecedores?

» Todos os pacotes de software (incluindo o próprio sistema operacional) estão atualizados?

» Todos os pacotes de software (incluindo o próprio sistema operacional) estão configurados para fazer uma atualização automática?

» O software de segurança está no dispositivo?

» O software de segurança está configurado para atualizar automaticamente?

CAPÍTULO 4 **O Acaso Não Me Protegerá** 77

- » O software de segurança está atualizado?

- » O software de segurança inclui tecnologia antimalware, e o recurso está ativado?

- » As verificações de vírus estão configuradas para ser executadas após cada atualização feita?

- » O software inclui tecnologia de firewall, e o recurso está ativado?

- » O software inclui tecnologia antispam, e o recurso está ativado? Do contrário, há outro software antispam em execução?

- » O software inclui tecnologia de bloqueio e/ou limpeza remota, e o recurso está ativado? Do contrário, há outro software de bloqueio/limpeza remota em execução?

- » Todos os outros aspectos do software estão ativados? Se não, quais?

- » O software de backup está sendo executado no dispositivo como parte de uma estratégia?

- » A criptografia está ativada para, pelo menos, todos os dados confidenciais armazenados no dispositivo?

- » As permissões estão definidas corretamente para o software, bloqueando pessoas que têm acesso ao dispositivo, mas que não devem ter ao software?

- » Permissões foram definidas para impedir que o software faça alterações indesejadas no computador (por exemplo, qualquer software sendo executado com privilégios de administrador quando não deve)?

Obviamente, todas essas perguntas se referem ao software em um dispositivo que você usa, mas que não empresta a pessoas de fora, não confiáveis e remotas. Se tiver dispositivos no último caso, por exemplo, um servidor da web, deverá resolver muitos outros problemas de segurança que estão além dos tratados neste livro.

Hardware

Para todos os dispositivos de hardware, considere as seguintes perguntas:

- » O hardware foi obtido de um agente confiável? (Se comprou uma câmera baseada em IP diretamente da China, por meio de uma loja na internet de que nunca ouviu falar antes de fazer a compra, a resposta é não.)

- » Todo o hardware está adequadamente protegido contra roubo e danos (chuva, picos de eletricidade etc.) no local em que fica?

- » O que protege o hardware em viagens?

» Há uma fonte de alimentação ininterrupta ou bateria interna que protege o dispositivo de um desligamento repentino se a energia cair?

» Todo o hardware executa o firmware mais recente e você o baixou de uma fonte confiável, como o site do fornecedor ou através de uma atualização iniciada na ferramenta de configuração do dispositivo?

» Para roteadores (e firewalls), o dispositivo atende aos critérios listados como recomendações na seção "Firewall/roteador", anteriormente neste capítulo?

» Você tem uma senha BIOS, que impede o uso do dispositivo sem senha?

» Desabilitou todos os protocolos sem fio dos quais não precisa? Se não estiver usando Bluetooth em um laptop, por exemplo, desligue o Bluetooth, o que não só melhora a segurança, como faz a bateria durar mais.

Seguro

Embora, em geral, o seguro de cibersegurança seja ignorado, especialmente por pequenas empresas e indivíduos, é uma maneira viável de mitigar alguns riscos cibernéticos. Dependendo da situação, a compra de uma política de proteção contra riscos específicos se justifica.

Se você possui uma pequena empresa que pode falir em caso de violação, é claro que deve implementar uma segurança forte. Mas como nenhuma segurança é 100% perfeita e infalível, a compra de uma política para cobrir situações catastróficas é uma atitude sensata.

Conhecimento

Um pouco de conhecimento ajuda bastante a impedir que as pessoas em sua casa se tornem o calcanhar de Aquiles de sua cibersegurança. A lista a seguir aborda alguns pontos sobre os quais pensar e discutir:

» Todos os seus familiares sabem quais são seus direitos e responsabilidades em relação à tecnologia em casa, à conexão de dispositivos à rede doméstica e à possibilidade de permitir que o hóspede se conecte à rede doméstica (ou a rede de convidados)?

» Você ensinou a eles os riscos que precisam conhecer — por exemplo, e-mails de phishing. Acredita que eles realmente entenderam?

» Garantiu que todos os familiares que usam dispositivos conheçam os cuidados da cibersegurança (por exemplo, não clicar nos links dos e-mails)?

» Garantiu que todos os familiares que usam dispositivos conheçam a seleção e a proteção de senhas?

» Garantiu que todos da família que usam redes sociais saibam o que pode e o que não pode ser compartilhado com segurança?

» Garantiu que todos na família entendam que devem pensar antes de agir?

Privacidade Elementar

A tecnologia ameaça a privacidade de várias formas: câmeras onipresentes o observam regularmente, empresas de tecnologia rastreiam seu comportamento online por todos os métodos, e dispositivos móveis rastreiam sua localização.

Embora a tecnologia tenha tornado a tarefa de manter a privacidade muito mais desafiadora do que era há poucos anos, a privacidade não está morta. Você pode fazer muitas coisas para aumentá-la, mesmo na era moderna e conectada.

Pense antes de compartilhar

As pessoas geralmente compartilham informações de boa vontade quando solicitadas. Considere a papelada que, mais de uma vez, já lhe solicitaram a preencher em consultórios médicos. Embora as respostas a muitas das perguntas sejam relevantes e contenham informações úteis para o médico avaliá-lo e tratá-lo, nem sempre é assim que funciona. Muitos (se não a maioria) desses formulários solicitam aos pacientes seus números de Previdência Social. Essas informações eram necessárias décadas atrás, quando os planos de saúde os usavam como números de identificação, mas essa prática já não é utilizada há tempos. Talvez algumas empresas usem o número para denunciar sua conta às agências de crédito se você não pagá-las, mas, na maioria dos casos, a realidade é que a pergunta é um vestígio do passado, e você pode deixar o campo em branco.

LEMBRE-SE

Mesmo que não acredite que um agente que solicita dados pessoais possa abusar das informações coletadas a seu respeito, à medida que aumenta o número de agentes que têm informações particulares sobre você, assim como a quantidade e a qualidade desses dados, as chances de sofrer uma violação de privacidade crescem.

Se deseja ter mais privacidade, a primeira coisa a fazer é considerar quais informações pode divulgar sobre você e seus entes queridos antes de fazê-lo. Isso vale ao interagir com agências governamentais, corporações, unidades médicas e indivíduos. Se não precisar dar informações particulares, não o faça.

Pense antes de postar

Considere as implicações de qualquer publicação nas redes sociais antes de postá-la — há consequências adversas de vários tipos, inclusive que comprometem a privacidade das informações. Por exemplo, os criminosos podem aproveitar informações compartilhadas sobre os relacionamentos familiares, o local de trabalho e os interesses de uma pessoa como parte do roubo de identidade e fazer engenharia social com suas contas.

CUIDADO

Se, por opção ou devido às políticas negligentes de um provedor, você usar o nome de solteira de sua mãe como senha, evite que criminosos o descubram procurando em sua lista de relacionamentos ou de amigos do Facebook, pela recorrência de muitos amigos com o mesmo sobrenome. Geralmente, as pessoas conseguem o nome de solteira da mãe de alguém selecionando na lista de amigos do Facebook o sobrenome mais comum diferente daquele do titular da conta.

O compartilhamento de informações sobre os filhos de uma pessoa e seus compromissos propicia todo tipo de problemas, incluindo sequestros, invasões domiciliares quando ela sai ou outras ações prejudiciais.

Compartilhar informações relacionadas à saúde leva à divulgação de informações confidenciais e privadas. Por exemplo, fotografias ou dados de localização de determinada clínica indicam que a pessoa sofre de uma condição que a instituição é conhecida por tratar.

Compartilhar vários tipos de informações ou imagens afeta o relacionamento pessoal de um usuário e vaza informações privadas sobre ele.

Compartilhar informações ou imagens vaza informações privadas sobre atividades potencialmente controversas nas quais uma pessoa se envolveu — por exemplo, consumir álcool ou usar drogas leves, usar várias armas, participar de certas organizações controversas, e assim por diante. Só a divulgação de um local específico em determinado momento já pode comprometer sem querer a privacidade de informações confidenciais de uma pessoa.

LEMBRE-SE

Além disso, lembre-se de que o problema do compartilhamento excessivo não se limita às redes sociais. O compartilhamento excessivo de informações por bate-papo, e-mail, em grupos etc. também é um sério problema dos dias modernos. Às vezes, as pessoas não percebem que estão compartilhando demais, e outras colam acidentalmente os dados errados nos e-mails ou anexam os arquivos errados a eles.

Dicas gerais de privacidade

Além de pensar antes de compartilhar, você pode tomar outras ações para reduzir sua exposição a riscos de excesso de compartilhamento.

» **Use as configurações de privacidade das redes sociais.** Além de não compartilhar informações particulares (veja a seção anterior), verifique se suas configurações de privacidade nas redes sociais estão definidas para proteger seus dados da visualização pública, a menos que a publicação em questão tenha esse objetivo.

» **Mas não confie nelas.** No entanto, nunca conte com as configurações de segurança das redes sociais para garantir a privacidade das informações. Vulnerabilidades significativas que comprometem a eficácia dos controles de segurança de várias plataformas foram descobertas repetidamente.

» **Mantenha os dados privados fora da nuvem, a menos que os criptografe.** Nunca armazene informações privadas na nuvem, a menos que as criptografe. Não confie na criptografia do provedor de nuvem para proteger sua privacidade. Se for violado, a criptografia pode ser prejudicada.

» **Não armazene informações privadas em aplicativos na nuvem projetados para compartilhamento e colaboração.** Por exemplo, não armazene uma lista com suas senhas, fotos de sua carteira de motorista, passaporte ou informações médicas confidenciais no Google Docs. Parece óbvio, mas muitas pessoas ainda o fazem.

» **Aproveite as configurações de privacidade do navegador ou, melhor, use o Tor.** Se usar um navegador para acessar material que não deseja associar a você, ative, no mínimo, o Modo Privado/Navegação Anônima (que oferece apenas proteção parcial) ou, se possível, use algo similar ao Pacote do Navegador Tor (que contém roteamento ofuscado, configurações de privacidade fortes e vários complementos de privacidade pré-configurados).

   Se você não tomar precauções ao usar um navegador, poderá ser rastreado. Se procurar informações detalhadas sobre uma condição médica em uma janela normal do navegador, é provável que vários agentes capturem esses dados. Você provavelmente já viu os efeitos desse rastreamento — por exemplo, quando anúncios relacionados a algo que pesquisou em uma página são exibidos em outra.

» **Não divulgue seu número de celular real.** Obtenha um número de encaminhamento de um serviço como o Google Voice e, em geral, forneça esse número, em vez do número do seu celular. Isso ajuda a se proteger contra muitos riscos — troca de SIM, spam etc.

» **Armazene materiais particulares offline.** O ideal é armazenar materiais altamente sigilosos offline, como em um cofre à prova de fogo ou cofre de banco. Se precisar armazená-los em meios eletrônicos, guarde-os em um computador sem conexão de rede.

» **Criptografe todas as informações privadas, como documentos, imagens, vídeos e outros.** Se não tem certeza se algo deve ser criptografado, provavelmente deve.

» **Se usa o bate-papo online, use criptografia de ponta a ponta.** Suponha que todas as mensagens de texto que envia pelo serviço regular de celular (mensagens SMS) possam ser lidas por pessoas de fora. O ideal é não compartilhar informações confidenciais por escrito. Se precisar compartilhar algum item sigiloso por escrito, criptografe os dados.

DICA

A maneira mais simples de criptografar dados é usar um aplicativo de bate-papo que ofereça criptografia de ponta a ponta. De *ponta a ponta* significa que as mensagens são criptografadas no dispositivo do emissor e descriptografadas no do destinatário, e vice-versa — com o provedor sendo incapaz de descriptografar as mensagens; como tal, será preciso muito mais esforço dos hackers que violam os servidores do provedor para ler suas mensagens se a criptografia de ponta a ponta for utilizada. (Às vezes, os provedores afirmam que os hackers não conseguem ler completamente essas mensagens, o que não está correto. Por dois motivos: 1- os hackers conseguem ver os metadados, por exemplo, com quem você conversou e quando o fez; e 2- se os hackers violarem servidores internos suficientes, poderão enviar para a loja de aplicativos uma versão envenenada do aplicativo com algum tipo de backdoor.) O WhatsApp é provavelmente o aplicativo de bate-papo mais popular que usa criptografia de ponta a ponta.

» **Pratique a ciber-higiene adequadamente.** Como muitas das informações que precisa manter em sigilo são armazenadas em formato eletrônico, praticar a higiene cibernética adequada é fundamental para assegurar a privacidade. Veja as dicas no Capítulo 18.

ATIVE O MODO DE PRIVACIDADE

Para ativar o modo de privacidade:

- **Google Chrome:** Control + Shift + N ou escolha Nova janela anônima no menu.
- **Firefox:** Control + Shift + P ou escolha Nova janela privada no menu.
- **Opera:** Control + Shift + N ou escolha Nova janela privada no menu.
- **Microsoft Edge:** Control + Shift + P ou escolha Nova janela privada no menu.
- **Vivaldi:** Control + Shift + N ou escolha Nova janela privada no menu.
- **Safari:** Command + Shift + N ou escolha Nova janela privada no menu Arquivo.

Usando o Banco Online com Segurança

Evitar o banco online devido a preocupações de segurança associadas não é prático para a maioria das pessoas na era moderna. Felizmente, você não precisa renunciar às conveniências para se manter seguro. Na verdade, estou profundamente ciente dos riscos envolvidos, porque o uso desde que foi disponibilizado por várias instituições financeiras importantes, em meados da década de 1990, como substituto para os serviços bancários de discagem direta. Aqui estão algumas sugestões para reforçar sua segurança ao usar o banco online:

» **Sua senha do banco online deve ser forte, exclusiva e guardada na memória**, não armazenada em um banco de dados, gerenciador de senhas ou qualquer outro local eletrônico (se quiser anotá-la e deixar o papel em um cofre, tudo bem — mas raramente é necessário).

» **Escolha um número de identificação pessoal (PIN) aleatório para seu cartão ATM e/ou identificação de telefone.** O PIN não deve estar relacionado a nenhuma informação conhecida. Não use um PIN que usou para outros fins e não estabeleça nenhum PIN ou senha com base no que escolheu para o cartão ATM. Nunca anote seu PIN. Nunca o adicione a nenhum arquivo de computador. Nunca o diga a ninguém, incluindo funcionários do banco.

» **Considere pedir ao banco um cartão ATM que não possa ser usado como cartão de débito.** Embora esses cartões não possuam a capacidade de ser usados para comprar bens e serviços, se fizer suas compras usando cartões de crédito, não precisará do recurso de compra no ATM. Ao impedir que o cartão seja usado como cartão de débito, você aumenta a probabilidade de que apenas alguém que conheça seu número PIN possa retirar dinheiro da sua conta. Talvez o mais importante seja que os cartões ATM "destruídos" não podem ser usados pelos bandidos para fazer compras fraudulentas.

LEMBRE-SE

Se seu cartão de débito for usado de maneira fraudulenta, você ficará sem dinheiro e precisará recuperá-lo. Se o de crédito for usado de forma fraudulenta, você não perderá dinheiro, a menos que uma investigação revele que você foi o responsável pela fraude.

» **Efetue login no banco online apenas a partir de dispositivos confiáveis que você controle, tenham software de segurança e forem mantidos atualizados.**

» **Faça login no banco online apenas em redes seguras, em que confie.** Se estiver em trânsito, use a conexão de sua operadora de celular, e não o Wi-Fi público.

- **Faça login no banco online usando um navegador da web ou o aplicativo oficial do banco.** Nunca faça login a partir de um aplicativo de terceiros ou de um aplicativo obtido em outro local que não seja a loja oficial de aplicativos da plataforma do seu dispositivo.

- **Inscreva-se para receber alertas do banco.** Configure alertas para ser avisado por mensagem de texto e/ou e-mail sempre que um novo beneficiário for adicionado, uma retirada for feita, e assim por diante.

- **Use a autenticação multifator e proteja qualquer dispositivo usado com ela.** Se gerar senhas únicas no seu telefone, por exemplo, e o aparelho for roubado, seu segundo fator se tornará (pelo menos temporariamente) utilizável pelo bandido e não por você.

- **Não permita que o navegador armazene sua senha do banco online.** Sua senha não deve ser anotada em nenhum lugar, muito menos em um sistema que a exiba para alguém usando um navegador da web.

- **Digite a URL do banco sempre que visitá-lo na web.** Nunca clique em links que direcionem para ele.

- **O ideal é usar um computador separado para serviços bancários online e outro para compras online, acesso a e-mail e redes sociais.** Se isso não for possível ou viável, use um navegador diferente, e o mantenha atualizado.

DICA

Como precaução extra, você pode configurar seu navegador para lembrar a senha incorreta de um site para que, se alguém entrar no seu laptop ou telefone, seja menos provável que efetue login usando suas credenciais.

- **Proteja todos os dispositivos com os quais faz transações online.** Isso inclui protegê-los fisicamente (não os deixar em uma mesa de restaurante enquanto está no banheiro), exigir uma senha para desbloqueá-los e ativar a limpeza remota.

- **Monitore sua conta para atividades não autorizadas.**

Usando Dispositivos Inteligentes com Segurança

Conforme detalhado no Capítulo 17, os dispositivos inteligentes e a chamada Internet das Coisas criam todos os tipos de riscos à cibersegurança. Aqui estão algumas recomendações para melhorar sua segurança ao usá-los:

- **Verifique se nenhum dos dispositivos IoT cria riscos à segurança em caso de falha.** Nunca crie uma situação em que um bloqueio inteligente impeça que você saia de uma sala durante um incêndio, por exemplo, ou permita que assaltantes entrem em sua casa durante uma queda de energia ou falha de rede.

» **Se possível, execute os dispositivos IoT em uma rede separada dos computadores.** A rede IoT deve ter um firewall para protegê-la.

» **Mantenha todos os dispositivos IoT atualizados.** Os hackers exploraram vulnerabilidades nos dispositivos IoT para comandá-los e usá-los para realizar grandes ataques. Se um dispositivo tiver um recurso de atualização automática de firmware, habilite-o.

» **Mantenha uma lista completa e atualizada de todos os dispositivos conectados à rede.** Mantenha também uma lista de todos os dispositivos que não estão conectados no momento, mas que estão autorizados a se conectar e, às vezes, se conectam.

» **Se possível, desconecte os dispositivos quando não os estiver usando.** Se um dispositivo estiver offline, obviamente não poderá ser hackeado por alguém que não esteja fisicamente presente nele.

» **Proteja com senha todos os dispositivos.** Nunca mantenha as senhas padrão que acompanham os dispositivos. Cada dispositivo deve ter um login e senha exclusivos.

» **Verifique as configurações dos dispositivos.** Muitos dispositivos vêm com valores de configuração padrão que são terríveis do ponto de vista da segurança.

» **Mantenha o smartphone física e digitalmente seguro.** Ele provavelmente executa aplicativos com acesso a alguns ou todos os seus dispositivos,

» **Se possível, desative os recursos do dispositivo de que não precisa.** Isso reduz a superfície de ataque relevante, ou seja, reduz o número de pontos em potencial pelos quais um usuário não autorizado pode tentar invadi-lo e reduz simultaneamente as chances de o dispositivo expor uma vulnerabilidade de software explorável.

O Universal Plug and Play simplifica a configuração do dispositivo, mas também facilita para os hackers descobrirem dispositivos e atacá-los por vários motivos, incluindo o fato de muitas implementações do UPnP conterem vulnerabilidades, o UPnP às vezes permitir que o malware ignore as rotinas de segurança do firewall e outras, ser explorado por hackers para executar comandos em roteadores.

» **Não conecte os dispositivos IoT a redes não confiáveis.**

> **NESTE CAPÍTULO**
>
> » **Compreendendo os conceitos básicos de segurança física**
>
> » **Identificando o que proteger**
>
> » **Reduzindo riscos de segurança física**

Capítulo **5**

Aumentando a Segurança Física

Você pode ficar tentado a pular este capítulo, afinal, está lendo este livro para aprender sobre cibersegurança, não segurança física.

Mas não é bem por aí.

Certos aspectos da segurança física são ingredientes essenciais de qualquer programa de cibersegurança, formal ou informal. Poucas décadas atrás, as equipes responsáveis pela proteção dos computadores e dos dados armazenados neles focavam a segurança física. Trancar um computador em uma área segura acessível apenas a pessoal autorizado era suficiente para protegê-lo e a seu conteúdo. Obviamente, o surgimento das redes e a era da internet, junto da proliferação em massa de dispositivos de computação, transformaram os riscos. Hoje, mesmo computadores trancados em um local físico ainda podem ser acessados eletronicamente por bilhões de pessoas em todo o mundo. Dito isso, a necessidade de segurança física é tão importante como sempre foi.

Este capítulo aborda os elementos de segurança física necessários para implementar e fornecer uma cibersegurança adequada. Abordo "o que e por que" é

CAPÍTULO 5 **Aumentando a Segurança Física** 87

preciso saber sobre segurança física para se manter seguro em termos ciberné-ticos. Ignorar os conceitos discutidos neste capítulo pode colocá-lo em risco de uma violação de dados equivalente, ou pior, à realizada por hackers.

Por que a Segurança Importa

Segurança física significa proteger algo do acesso físico não autorizado, pelo homem ou pela natureza. Manter um computador trancado no armário de um servidor de escritório, por exemplo, para impedir que as pessoas mexam nele é um exemplo de segurança física.

O PROBLEMA DE HILLARY CLINTON

Sempre que políticos ou jornalistas atacam a ex-secretária de Estado dos EUA, Hillary Clinton, por armazenar informações confidenciais em um servidor localizado dentro de um armário vazio em sua casa, em Chappaqua, Nova York, a acusam de pôr em risco a segurança nacional deixando dados digitais sigilosos em um local que não é suficientemente seguro. Afinal, no que diz respeito aos riscos de hackers baseados na internet, a segurança digital é o que importa; para hackers da China e da Rússia, por exemplo, é irrelevante se o servidor dela estava localizado no armário vazio ou em um data center protegido por guardas armados.

Os especialistas em segurança que criaram os procedimentos de segurança dos EUA para o manuseio de informações confidenciais entendem a necessidade de manter esses dados fisicamente seguros; em geral, é contra a lei remover informações confidenciais dos locais seguros em que se destinam a ser manipuladas. Embora muitos trabalhadores modernos possam trabalhar remotamente e levar trabalho para casa, às vezes, as pessoas que lidam com tais informações podem ser condenadas à prisão por o fazerem com dados confidenciais.

As leis que regem a proteção dessas informações proíbem removê-las de redes confidenciais, que nunca devem estar conectadas à internet. Todas as pessoas que lidam com informações confidenciais são obrigadas a ter autorização e treinamento para lidar com elas; são obrigadas por lei federal a entender e cumprir regras estritas. Como tal, Clinton nunca deveria ter removido as informações das redes confidenciais e tê-las levado para casa ou as acessado através de um servidor em sua casa.

De fato, as pessoas podem ser acusadas de crime por manipular mal as informações confidenciais, mesmo se o fizerem inadvertidamente, que é um ponto que os republicanos mencionaram repetidamente durante a eleição presidencial de 2016 nos EUA.

88   PARTE 2 **Segurança Pessoal**

O objetivo da segurança física é fornecer um ambiente seguro para as pessoas e seus ativos, sua família ou sua organização. No contexto da cibersegurança, o objetivo da segurança física é garantir que sistemas e dados digitais não sejam colocados em risco devido à maneira como estão alojados.

LEMBRE-SE

As *informações confidenciais* contêm segredos cujo comprometimento pode pôr em risco agentes e operações de inteligência norte-americanas, minar operações diplomáticas e militares e prejudicar a segurança nacional.

Espero que você não esteja armazenando arquivos altamente confidenciais em sua casa. Se estiver, é melhor conhecer muito mais sobre segurança da informação do que é ensinado neste livro; como remover informações confidenciais de seu local de armazenamento adequado costuma ser um crime grave, sugiro que contrate um bom advogado (veja o box "O Problema de Hillary Clinton").

No entanto, presumo que você tenha dados que deseja que permaneçam confidenciais, disponíveis e livres de corrupção. Podem não ser confidenciais no sentido do governo, mas para você, a privacidade pode ser de vital importância.

Fazendo o Inventário

Antes de implementar um plano de segurança física, descubra o que é necessário proteger. Você provavelmente possui mais de um tipo de dispositivo eletrônico e dados que variam bastante em termos de nível de sigilo e confidencialidade. A etapa 1 da implementação da segurança física adequada é entender quais dados e sistemas você possui e determinar que nível de segurança cada um exige.

Muito provavelmente, os dispositivos de seu computador se enquadram em duas categorias:

» **Dispositivos fixos,** como um computador de mesa na sala da família em que os adolescentes jogam videogame.

» **Dispositivos móveis,** como laptops, tablets e smartphones.

LEMBRE-SE

Não se esqueça de inventariar o equipamento ao qual seus dispositivos estão conectados. Ao fazer o inventário, preste atenção às redes e aos equipamentos de rede. A quais redes os dispositivos fixos estão conectados? Quantas redes existem? Como se conectam ao mundo exterior? Onde está localizado o equipamento de rede relevante? Quais dispositivos móveis se conectam sem fio?

CAPÍTULO 5 **Aumentando a Segurança Física** 89

Dispositivos fixos

Dispositivos fixos, como computadores de mesa, equipamentos de rede e muitos dispositivos IoT (Internet das Coisas), como câmeras com fio, não mudam de local regularmente.

Claro, esses dispositivos ainda podem ser roubados, danificados ou mal utilizados e, portanto, devem ser adequadamente protegidos. Os danos não precisam ser intencionais — no início de minha carreira, ajudei a solucionar um problema no servidor que começou quando um guarda-noturno desconectou um servidor, sem atentar à segurança adequada, de sua fonte de alimentação ininterrupta para conectar um aspirador de pó. Sim, é sério. Como é imperativo proteger dispositivos fixos nos locais em que "residem", você deve inventariar todos eles. Proteger algo que não sabe que tem é difícil, se não impossível.

LEMBRE-SE

Em muitos casos, qualquer pessoa que possa acessar fisicamente um computador ou outro dispositivo eletrônico pode acessar todos os dados e programas que contêm, independentemente dos sistemas de segurança existentes. A única questão é quanto tempo levará para ter o acesso não autorizado que deseja. Não importa se alguém que possa acessar um dispositivo pode danificá-lo fisicamente — atingindo-o fisicamente, gerando um pico de energia, jogando água ou incendiando-o. Caso ache esses cenários exagerados, saiba que vi todas essas opções utilizadas por pessoas que pretendiam danificar computadores.

Dispositivos móveis

Dispositivos móveis são dispositivos computadorizados que são frequentemente movidos. Laptops, tablets e smartphones estão nessa categoria.

De certa forma, os dispositivos móveis são inerentemente mais seguros do que os fixos; é provável que seu celular sempre esteja com você, por isso não fica em casa sem ser vigiado por muito tempo, como um computador de mesa.

Dito isso, na realidade, a experiência mostra que a portabilidade aumenta drasticamente as chances de um dispositivo ser perdido ou roubado. De certa forma, os dispositivos móveis povoam os pesadelos dos profissionais de segurança. O smartphone no seu bolso está constantemente conectado a uma rede insegura (a internet), contém dados altamente confidenciais, possui tokens de acesso a seu e-mail, redes sociais e a toda uma série de outras contas importantes, provavelmente não possui softwares de segurança sofisticados como os de computadores de mesa, frequentemente fica em locais em que um roubo é provável, geralmente fora das vistas, é levado em viagens que tiram você de sua rotina, e assim por diante.

SMARTPHONES SÃO MAIS QUE "FONES"

O termo *smartphone* é extremamente enganador — o dispositivo no seu bolso é um computador completo com mais poder de processamento do que todos os computadores usados para colocar um homem na lua juntos. É apenas um smartphone da mesma maneira que uma Ferrari é uma carruagem rápida e sem cavalos; uma descrição tecnicamente correta, mas altamente enganosa. Por que você chama esses dispositivos de smartphones? Pense bem onde você encontrou seu primeiro smartphone.

A primeira experiência da maioria das pessoas com um smartphone foi quando fez upgrade de um telefone celular normal e obteve novos dispositivos de provedores de telefonia celular que consideraram que as pessoas teriam mais chances de atualizar o celular para "smartphones" do que substituir o celular por "computadores de bolso que têm um aplicativo de telefone".

É essencial fazer o inventário adequado de todos os dispositivos móveis para que possa protegê-los da melhor forma possível.

Localizando Seus Dados Vulneráveis

Revise quais dados seus dispositivos abrigam. Pense nas piores consequências se uma pessoa não autorizada obtiver acesso a eles ou vazá-los para o público na internet.

Nenhuma lista cobre todos os cenários possíveis, mas aqui estão alguns dados a considerar. Você tem:

» Fotos e vídeos privados.

» Gravações da sua voz.

» Imagens da sua caligrafia (especialmente da sua assinatura).

» Registros financeiros.

» Registros médicos.

» Documentos relacionados à escola.

» Listas de senhas.

CAPÍTULO 5 **Aumentando a Segurança Física**

» Repositórios de chaves digitais.

» Documentos contendo:

- Número de cartão de crédito.
- CPF/CNPJ/números de identificação do contribuinte.
- Nome de solteiro.
- Códigos para bloqueios físicos ou outros códigos de acesso.
- Correspondência com a RF e outras autoridades fiscais.
- Informações relacionadas a processos.
- Informações relacionadas a seu emprego.
- Nome de solteira de sua mãe.
- Data de nascimento.
- Número de passaporte.
- Número da carteira de motorista.
- Informações sobre seus veículos.
- Informações sobre seus endereços anteriores.
- Dados biométricos (impressões digitais, escaneamento de retina, geometria facial, dinâmica do teclado etc.).

Esses itens precisam ser protegidos contra ameaças cibernéticas, como descrito em vários capítulos posteriores. Porém, o armazenamento de dados em que estão precisa ser protegido fisicamente, como descrito na próxima seção.

Transforme o Rascunho em Arte Final

Para proteger adequadamente sua tecnologia e seus dados, não basta implementar vários controles de segurança pontuais. Em vez disso, desenvolva e implemente um plano de segurança física, pois ele o poupará de erros dispendiosos.

Na maioria dos casos, a segurança física dos sistemas de computação depende da aplicação de um princípio bem conhecido da prevenção ao crime, o CPTD (Prevenção ao Crime Através do Design Ambiental), que prega que você pode reduzir a probabilidade de certos crimes serem cometidos se criar um ambiente que dê segurança aos usuários legítimos e inviabilize os planos dos malfeitores.

A compreensão desse conceito de alto nível o ajuda a pensar em maneiras de manter seus próprios sistemas e dados seguros.

Três componentes da Prevenção ao Crime Através do Design, aplicados em geral à prevenção ao crime, incluem controle de acesso, vigilância e demarcação:

» **Controle de acesso:** A limitação do acesso a partes autorizadas, usando cercas, entradas e saídas monitoradas, paisagismo adequado etc., dificulta a penetração de criminosos em um edifício ou outra instalação e aumenta o risco de bandidos serem notados, desencorajando suas investidas.

» **Vigilância:** Os criminosos evitam cometer crimes que serão vistos e registrados; assim, evitam ambientes que sabem que são bem vigiados. Câmeras, guardas e iluminação sensível ao movimento os desencorajam.

» **Demarcação:** Os criminosos tendem a evitar áreas demarcadas como pertencentes a outras pessoas — por exemplo, através do uso de cercas e placas —, pois não querem se destacar e ser facilmente perceptíveis ao cometer crimes. Da mesma forma, evitam ambientes nos quais as partes autorizadas estão marcadas. Considere, por exemplo, que uma pessoa não autorizada que não usa uniforme de empresa de entregas postais enquanto caminha por uma área marcada como "Somente Funcionários do Serviço Postal" tem muito mais probabilidade de ser notada e barrada do que uma que caminha em um ambiente semelhante não marcado, pertencente a negócios que não exigem uniformes.

DICA

Você pode aplicar esses mesmos princípios em casa — por exemplo, colocar um computador no escritório dos pais envia uma mensagem para crianças, babás e convidados de que o dispositivo está fora dos limites, muito mais forte do que se a mesma máquina estiver na sala da família ou no escritório. Da mesma forma, é muito menos provável que uma babá ou um hóspede curioso entre no escritório particular de uma casa sem permissão depois de receber instruções e estar ciente de que a área é monitorada por câmeras.

Você conhece seu ambiente. Ao aplicar esses conceitos, reduz a probabilidade de que pessoas não autorizadas tentem ter acesso não autorizado a seus computadores e dados.

CAPÍTULO 5 **Aumentando a Segurança Física** 93

Implementando a Segurança Física

Há muitas técnicas e tecnologias para proteger um objeto ou uma instalação.

O nível de segurança física implementado para um dispositivo depende muito do objetivo e dos tipos de informações que ele abriga (para obter mais informações sobre o inventário dos dispositivos, veja a seção "Fazendo o Inventário", anteriormente neste capítulo).

Aqui estão alguns exemplos de métodos de proteção de dispositivos; com base no nível de tolerância a riscos e no orçamento, você pode escolher variações de todas, algumas ou nenhuma dessas técnicas:

» **Cadeados:** Por exemplo, armazene dispositivos em uma sala trancada, com acesso permitido apenas a pessoas que precisam usá-lo. Em alguns ambientes, você pode registrar ou monitorar todas as entradas e saídas da sala. Uma variação popular é guardar laptops em um cofre no quarto de casal ou no escritório quando os computadores não estão em uso.

» **Câmeras de vídeo:** Por exemplo, considere ter uma câmera de vídeo focada nos dispositivos para ver quem os acessa e quando o fazem.

» **Guardas de segurança:** Obviamente, os guardas não são uma solução prática na maioria dos ambientes domésticos, mas os defensores humanos têm hora e local. Por exemplo, considere colocar guardas dentro da sala onde o dispositivo está localizado, fora dela, nos corredores ao redor, fora do prédio e ao redor de seu perímetro.

» **Alarmes:** Não são apenas uma força reativa que afugenta os criminosos que tentam invadir uma casa ou um escritório, mas também servem como impedimento, levando muitos oportunistas a "procurarem outro lugar" e atingirem outra pessoa.

» **Perímetro de segurança:** Placas de trânsito impedem as pessoas de baterem em instalações, e cercas e muros impedem que se aproximem de uma casa ou um prédio comercial. A maioria dos especialistas acredita que uma cerca com menos de 1,5m não oferece segurança significativa quando se trata de invasores humanos.

» **Iluminação:** Os criminosos tendem a evitar locais bem iluminados. A iluminação acionada por movimento é um impedimento ainda maior do que a estática. Quando as luzes se acendem repentinamente, é mais provável que as pessoas na área reparem e vejam o que aconteceu — e vejam o criminoso claramente.

» **Riscos ambientais:** Se estiver em uma área suscetível a inundações, por exemplo, verifique se os recursos de computação estão em um lugar com baixas chances de ser atingido. Se tais conselhos parecerem óbvios,

94   PARTE 2 **Segurança Pessoal**

considere que os moradores do norte de Nova Jersey perderam o serviço telefônico após uma tempestade no final dos anos 1990, quando o equipamento de comutação telefônica foi inundado, porque ficava no porão de um prédio ao lado de um rio. Defesas adequadas contra incêndios são outro elemento crítico para que se eliminem riscos ambientais.

» **Backup de energia e contingências para faltas de energia:** As faltas de energia afetam não só computadores, como muitos sistemas de segurança.

» **Contingências durante reformas:** Os riscos para dados e computadores durante reformas em residências costumam ser negligenciados. Deixar seu celular sem vigilância quando os trabalhadores entram e saem de sua casa, por exemplo, é uma receita para um dispositivo ser roubado e/ou ter comprometimento de seus dados.

» **Riscos dos backups:** Lembre-se de proteger os backups de dados com as mesmas precauções de segurança que usa para as versões originais. Gastar tempo e dinheiro protegendo um computador com cofre e câmeras por causa dos dados em seu disco rígido, por exemplo, é inútil se deixar backups dos mesmos dados em discos rígidos portáteis armazenados em uma prateleira da sala de estar à vista de quem visita sua casa.

Claro, você não deve considerar a lista anterior abrangente. Porém, se pensar em como aplicar cada um desses itens para manter seus dispositivos seguros no contexto de uma abordagem de CPTD, se não o fizer, terá chances muito maiores de ocorrer um "incidente infeliz" (para ter mais informações sobre CPTD, veja a seção anterior "Transforme o Rascunho em Arte Final").

Segurança para Dispositivos Móveis

DICA

Obviamente, os dispositivos móveis (computadores, tablets, smartphones e outros eletrônicos movidos regularmente) apresentam riscos adicionais, pois podem ser perdidos ou roubados com mais facilidade. Dessa forma, quando se trata de dispositivos móveis, o princípio de segurança física é simples, mas extremamente importante: deixe-os à vista ou trancados.

Esse conselho parece óbvio. Infelizmente, no entanto, um número enorme de dispositivos é roubado a cada ano por ficarem sem vigilância, então saiba que o conselho não é tão óbvio ou não é seguido; em qualquer caso, é preciso interiorizá-lo e aplicá-lo.

Além de vigiar seu telefone, tablet ou laptop, habilite a transmissão local, alarmes acionáveis remotamente e limpeza remota — tudo isso é inestimável para reduzir o risco de perda ou roubo do dispositivo. Alguns dispositivos ainda oferecem um recurso para fotografar ou gravar vídeos de qualquer pessoa que o use após o usuário sinalizar que foi roubado, o que não só ajuda a localizá-lo, mas também a capturar os ladrões envolvidos.

Pessoas de Dentro Representam os Maiores Riscos

Segundo a maioria dos especialistas, grande parte dos incidentes de segurança da informação envolve ameaças internas, significando que o maior risco para as empresas são seus funcionários. Da mesma forma, se você compartilhar um computador doméstico com familiares que não se protegem, estes podem representar um maior risco para sua cibersegurança. Você pode cuidar muito bem da sua máquina, mas se seu filho baixar softwares infectados por malware, terá uma surpresa desagradável.

Uma regra crítica dos "velhos tempos" que parece verdadeira hoje — embora muitas vezes seja descartada como desatualizada devido ao uso de tecnologias como criptografia — é que qualquer pessoa que possa acessar fisicamente um computador poderá acessar os dados nele. Essa regra é verdadeira mesmo que a criptografia seja utilizada, por pelo menos dois motivos: alguém que acessa seu dispositivo pode não conseguir acessar seus dados, mas pode destruí-los, e mesmo acessá-los devido a um ou mais dos seguintes motivos:

» Você pode não ter configurado a criptografia corretamente.

» Sua máquina pode ter uma vulnerabilidade explorável.

» O software de criptografia pode ter um bug que prejudica sua capacidade de proteger adequadamente seus segredos.

» Alguém pode ter obtido a senha para descriptografar os dados.

» Alguém pode estar disposto a copiar seus dados e aguardar até que os computadores sejam poderosos o suficiente para decifrar a criptografia.

CUIDADO

Aqui está a conclusão: se não deseja que as pessoas acessem seus dados, além de protegê-los logicamente (por exemplo, com criptografia), também deve protegê-los fisicamente, para impedir que seja obtida uma cópia deles, mesmo de forma criptografada.

Ainda sobre essa observação, se seu computador contiver arquivos aos quais não deseja que seus filhos tenham acesso, não o compartilhe com eles.

SERES HUMANOS PRIMEIRO

Ao refletir sobre como proteger fisicamente seus dados, lembre-se de uma regra fundamental quando se trata de segurança: os seres humanos sempre vêm em primeiro lugar — sem exceções.

Se ocorrer um incêndio em uma casa, por exemplo, salvar os moradores é a prioridade, sem ressalvas. Você nunca deve entrar em um ambiente perigoso para recuperar computadores ou unidades de backup. Guarde alguns backups fora do local e/ou em um cofre resistente ao fogo e à água. Você precisa supor que, em muitos desastres ambientais, seus sistemas e dados talvez precisem ser "protegidos no local" até o desastre passar.

Não confie apenas na segurança digital. Utilize uma defesa física. Embora seja verdade que crianças habilidosas e sagazes podem invadir seu computador pela LAN, os riscos de um ataque desse tipo são mínimos em comparação com a tentação de uma criança curiosa que está usando o computador. Dito isso, o ideal é manter seus dados e suas máquinas mais sigilosos em uma rede fisicamente isolada daquela que seus filhos usam.

3
Protegendo-se de Você Mesmo

NESTA PARTE...

Entenda como proteger suas contas.

Aprenda tudo sobre senhas, incluindo como criar senhas fortes e se lembrar delas.

Proteja-se e a seus entes queridos contra a engenharia social.

NESTE CAPÍTULO

» Entendendo que você é um alvo

» Protegendo do erro humano suas várias contas

Capítulo **6**

Protegendo Suas Contas

O elo mais fraco da cadeia de cibersegurança quase sempre são as pessoas, e a maior ameaça à sua própria cibersegurança são você e os membros de sua família.

Assim, todo o conhecimento técnico e tecnológico do mundo não lhe será de grande valor se não considerar várias falhas humanas.

Percebendo que Você É um Alvo

Talvez o primeiro passo mais importante para se proteger digitalmente seja entender que você é um alvo e que há agentes nefastos desejando violar seus sistemas de computador, contas acessíveis eletronicamente e qualquer outra coisa em que possam colocar as mãos.

Mesmo se já souber que é um alvo, internalize totalmente essa noção. Pessoas que realmente acreditam que os criminosos querem violar seus computadores e telefones agem de maneira diferente daquelas que não entendem essa realidade e cujo ceticismo às vezes lhes gera problemas.

CUIDADO

Como seus familiares afetam sua segurança digital, também precisam estar cientes de que são um alvo em potencial. Se seus filhos se submetem a riscos online, inadvertidamente podem causar danos não apenas a eles mesmos, mas também a você e a outros familiares. Em alguns casos, os invasores conseguem atacar os empregadores das pessoas por meio de conexões remotas comprometidas porque as crianças usaram incorretamente os computadores nas mesmas redes que os funcionários usavam para trabalhar remotamente.

A ameaça representada por esses ataques não é um criminoso roubar diretamente o dinheiro ou os dados de alguém, mas alguns agentes procurarem prejudicar o alvo de outra maneira — se traduzindo em alguma forma financeira, militar, política ou outro benefício para o agressor e possíveis danos à vítima.

Proteja Suas Contas Externas

O Capítulo 4 mostra como adquirir os próprios produtos de tecnologia. Porém, o uso deles não basta para manter a cibersegurança, pois, sem dúvida, você tem dados digitais de valor significativo armazenados fora de sua propriedade física, ou seja, fora dos sistemas de dados e armazenamentos sob seu controle.

Na verdade, os dados de todas as pessoas que vivem no mundo ocidental hoje são armazenados em sistemas de computadores pertencentes a muitas empresas, organizações e agências governamentais. Às vezes, esses sistemas residem nas instalações das organizações às quais pertencem, outras, estão localizados em data centers compartilhados, e muitas vezes os sistemas em si são máquinas virtuais alugadas de um fornecedor terceirizado. Além disso, alguns desses dados podem residir em sistemas na nuvem oferecidos por terceiros.

Esses dados podem ser divididos e segmentados em várias categorias, dependendo dos aspectos nos quais uma pessoa está interessada. Uma maneira de examiná-los com o objetivo de descobrir como protegê-los, por exemplo, é agrupá-los de acordo com o seguinte esquema:

> Contas e os dados dentro delas, que um usuário alocou e controla.

> Dados pertencentes a organizações com as quais um usuário interagiu voluntária e conscientemente, mas sobre os quais não tem controle.

> Dados em posse de organizações com as quais o usuário nunca estabeleceu conscientemente um relacionamento.

Lidar com os riscos de cada tipo de dados requer uma estratégia diferente.

Dados Associados a Contas

Quando você usa o banco online, faz compras online ou até mesmo navega na web, fornece todos os tipos de dados aos agentes com os quais interage.

Ao criar e manter uma conta em um banco, uma loja, um provedor de rede social ou outro agente online, você tem controle sobre quantidades significativas de dados relacionados a si mesmo que o agente mantém em seu nome. É óbvio que você não pode controlar totalmente a segurança desses dados, porque não estão sob sua posse. Dito isso, sem dúvidas você também tem um grande interesse em protegê-los, e não comprometer as proteções estabelecidas pelos agentes que os hospedam.

Embora todas as situações e contas tenham atributos exclusivos, certas estratégias ajudam a manter seus dados protegidos de terceiros. É claro que nem todas as ideias das seções a seguir se aplicam a todas as situações, mas implementar os itens apropriados às suas várias contas e um bom comportamento online aumentam drasticamente a cibersegurança.

Faça negócios com agentes confiáveis

Não há nada errado em apoiar pequenas empresas, aliás, isso é admirável (também é verdade que muitas grandes empresas sofreram sérias violações de segurança). Mas se procura o dispositivo eletrônico mais recente, por exemplo, e uma loja da qual nunca ouviu falar oferece um bom desconto em relação aos preços oferecidos pelas lojas conhecidas, tenha cuidado. Pode haver uma razão legítima para o desconto — ou uma farsa no caminho.

CUIDADO

Sempre verifique os sites das lojas com as quais negocia para ver se há algo suspeito, e tenha cuidado.

Use apps e sites oficiais

Clones de aplicativos oficiais foram encontrados em várias lojas de aplicativos. Se instalar um aplicativo bancário, de cartão de crédito ou de compras de uma empresa específica, instale o oficial, e não um imitador malicioso. Instale aplicativos apenas de lojas confiáveis, como Google Play, Amazon Appstore e Apple App Store.

Não instale softwares de agentes duvidosos

O malware que infecta um computador pode capturar informações confidenciais de outros programas e sessões da web em execução no dispositivo. Se um site oferece cópias gratuitas de filmes, software ou outros itens que normalmente são pagos, as ofertas podem não ser apenas cópias roubadas, mas pergunte-se como o operador ganha dinheiro — pode ser com a distribuição de malware.

Não faça root em seu telefone

Você pode ficar tentado a *fazer root em seu telefone* — um processo que permite maior controle sobre o dispositivo —, mas ele prejudica vários recursos de segurança e facilita que o malware capture informações confidenciais de outros aplicativos no dispositivo, levando a comprometimentos da conta.

Não dê informações confidenciais desnecessárias

Não dê informações particulares a quem não precisa delas. Por exemplo, não dê seu número da Previdência Social a nenhuma loja ou médico online, porque eles não precisam dele.

LEMBRE-SE

Lembre-se de que, quanto menos informações sobre você um agente tiver, menos dados poderão ser comprometidos e correlacionados em caso de violação.

Use serviços de pagamento que não peçam números de cartão de crédito

Serviços como PayPal, Samsung Pay, Apple Pay e outros permitem fazer pagamentos online sem precisar fornecer o número do cartão de crédito real. Se um fornecedor for violado, as informações roubadas de sua conta levarão a fraudes mais inofensivas (e, talvez, até a várias formas de roubo de identidade) do que se os dados reais do seu cartão de crédito estivessem armazenados no fornecedor. Além disso, os principais sites de pagamento têm exércitos de profissionais qualificados em segurança da informação trabalhando para mantê-los seguros, enquanto os fornecedores que fazem tais transações raramente os têm.

Use números de cartão de crédito virtuais únicos, quando apropriado

Algumas instituições financeiras permitem que você use um aplicativo (ou um site) para criar *números de cartões de crédito virtuais* descartáveis e únicos, que fazem o pagamento por meio de uma conta de cartão de crédito real (associada ao número virtual) sem precisar fornecê-lo aos respectivos comerciantes. Como a Figura 6-1 mostra, alguns sistemas de cartão de crédito virtual também permitem especificar o tamanho máximo permitido da cobrança em um número específico de cartão virtual, com um valor muito menor do que o cartão correspondente permitiria.

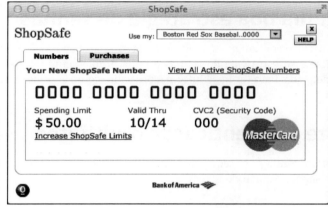

FIGURA 6-1: Imagem (editada) de um gerador de número de cartão de crédito descartável.

Embora a criação de números únicos requeira tempo e esforço, e possa ser um exagero ao fechar negócios repetidos com um fornecedor confiável, em cujas práticas de segurança da informação você confia, os números de cartão de crédito virtual oferecem benefícios para se defender de possíveis fraudes e podem ser usados adequadamente ao lidar com agentes menos familiares.

Além de minimizar o risco para si mesmo se um fornecedor estiver corrompido, os números de cartão de crédito virtual oferecem outros benefícios de segurança. Se criminosos roubam um fornecedor e roubam o número do seu cartão de crédito virtual usado anteriormente, não só não conseguem usá-lo, como suas tentativas ajudam a polícia a localizá-los, além de ajudar as equipes forenses a identificar a fonte do vazamento de dados do número do cartão de crédito.

Monitore suas contas

Verificar regularmente se há atividades desconhecidas em suas contas de pagamento, bancos e compras é uma boa ideia.

DICA

O ideal é fazer essa verificação não apenas examinando os logs de transações online, mas também verificando extratos mensais relevantes (independentemente do método de entrega) e procurando algo que não lhe pertença.

Denuncie atividades suspeitas no ato

LEMBRE-SE

Quanto mais rápido uma potencial fraude for relatada aos agentes responsáveis por resolvê-la, maior será a chance de revertê-la e evitar mais abusos de quaisquer materiais que tenham sido usados para cometer a primeira fraude. Além disso, quanto mais cedo a denúncia for feita, maior será a chance de capturar os responsáveis.

Use uma boa estratégia de senhas

Embora o senso comum possa exigir senhas complexas para todos os sistemas, na prática, essa estratégia de senhas é falha. Implemente uma estratégia de senha adequada. Para ter mais informações sobre como escolher senhas, veja o Capítulo 7.

Utilize a autenticação multifator

A *autenticação multifator* requer que um usuário se autentique usando dois ou mais dos seguintes métodos:

» Algo que o usuário saiba, como uma senha.

» Algo que o usuário seja, como uma impressão digital.

» Algo que o usuário tenha, como um token de hardware.

Para sistemas extremamente sigilosos, você deve usar formas de autenticação mais fortes que as senhas. Todas as seguintes formas de autenticação são boas:

» **Biometria,** que significa usar medidas de várias características humanas para identificar pessoas. Impressões digitais e de voz, digitalizações de íris, a velocidade com que as pessoas digitam caracteres diferentes em um teclado e similares são exemplos de biometria.

» **Certificados digitais,** que provam a um sistema que uma chave pública específica representa quem mostra o certificado. Se puder descriptografar as mensagens criptografadas com a chave pública no certificado, significa que a pessoa tem a chave privada correspondente, que somente o proprietário legítimo deve ter.

» **Senhas únicas,** ou tokens únicos, geradas por aplicativos ou enviados via SMS para o celular.

» **Tokens de hardware,** pequenos dispositivos eletrônicos que se conectam a uma porta USB, exibem um número que muda a cada minuto ou mais, ou permitem que os usuários insiram um número de desafio e recebam de volta um número de resposta correspondente. Hoje, os aplicativos de smartphone executam essas funções, permitindo, pelo menos teoricamente, que o aparelho assuma o papel de um token de hardware. A Figura 6-2 mostra um exemplo de uso de um aplicativo para gerar um código único para fazer login no Snapchat (observe que os smartphones podem sofrer todos os tipos de vulnerabilidades de segurança dos quais os tokens de hardware não podem, portanto, os tokens de hardware ainda são mais apropriados para determinadas situações de alto risco).

FIGURA 6-2: Senha descartável para o Snapchat gerada pelo aplicativo Authy — um exemplo de token de autenticação multifator gerado pelo aplicativo.

DICA

» **Autenticação baseada em conhecimento,** em conhecimento real, não apenas em respostas a perguntas com um pequeno número de respostas possíveis, passíveis de serem adivinhadas, como: "Qual era a cor do seu primeiro carro?" Observe que, tecnicamente falando, adicionar perguntas de autenticação baseada no conhecimento à autenticação por senha não cria uma autenticação multifator, pois a senha e a resposta baseada no conhecimento são exemplos de coisas que um usuário sabe. No entanto, melhora a segurança quando as perguntas são escolhidas adequadamente.

A maioria das instituições financeiras, empresas de redes sociais e grandes varejistas online oferecem a autenticação multifator — use-a.

Além disso, observe que, embora enviar senhas únicas para os smartphones dos usuários por meio de mensagens de texto teoricamente verifique que uma pessoa que faz login possui o smartphone que deveria (algo que o usuário tem), várias vulnerabilidades minam essa suposição. É possível, por exemplo, que um criminoso intercepte as mensagens de texto mesmo sem possuir o telefone.

Faça logout ao terminar

Não confie no limite automático de tempo, feche o navegador ou desligue o computador para fazer logout das suas contas. Saia sempre que terminar.

Não fique logado entre as sessões, a menos que esteja em um dispositivo que saiba, o máximo possível, que está seguro.

Use seu próprio computador ou telefone

Você não sabe o quanto alguém protegeu um dispositivo — ele pode conter um malware que pode capturar suas senhas e outras informações confidenciais ou sequestrar sessões e executar todo tipo de atividade nefasta.

Além disso, apesar de ser extremamente problemático, alguns aplicativos e sites — até hoje — armazenam em cache dados em endpoints usados para acessá-los. Você não deseja deixar lembranças de suas sessões sigilosas para outras pessoas.

Bloqueie o computador

Bloqueie qualquer computador usado para acessar contas confidenciais e mantenha-o fisicamente seguro.

Use um computador separado, dedicado a tarefas confidenciais

Considere comprar um computador especial usado para serviços bancários online e outras tarefas confidenciais. Para muitas pessoas, um segundo computador não é prático, mas se for, ter uma máquina como essa — na qual você nunca lê e-mails, acessa redes sociais, navega na web, e assim por diante — oferece benefícios de segurança.

108   PARTE 3 **Protegendo-se de Você Mesmo**

Use um navegador separado, dedicado a tarefas confidenciais da web

Se não conseguir ter um computador separado, use pelo menos um navegador separado para as tarefas confidenciais. Não use o mesmo navegador em que lê notícias, verifica postagens de blog e executa a maioria das outras atividades.

Proteja seus dispositivos de acesso

Todo telefone, laptop, tablet e desktop usado para acessar sistemas seguros deve ter um software de segurança, e esse software deve ser configurado para verificar regularmente os aplicativos quando adicionados, bem como executar verificações gerais periódicas (veja a Figura 6-3). Além disso, mantenha esse software atualizado — a maioria dos produtos de tecnologia antivírus tem um desempenho muito melhor contra vírus mais recentes em relação a novos malwares quando mantidos atualizados.

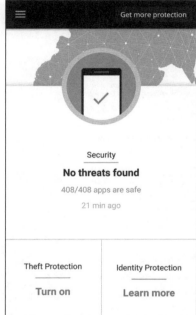

FIGURA 6-3: Resultados de uma verificação periódica dos aplicativos instalados de um telefone em busca de malware.

Mantenha seus dispositivos atualizados

Além de manter seu software de segurança atualizado, instale atualizações do sistema operacional e do programa, para reduzir sua exposição a vulnerabilidades. O Windows AutoUpdate e seu equivalente em outras plataformas simplificam essa tarefa para você, como mostra a Figura 6-4.

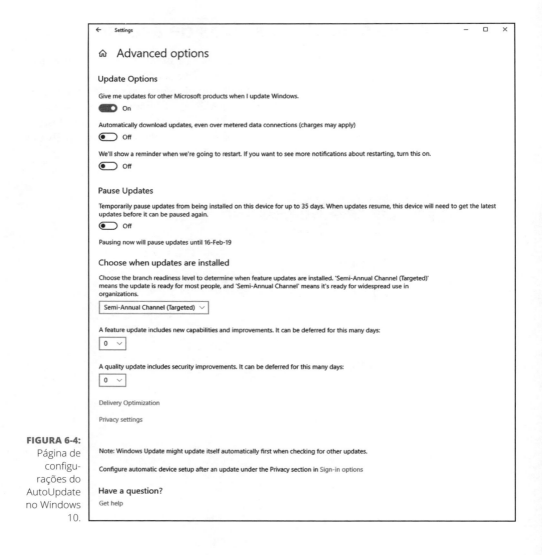

FIGURA 6-4: Página de configurações do AutoUpdate no Windows 10.

Não faça tarefas sigilosas no Wi-Fi público

Se precisar executar uma tarefa sigilosa enquanto estiver em um local sem acesso a uma rede privada e segura, faça o que precisa fazer pelo sistema do celular, não pelo Wi-Fi público. O Wi-Fi público apresenta muitos riscos (para saber mais sobre como usar o Wi-Fi público com segurança, veja o Capítulo 20).

Nunca use o Wi-Fi público para qualquer finalidade em locais de alto risco

Não conecte nenhum dispositivo do qual planeja executar tarefas confidenciais a uma rede Wi-Fi em áreas propensas a *envenenamento digital*, ou seja, ao hackeamento ou à distribuição de malware para dispositivos que se conectam a uma rede.

Conferências de hackers e alguns países, como a China, conhecidos por realizar a ciberespionagem, são exemplos de áreas que sofrem envenenamento digital. Muitos profissionais de cibersegurança recomendam manter o computador e o telefone principais desligados e usar um computador e telefone separados ao trabalhar nesses ambientes.

Acesse suas contas somente quando estiver em local seguro

Mesmo se estiver usando uma rede privada, não digite senhas para sistemas confidenciais nem execute outras tarefas sigilosas enquanto estiver em um local onde as pessoas podem assistir ao que digita e ver sua tela.

Defina limites adequados

Vários locais online permitem definir limites — por exemplo, quanto dinheiro pode ser transferido de uma conta bancária, a maior cobrança que pode ser feita em um cartão de crédito sem apresentá-lo (como no caso de compras online) ou a quantidade máxima de mercadorias que se pode comprar em um dia.

DICA

Defina limites. Eles não apenas limitarão o dano se um criminoso violar sua conta, mas, em alguns casos, acionarão alertas de fraude e impedirão o roubo.

Use alertas

Se seu banco, empresa de cartão de crédito ou uma loja que frequenta possibilitar a configuração de alertas de texto ou e-mail, aproveite esses serviços.

Teoricamente, o ideal é que o emissor envie um alerta sempre que houver atividades em sua conta. Do ponto de vista prático, no entanto, se isso o sobrecarregar e fizer com que ignore todas as mensagens (como é o caso da maioria das pessoas), considere solicitar uma notificação quando transações forem feitas com determinado valor (que pode variar segundo diferentes lojas ou contas) ou que, de alguma forma, pareçam fraudulentas ao emissor.

Verifique periodicamente as listas de dispositivos de acesso

Alguns sites e aplicativos, especialmente os de instituições financeiras, permitem verificar a lista de dispositivos que acessaram sua conta. Verificar essa lista sempre que efetuar login ajuda a identificar rapidamente potenciais problemas de segurança.

Verifique as últimas informações de login

Depois de fazer login em alguns sites e através de alguns aplicativos, sobretudo os de instituições financeiras, você pode receber informações sobre quando e de onde fez o último login com êxito antes da sessão atual. Sempre que uma entidade mostrar essas informações, dê uma rápida olhada. Se algo estiver errado e um criminoso tiver entrado fingindo ser você, ele se destacará.

Responda adequadamente a qualquer alerta de fraude

Se receber um telefonema de um banco, empresa de cartão de crédito ou loja sobre possíveis fraudes em sua conta, responda rapidamente. Mas não faça isso reclamando com a pessoa que ligou. Pelo contrário, entre em contato com a instituição por um número válido conhecido, anunciado no site.

Nunca envie informações confidenciais por uma conexão não criptografada

Ao acessar sites, procure o ícone de cadeado (veja a Figura 6-5), indicando que o HTTPS criptografado está sendo usado. Hoje, o HTTPS é onipresente; mesmo sites que não solicitam que os usuários enviem dados confidenciais o utilizam.

FIGURA 6-5:
Um site seguro.

Se não vir o ícone, o HTTP não criptografado está sendo usado. Nesse caso, não forneça informações confidenciais nem faça login.

DICA

A falta de um cadeado em um site que solicita um login e senha ou manipula transações financeiras é uma enorme bandeira vermelha de que algo está seriamente errado. No entanto, ao contrário do que já ouviu, a presença do cadeado não significa necessariamente que o site é seguro.

Ataques de engenharia social

No contexto da cibersegurança, engenharia social se refere a ciberinvasores que manipulam psicologicamente suas vítimas para que tomem ações ou divulguem informações confidenciais, o que, sem essa manipulação, não fariam.

Para não ser vítima de ataques de engenharia social, considere todos os e-mails, mensagens de texto, telefonemas ou comunicações por meio das redes sociais de todos os bancos, empresas de cartão de crédito, provedores de assistência médica, lojas etc. potencialmente fraudulentos.

CUIDADO

Nunca clique nos links dessas mensagens. Sempre conecte-se inserindo a URL na barra de URL do navegador da web.

Para saber como prevenir ataques de engenharia social, veja o Capítulo 8.

CAPÍTULO 6 **Protegendo Suas Contas** 113

Crie senhas de login por voz

O acesso online não é o único caminho que um criminoso pode usar para violar suas contas. Muitos bandidos fazem reconhecimento online e, posteriormente, a engenharia social nas contas das pessoas, usando telefonemas antigos para os departamentos relevantes de atendimento ao cliente das organizações-alvo.

Para proteger você e suas contas, sempre que possível, crie senhas de login de voz para suas contas, ou seja, configure senhas que devem ser fornecidas ao pessoal de atendimento ao cliente para que possam fornecer informações de suas contas ou fazer alterações nelas. Muitas empresas oferecem esse recurso, mas poucas pessoas o utilizam.

Proteja o número de seu celular

Se usar autenticação forte por meio de mensagens de texto, configure um número de telefone para encaminhamento no seu celular e use esse número ao fornecê-lo. Isso reduz as chances de os criminosos conseguirem interceptar senhas únicas enviadas para seu telefone, assim como de vários outros ataques serem bem-sucedidos.

Por exemplo, o Google Voice, mostrado na Figura 6-6, permite estabelecer um novo número de telefone que é encaminhado para o seu celular, para que possa fornecer um número diferente do número real e reservar o número real para o processo de autenticação.

FIGURA 6-6: Aplicativo Google Voice, disponibilizado na Google Play Store.

Não clique em links em e-mails nem em mensagens de texto

Clicar em links é uma das principais formas de desviar as pessoas para sites fraudulentos.

Por exemplo, recebi recentemente uma mensagem de e-mail que continha um link. Se eu tivesse clicado no link da mensagem mostrada na Figura 6-7, teria sido levado a uma página de login falsa do LinkedIn que coleta combinações de nome de usuário e senha da rede e as fornece a criminosos.

FIGURA 6-7:
E-mail com um link para uma página falsa.

Compartilhe somente o necessário

Você não deseja fornecer aos criminosos respostas para as perguntas de desafio usadas para proteger sua conta ou oferecer-lhes informações que possam usar para implementar a engenharia social. Veja o Capítulo 8 para obter mais informações sobre como evitar a engenharia social.

Leia as políticas de privacidade

Entenda o que um site significa se ele diz que compartilhará ou venderá seus dados a terceiros.

Protegendo Dados ao Interagir

Quando interage online com um agente, nem todos os dados estão sob seu controle. Se navegar em um site com configurações típicas do navegador, esse site poderá rastrear suas atividades. Como muitos sites distribuem conteúdo de terceiros — por exemplo, de redes de publicidade —, podem até rastrear seu comportamento em outros sites.

Se tiver uma conta em qualquer site que faça esse rastreamento e login, todos os sites que utilizam o conteúdo distribuído poderão conhecer sua verdadeira identidade e muitas informações sobre você, mesmo que nunca tenha contado nada a seu respeito. Mesmo que não tenha uma conta ou não faça login, os perfis de seu comportamento podem ser estabelecidos e usados para fins de marketing, mesmo sem saber quem você é (obviamente, se fizer login no futuro em qualquer site usando a rede, todos os sites com os perfis poderão correlacioná-los à sua verdadeira identidade).

É muito mais difícil proteger dados sobre você que estão em posse de terceiros, mas que não estão sob seu controle, do que os que estão em suas contas. Isso não significa, no entanto, que você é impotente (irônica e infelizmente, a maioria dos proprietários desses dados sobre pessoas faz um trabalho melhor os protegendo do que elas mesmas).

DICA

Além de empregar as estratégias da seção anterior, use sessões privadas. Por exemplo, usando o navegador Tor — que, como mostra a Figura 6-8, roteia automaticamente todo o tráfego da internet através de computadores em todo o mundo antes de enviá-lo ao destino —, você dificulta o rastreamento de terceiros. Como visto no Capítulo 4, o Tor é gratuito e vem com todos os recursos relacionados à privacidade ativados, incluindo bloqueio de cookies e impressões digitais de tela, uma forma avançada de dispositivos de rastreamento.

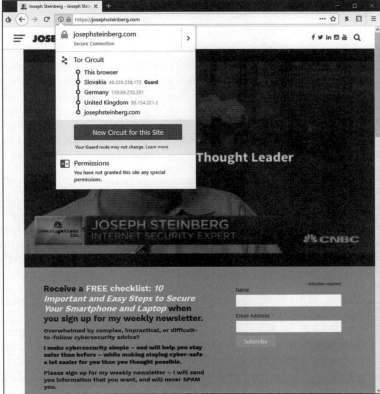
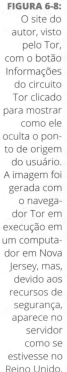

FIGURA 6-8: O site do autor, visto pelo Tor, com o botão Informações do circuito Tor clicado para mostrar como ele oculta o ponto de origem do usuário. A imagem foi gerada com o navegador Tor em execução em um computador em Nova Jersey, mas, devido aos recursos de segurança, aparece no servidor como se estivesse no Reino Unido.

CAPÍTULO 6 **Protegendo Suas Contas** 117

Se o Tor lhe parecer complicado, utilize um serviço VPN de confiança para fins semelhantes.

Ao usar a tecnologia de navegação que dificulta o rastreamento dos sites, é menos provável que estes definam perfis detalhados sobre você, e quanto menos dados tiverem, menos dados poderão ser roubados. Além disso, antes de tudo, você não quer que esses agentes criem perfis sobre você.

CUIDADO

Uma tecnologia que, apesar do nome, não impede o rastreamento nem perto do nível do Tor ou dos VPNs é o modo privado oferecido pela maioria dos navegadores. Infelizmente, apesar do nome, o modo privado tem vários pontos fracos graves a esse respeito e não chega nem perto de garantir a privacidade.

Protegendo Dados de Agentes com os quais Não Interage

É provável que várias entidades mantenham quantidades significativas de dados sobre você, apesar de nunca interagir conscientemente com elas ou sequer autorizá-las a guardá-los.

Por exemplo, pelo menos um serviço importante de rede social cria perfis para pessoas que não têm contas no serviço, mas que foram mencionadas por outras pessoas ou interagiram com sites que utilizam vários widgets sociais ou outras tecnologias relacionadas. O serviço pode usar esses perfis para fins de marketing — em alguns casos, mesmo sem conhecer a identidade real da pessoa.

Além disso, muitos serviços de informações que coletam informações de vários bancos de dados públicos criam perfis com base nelas, contendo detalhes que você pode nem ter percebido que estavam disponíveis ao público.

Alguns sites de genealogia utilizam todos os tipos de registros públicos e também permitem que as pessoas atualizem as informações sobre outras pessoas. Essa possibilidade leva a situações em que todos os tipos de informações não públicas sobre você podem estar disponíveis para assinantes do site (ou pessoas com assinaturas de avaliação gratuita) sem seu conhecimento ou consentimento. Esses sites facilitam a localização dos nomes de solteira das mães das pessoas, o que corrompe o esquema de autenticação usado por muitas organizações.

Além dos sites de árvores genealógicas, vários sites profissionais mantêm informações sobre históricos profissionais, publicações etc. E, claro, agências de crédito mantêm todo tipo de informações sobre seu comportamento com crédito; essas informações são enviadas a eles por instituições financeiras, agências de cobrança, e assim por diante.

Embora o Fair Credit Reporting Act nos EUA ajude a gerenciar as informações que os departamentos têm, ele não impõe a remoção das informações negativas que aparecem em outros locais, como em artigos de jornais antigos que estão online. Além das implicações de privacidade, se alguma informação desses artigos fornecer a resposta para as perguntas de desafio usadas para a autenticação, poderá criar riscos à segurança. Nesses casos, você pode entrar em contato com o provedor de dados, explicar a situação e solicitar que os remova. Em algumas situações, essas instituições cooperam.

Além disso, algumas empresas, como seguradoras e farmácias, mantêm informações médicas sobre as pessoas. Normalmente, os indivíduos têm pouco controle sobre esses dados.

Obviamente, esse tipo de dados, que não está sob seu controle total, pode impactá-lo. O ponto principal é que muitas entidades mantêm quantidades significativas de dados sobre você, mesmo que nunca tenha interagido diretamente com elas.

É dever dessas organizações proteger seus armazenamentos de dados, mas nem sempre elas o fazem corretamente. Como observa a Federal Trade Commission em seu site, uma violação de dados no departamento de crédito da Equifax, descoberta em 2017, expôs informações pessoais sigilosas de 143 milhões de norte-americanos.

E a realidade é que, exceto nos casos em que é possível atualizar manualmente os registros ou solicitar que sejam atualizados, você pode fazer pouco para proteger seus dados em tais cenários.

> **NESTE CAPÍTULO**
>
> » Selecionando senhas
>
> » Descobrindo com que frequência é preciso alterá-las, ou não
>
> » Armazenando senhas
>
> » Opções a senhas

Capítulo 7

Senhas

A maioria das pessoas hoje está familiarizada com o conceito de senhas e com seu uso no campo da cibersegurança. No entanto, há muitos conceitos equivocados sobre elas, e eles se espalharam como fogo, muitas vezes levando as pessoas a minar a própria segurança com práticas inadequadas.

Neste capítulo, você descobre algumas práticas recomendadas em relação às senhas. Elas maximizarão sua segurança e facilitarão o uso.

Senhas: Te Contarei Meus Segredos

A *autenticação de senha* refere-se ao processo de verificação da identidade de um usuário (processo humano ou automático), solicitando que forneça uma senha, ou seja, uma informação secreta previamente acordada, que a parte que se autentica saberia supostamente se é de fato quem afirma ser. Embora o termo senha implique que as informações consistam em uma única palavra, podem incluir combinações de caracteres que não formam palavras de nenhum idioma.

Apesar da disponibilidade, durante décadas, de muitas outras abordagens e tecnologias de autenticação — muitas que oferecem vantagens significativas em relação a elas —, as senhas continuam sendo o padrão mundial de fato para autenticar pessoas online. Previsões repetidas do desaparecimento de senhas se mostraram falsas, e o número de senhas em uso cresce todos os dias.

Como a autenticação por senha é comum e muitas violações de dados resultaram no comprometimento dos bancos de dados de senhas, o tópico recebeu atenção significativa da mídia, com relatórios frequentemente espalhando várias informações enganosas. Ter um entendimento adequado do domínio das senhas é importante se você deseja ter segurança na internet.

Evitando Senhas Simples

As senhas só protegem os sistemas se agentes não autorizados não conseguem adivinhá-las com facilidade.

Os criminosos costumam adivinhar senhas assim:

» **Chutando senhas comuns:** Não é segredo que 123456 e "senha" são senhas comuns — os dados de violações recentes revelam que estão entre as mais usadas em muitos sistemas (veja o próximo box)! Os criminosos exploram essa triste realidade e tentam violar contas usando ferramentas automatizadas que alimentam as senhas dos sistemas, uma de cada vez, a partir de listas de senhas comuns, e as registram quando acertam. Infelizmente, esses chutes costumam ser bastante abundantes.

» **Fazendo ataques de dicionário:** Como muitas pessoas optam por usar palavras reais como senha, algumas ferramentas automatizadas de hackers alimentam o sistema com todas as palavras do dicionário, uma de cada vez. Como acontece com as senhas comuns, esses ataques têm uma taxa alta de sucesso.

» **Credential stuffing:** Ou *preenchimento de credenciais*, acontece quando os invasores pegam listas de nomes de usuários e senhas de um site — por exemplo, de um site que foi violado e cujo banco de dados de senha de nome de usuário foi posteriormente publicado online —, e alimentam suas entradas em outro sistema, um de cada vez, para verificar se alguma credencial de login do primeiro sistema funciona no segundo.

Como muitas pessoas reutilizam combinações de nome de usuário e senha entre os sistemas, o preenchimento de credenciais é, em geral, bastante eficaz.

AS SENHAS MAIS COMUNS DE 2018

Desde 2011, o fornecedor de aplicativos do gerenciador de senhas SplashData lançou uma lista das 25 senhas mais comuns, de várias fontes. Esta é a lista de 2018:

123456	password	123456789	12345678	12345
111111	1234567	sunshine	qwerty	iloveyou
princess	admin	welcome	666666	abc123
football	123123	monkey	654321	!@#$%^&*
Charlie	aa123456	donald	password1	qwerty123

Como pode ver, os criminosos se beneficiam do fato de muitas pessoas usarem senhas fracas e fáceis de adivinhar.

Considerações sobre Senhas

Ao criar senhas, lembre-se de que a mais complexa nem sempre é a melhor, e que a força da senha que escolhe deve depender do grau de sigilo dos dados e do sistema que a senha protege. As seções a seguir mostram senhas fáceis de adivinhar, senhas complicadas, senhas confidenciais e gerenciadores de senhas.

Senhas pessoais fáceis de adivinhar

Os criminosos sabem que muitas pessoas usam o nome ou a data de nascimento de seu parceiro ou animal de estimação como senha, então costumam olhar os perfis das redes sociais e fazer pesquisas no Google para encontrar senhas prováveis. Também usam ferramentas automatizadas para alimentar listas de nomes comuns nos sistemas de destino, um por um, enquanto observam se o sistema sendo atacado aceita algum nome como senha correta.

Os criminosos que iniciam ataques direcionados podem explorar a vulnerabilidade criada por essas senhas personalizadas, mas fáceis de adivinhar. No entanto, o problema é muito maior: às vezes, o reconhecimento é feito por meios automatizados, portanto, até invasores oportunistas se beneficiam dessa abordagem.

CAPÍTULO 7 **Senhas** 123

Além disso, como, por definição, uma porcentagem significativa de pessoas tem nomes comuns, os alimentadores automáticos de nomes comuns atingem um número significativo de ocorrências.

Complicada e nada perfeitinha

Para resolver os problemas inerentes às senhas fracas, muitos especialistas recomendam o uso de senhas longas e complexas — por exemplo, contendo letras maiúsculas e minúsculas, além de números e caracteres especiais.

O uso dessas senhas faz sentido na teoria, e se esse esquema for utilizado para garantir o acesso a um pequeno número de sistemas confidenciais, funciona muito bem. No entanto, o emprego desse modelo para um número maior de senhas leva a problemas que prejudicam a segurança:

» Reutilização inadequada de senhas.

» Anotação de senhas em locais não seguros.

» Seleção de senhas com baixa randomização e formatação usando padrões previsíveis, como uso de uma letra maiúscula no início de uma senha complexa, seguida por todos os caracteres minúsculos e um número.

Portanto, no mundo real, de uma perspectiva prática, como a mente humana não consegue se lembrar de muitas senhas complexas, o uso de um número significativo de senhas complexas até cria sérios riscos à segurança.

De acordo com o *Wall Street Journal*, Bill Burr, autor da publicação especial NIST 800-63 Apêndice A (que discute os requisitos de complexidade das senhas), admitiu recentemente que, na prática, a complexidade das senhas falha. Agora ele recomenda o uso de frases secretas, e não de senhas complexas, para a autenticação.

As *passphrases* (ou frases secretas) são senhas que consistem em frases inteiras ou cadeias de caracteres do comprimento de uma frase, em vez de simplesmente uma palavra ou um grupo de caracteres do comprimento de uma palavra. Às vezes, as senhas consistem em frases completas. Pense em senhas longas (com pelo menos 25 caracteres), mas relativamente fáceis de se lembrar.

Diferentes níveis de sigilo

Nem todos os tipos de dados requerem o mesmo nível de proteção por senha. Por exemplo, o governo não protege seus sistemas não classificados da mesma maneira como protege suas informações e infraestrutura ultrassecretas.

Em sua mente ou no papel, classifique os sistemas para os quais precisa de acesso seguro.

Em seguida, faça uma classificação informal dos sistemas que acessa e estabeleça as próprias políticas de senha informal de acordo.

Com base nos níveis de risco, sinta-se à vontade para empregar diferentes estratégias de senha. Senhas aleatórias, compostas de várias palavras, possivelmente separadas por números, passphrases e até senhas simples, cada uma tem suas finalidades. Obviamente, a autenticação multifatorial pode e deve ajudar a aumentar a segurança quando é apropriada e está disponível.

DICA

Definir uma senha mais forte para o banco online do que para comentar em um blog no qual planeja comentar apenas uma vez em um dia triste faz sentido. Da mesma forma, sua senha do blog provavelmente deve ser mais forte do que aquela usada para acessar um site de notícias gratuito que exige login, mas no qual nunca publica nada e no qual, se sua conta fosse comprometida, a violação teria impacto zero sobre você.

Nem tudo é o que parece

Ao classificar suas senhas, lembre-se de que, embora as pessoas acreditem que suas senhas de banco online e outras senhas do sistema financeiro são as mais sigilosas, esse nem sempre é o caso. Como muitos sistemas online modernos permitem que as pessoas redefinam as senhas após validar suas identidades por meio de mensagens enviadas para seus endereços de e-mail já conhecidos, um criminoso que obtém acesso à conta de e-mail de alguém pode fazer muito mais do que apenas ler e-mails sem autorização: pode redefinir as senhas desse usuário para muitos sistemas, inclusive para algumas instituições financeiras.

Da mesma forma, muitos sites aproveitam os recursos de autenticação baseados em redes sociais — especialmente os fornecidos pelo Facebook e pelo Twitter —, de modo que uma senha comprometida em uma plataforma de rede social pode levar terceiros não autorizados a acessar também outros sistemas, que podem ser muito mais sigilosos por natureza do que um site no qual você apenas compartilha fotos.

Reutilizando senhas, às vezes

Você pode se surpreender ao ler esta declaração adaptada de um livro sobre segurança da informação: não é necessário usar senhas fortes para contas criadas em um site que exige login, mas que, na sua perspectiva, não protege nada de valor. Se você criar uma conta para acessar recursos gratuitos, por exemplo, não tiver nada de valor armazenado na conta e não se importar em obter uma nova conta na próxima vez em que fizer login, poderá usar uma senha fraca e reutilizá-la em sites similares.

DICA

Basicamente, pense assim: se o requisito de se registrar e fazer login for exclusivamente para o benefício do proprietário do site — para rastrear usuários, comercializá-los, e assim por diante — e não importa um pingo para você se um criminoso obteve as credenciais de acesso à sua conta e as alterou, use uma senha simples. Fazer isso preservará sua memória para sites nos quais a força da senha é importante. Obviamente, se usar um gerenciador de senhas, poderá usar uma senha mais forte para esses sites.

Pensando em um gerenciador de senhas

Como alternativa, use uma ferramenta de gerenciamento de senhas, mostrada na Figura 7-1, para armazenar suas senhas com segurança. São softwares que ajudam as pessoas a gerenciar senhas gerando, armazenando e recuperando senhas complexas. Normalmente armazenam todos os seus dados em formatos criptografados e fornecem acesso ao usuário somente após autenticá-lo com uma senha forte ou uma autenticação multifator.

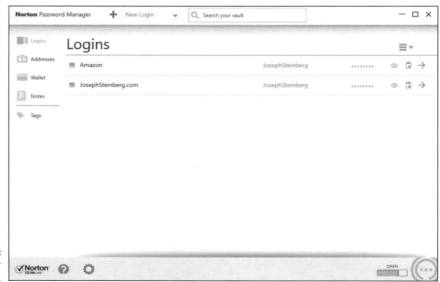

FIGURA 7-1: Gerenciador de senhas.

CUIDADO

Essa tecnologia é apropriada para senhas gerais, mas não para as mais sigilosas. Vários gerenciadores de senhas foram hackeados, e, se algo der errado com o local em que todas as suas senhas estão, você poderá viver um pesadelo.

Obviamente, proteja adequadamente qualquer dispositivo usado para acessar seu gerenciador de senhas.

Há muitos gerenciadores de senhas no mercado. Enquanto todos utilizam criptografia para proteger os dados confidenciais que armazenam, alguns armazenam senhas localmente (por exemplo, em um banco de dados no telefone), e outros os armazenam na nuvem.

Muitos smartphones modernos vêm equipados com a *área segura* — um espaço criptografado privado protegido por uma *área restrita* ou separado no próprio ambiente de execução. O ideal é que qualquer informação de senha armazenada em um dispositivo móvel fique protegida na área segura (veja a Figura 7-2).

Os dados armazenados na área segura não podem ser acessados, a menos que um usuário entre nela, geralmente executando um aplicativo de área segura e inserindo uma senha especial. Os dispositivos também exibem um símbolo especial em algum lugar da tela quando um usuário está trabalhando com dados ou um aplicativo localizado na área segura.

FIGURA 7-2: Secure Folders, o aplicativo de área segura fornecido pela Samsung para sua série de telefones Android, como visto na Google Play Store.

CAPÍTULO 7 **Senhas** 127

Criando Senhas Fortes e Marcantes

A lista a seguir oferece sugestões para ajudá-lo a criar senhas fortes que, para a maioria das pessoas, são muito mais fáceis de lembrar do que uma mistura aparentemente aleatória e ininteligível de letras, números e símbolos:

» **Combine três ou mais palavras não relacionadas e substantivos próprios, com números entre eles.** Por exemplo, laptop2william7bois é muito mais fácil de lembrar que 6ytBgv%j8P. Em geral, quanto mais longas as palavras usadas na senha, mais forte ela será.

» **Se precisar usar um caractere especial, adicione um antes de cada número; você pode até usar o mesmo caractere para todas as suas senhas.** (Se usar a mesma senha do exemplo anterior e seguir este conselho, seria laptop%2william%7bois.) Em teoria, a utilização do mesmo caractere não é a melhor coisa do ponto de vista da segurança, mas facilita muito a memorização, e sua segurança ainda é boa o suficiente para os propósitos de uma senha por si só.

» **O ideal é usar pelo menos uma palavra em outro idioma e que não seja nome próprio.** Escolha uma palavra ou um nome que lhe seja familiar, mas improvável que outras pessoas adivinhem. Não use o nome do seu parceiro, melhor amigo ou animal de estimação.

» **Se precisar usar letras maiúsculas e minúsculas (ou quiser tornar sua senha ainda mais forte), coloque-as sempre em um local específico.** Porém, não as coloque no início das palavras, porque é onde a maioria das pessoas coloca. Por exemplo, se souber que sempre capitaliza a segunda e a terceira letras da última palavra, laptop2william7kALb não é mais difícil de lembrar do que laptop2william7kalb.

Quando Mudar de Senha

O senso comum, como você já deve ter ouvido muitas vezes, diz que o ideal é alterar sua senha com bastante frequência. A Associação Americana de Pessoas Aposentadas (AARP), por exemplo, recomenda em seu site que as pessoas (incluindo seus membros bem mais velhos) "alterem senhas críticas com frequência, de preferência a cada duas semanas".

Teoricamente, essa abordagem é correta — mudanças frequentes reduzem os riscos de várias maneiras —, mas é um mau conselho que você não deve seguir.

Se você possui conta bancária, financiamento, cartões de crédito, conta telefônica, conta de internet de alta velocidade, de serviços públicos, de redes sociais, de e-mail, e assim por diante, pode ter facilmente cerca de dez senhas críticas. Mudá-las a cada duas semanas significaria 240 novas senhas críticas a serem lembradas no período de um ano, e você provavelmente terá muito mais senhas. Para muitas pessoas, alterar senhas importantes a cada duas semanas pode significar aprender cem novas senhas a cada mês.

A menos que tenha uma memória fotográfica fenomenal, qual é a probabilidade de você se lembrar de todas essas senhas? Ou pretende torná-las mais fracas para facilitar a lembrança após mudanças frequentes?

A conclusão é a de que a alteração de senhas torna muito mais difícil lembrá-las, aumentando as chances de anotá-las e armazená-las com segurança, selecionar senhas mais fracas e/ou definir as novas senhas como as antigas com alterações mínimas (por exemplo, senha2 para substituir a senha1).

LEMBRE-SE

Então, aqui está a realidade: se selecionar senhas fortes e exclusivas, para começar, e se acredita que os sites em que as usou foram comprometidos, os contras de mudar frequentemente superam os prós. Alterá-las a cada poucos anos é uma boa ideia. Na realidade, se um sistema alertá-lo sobre várias tentativas falhas de fazer login em sua conta e você não for alertado sobre essa atividade, pode passar muitos anos sem alterações, sem se expor a riscos significativos.

Obviamente, se usar um gerenciador de senhas que possa redefinir senhas, poderá configurá-lo para redefini-las com frequência. Na verdade, trabalhei com um sistema comercial de gerenciamento de senhas usado para proteger o acesso da administração do sistema a sistemas financeiros sensíveis que redefinem automaticamente as senhas dos administradores sempre que fazem login.

Alteração de Senhas após Violações

Se receber uma notificação de uma empresa, organização ou entidade governamental de que sofreu uma violação de segurança e deve alterar sua senha, siga estas dicas:

» Não clique em nenhum link da mensagem, porque a maioria dessas mensagens é fraudulenta.

» Visite o site da organização e as contas oficiais de redes sociais para verificar se esse anúncio foi realmente feito.

» Preste atenção às notícias para ver se a mídia confiável e tradicional está relatando essa violação.

» Se a história sair, acesse o site da organização e faça a alteração.

CAPÍTULO 7 **Senhas** 129

DICA

Não altere todas as suas senhas após cada violação. Ignore os especialistas que dão falso alarme e pedem para você fazer isso após cada violação por uma questão de cautela extra. Não é necessário, consome sua capacidade intelectual, tempo e energia, e o impede de alterar as senhas quando realmente precisa. Afinal, se você fizer essas alterações de senha e descobrir que seus amigos não se saíram pior do que você após uma violação, você pode se cansar e ignorar avisos futuros para alterar sua senha quando for realmente necessário.

Se reutilizar senhas em sites que são importantes — o que não deveria fazer — e uma senha comprometida em algum lugar também for usada em outros sites, altere-a em todos eles. Nesse caso, aproveite a oportunidade ao redefinir para mudar para senhas exclusivas para cada um dos sites.

Fornecendo Senhas para Pessoas

Em seu site, a Comissão Federal de Comércio dos Estados Unidos (FTC) recomenda o seguinte:

> *Não compartilhe senhas ao telefone, em textos ou por e-mail. Empresas legítimas não enviarão mensagens solicitando sua senha.*

Parece um bom conselho, e seria, se não fosse por um fato importante: empresas legítimas pedem senhas por telefone!

Então, como você sabe quando é seguro fornecê-la e quando não é?

Basta verificar o identificador de chamadas?

Não. A triste realidade é que bandidos falsificam identificações de chamadas regularmente.

O que deve fazer é nunca fornecer informações confidenciais — incluindo senhas, é claro — por telefone, a menos que você inicie a chamada com o agente que as solicita e tenha certeza de que ligou para o agente legítimo. É muito menos arriscado, por exemplo, fornecer uma senha de acesso telefônico de uma conta a um representante de atendimento, que a solicita durante uma conversa iniciada por você após ligar para o banco usando o número impresso no seu cartão ATM, do que quando alguém liga para você alegando ser do banco e solicita as mesmas informações particulares para "verificar sua identidade".

Armazenando Senhas

Não anote suas senhas em sistemas sigilosos nem as armazene em outro lugar que não seja seu cérebro.

Para senhas menos sigilosas, use um gerenciador de senhas ou armazene-as de forma criptografada em um computador ou dispositivo fortemente protegido. Se armazenar suas senhas em um telefone, use a área segura (para saber mais sobre gerenciadores de senhas e a área segura do seu telefone, veja a seção "Pensando em um gerenciador de senhas", anteriormente neste capítulo).

Transmitindo Senhas

Teoricamente, você nunca deve enviar por e-mail ou texto uma senha para alguém. Então, o que deve fazer se seu filho lhe enviar uma mensagem de texto da escola dizendo que esqueceu a senha do e-mail dele ou algo semelhante?

DICA

Se precisar fornecer uma senha a alguém, ligue para ele e não a forneça até identificá-lo por voz. Se, por algum motivo, precisar enviar uma senha por escrito, use uma conexão criptografada, que é oferecida por várias ferramentas de bate-papo. Se nenhuma ferramenta estiver disponível, considere dividir a senha e enviar algumas partes por e-mail e outras por SMS.

Obviamente, nenhum desses métodos é a maneira ideal de transmitir senhas, mas certamente são opções melhores do que muitas pessoas fazem, que é enviá-las por SMS ou e-mail, por meios não criptografados.

Alternativas às Senhas

Em algumas ocasiões, tire proveito das alternativas à autenticação de senha. Embora existam muitas maneiras de autenticar pessoas, é provável que um usuário moderno encontre certos tipos:

» Autenticação biométrica.
» Autenticação baseada em SMS.
» Senhas únicas baseadas em aplicativo.
» Autenticação de token de hardware.
» Autenticação baseada em USB.

CAPÍTULO 7 **Senhas** 131

Autenticação biométrica

A *autenticação biométrica* usa um identificador exclusivamente seu — por exemplo, sua impressão digital.

O uso da biometria — especialmente em combinação com uma senha — é um método forte de autenticação e tem seu mérito. Duas formas populares usadas no mercado consumidor são impressões digitais e autenticação baseada em íris.

Em muitos casos, porém, é melhor usar uma senha forte. Antes de usar a autenticação biométrica, considere os seguintes pontos:

» **Suas impressões digitais provavelmente estão por todo o telefone.** Você segura seu telefone com os dedos. Quão difícil seria para os criminosos que roubam o telefone levantar suas impressões e desbloqueá-lo se você habilitar a autenticação baseada em impressão digital (veja a Figura 7-3)? Se houver informações sigilosas no dispositivo, elas poderão estar em risco. Não, é improvável que um ladrão que quer ganhar dinheiro vendendo seu telefone perca tempo desbloqueando-o — é mais do que provável que apenas o limpe —, mas se alguém quiser os dados no seu telefone por qualquer motivo, e você usar impressões digitais para protegê-lo, poderá ter um sério problema nas mãos (trocadilho inevitável).

» **Se suas informações biométricas forem capturadas, você não poderá redefini-las como uma senha.** Você confia plenamente nas partes a quem está fornecendo essas informações para protegê-las adequadamente?

FIGURA 7-3: Um sensor de impressão digital de telefone em um Samsung Galaxy S9 em um estojo Otterbox. Alguns telefones têm o leitor na frente, enquanto outros, como o S9, atrás.

HACKERS VERSUS SENSORES

Quanto tempo os hackers levaram para derrotar um novo sensor de impressão digital? Menos de 24 horas.

Dentro de 24 horas do lançamento do primeiro iPhone com leitor de impressões digitais, os hackers alegaram tê-lo derrotado. Além disso, há vários anos, o programa de televisão *Myth Busters*, do Discovery Channel, demonstrou como é simples alguém derrotar um sistema de autenticação de impressões digitais. A tecnologia melhorou desde então, assim como as habilidades dos criminosos.

» **Se suas informações biométricas estiverem no telefone ou no computador, o que acontecerá se algum malware infectar o dispositivo?** O que acontece se um servidor em que armazenou as mesmas informações é violado? Tem certeza de que todos os dados estão corretamente criptografados e o software do dispositivo protegeu os dados biométricos da captura?

» **Clima frio cria problemas.** As impressões digitais podem não ser lidas nem mesmo através de luvas compatíveis com smartphones.

» **Os óculos, usados por milhões de pessoas, representam desafios para os leitores de íris.** Alguns leitores de íris exigem que o usuário tire os óculos para se autenticar. Se usar essa autenticação para proteger um telefone, poderá ter dificuldade em desbloqueá-lo ao ar livre em um dia ensolarado.

» **A biometria pode comprometer seus direitos.** Se, por algum motivo, a lei quiser acessar os dados em seu telefone protegido por biometria ou outro sistema de computador, poderá forçá-lo a fornecer sua autenticação biométrica, mesmo em países como os EUA, onde você tem o direito de permanecer em silêncio e não fornecer a senha. Da mesma forma, o governo pode obter um mandado para coletar seus dados biométricos que, diferentemente de uma senha, você não pode redefinir. Mesmo que os dados provem que é inocente, você confia que o governo protegerá adequadamente seus dados em longo prazo?

» **A personificação é possível.** Autenticações semibiométricas, como o reconhecimento facial em alguns dispositivos, podem falhar, reconhecendo um rosto a partir de um vídeo em alta definição da pessoa.

» **A autenticação baseada em voz é útil para chamadas telefônicas por voz.** Esse tipo de autenticação é útil quando usado em combinação com outras formas, como uma senha. Muitas organizações o usam para autenticar clientes que ligam — às vezes sem nem lhes informar. Dito isso, a autenticação por voz não pode ser usada para sessões online sem incomodar os usuários.

> Como tal, a biometria é válida. Usar uma impressão digital para desbloquear recursos do telefone é conveniente, mas pense antes de aderir. Certifique-se de que, no seu caso, os benefícios superem as desvantagens.

Autenticação baseada em SMS

Na *autenticação baseada em SMS (mensagem de texto)*, um código é enviado para seu celular. Em seguida, você o insere na web ou em um aplicativo para provar sua identidade. Esse tipo de autenticação, por si só, não é considerado seguro o suficiente quando é necessária uma autenticação multifator verdadeira. Criminosos sofisticados têm maneiras de interceptar essas senhas, e a engenharia social das empresas de telefonia para controlar os números de telefone das pessoas continua sendo um problema.

Assim, as senhas únicas e descartáveis enviadas por SMS usadas em combinação com uma senha forte estão um degrau acima do uso isolado da senha.

CUIDADO

No entanto, lembre-se de que, na maioria dos casos, as senhas descartáveis são inúteis como medida de segurança se as enviar para o site de phishing de um criminoso, em vez de um site legítimo. O criminoso pode reproduzi-las no site verdadeiro em tempo real.

Senhas únicas baseadas em aplicativos

As senhas únicas geradas com um aplicativo em execução em um telefone ou computador são um bom complemento para as senhas fortes, mas não devem ser usadas sozinhas. As senhas únicas e descartáveis baseadas em aplicativos são uma maneira mais segura de autenticar do que as senhas descartáveis baseadas em SMS (veja a seção anterior), mas podem ser inconvenientes; se você receber um novo telefone, por exemplo, poderá ser necessário reconfigurar as informações em todos os sites em que estiver usando senhas únicas criadas pelo aplicativo gerador em execução no seu smartphone.

Assim como as senhas descartáveis baseadas em SMS, se enviar uma senha descartável gerada por aplicativo para o site de phishing de um criminoso, em vez de um site legítimo, o criminoso poderá reproduzi-la no site verdadeiro correspondente em tempo real, prejudicando os benefícios de segurança da senha descartável.

Autenticação de token de hardware

Os tokens de hardware (veja a Figura 7-4) que geram novas senhas de uso único a cada *x* segundos são semelhantes aos aplicativos descritos na seção anterior, com uma diferença principal: você precisa ter um dispositivo especializado que gera os códigos de uso único. Alguns tokens também funcionam em outros modos — por exemplo, permitindo tipos de autenticação de resposta a desafios, nos quais o site conectado exibe um número de desafio que o usuário digita no token para recuperar um número de resposta correspondente, a fim de realizar a autenticação.

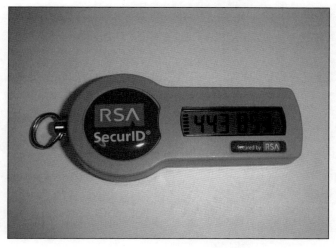

FIGURA 7-4: Um token de hardware gerador de senha descartável da marca RSA SecureID.

Embora os dispositivos de token de hardware sejam mais seguros que os aplicativos geradores únicos, pois não são executados em dispositivos que podem ser infectados por malware ou assumidos remotamente por criminosos, eles têm suas inconveniências. Também são propensos a se perder e nem sempre são à prova d'água; às vezes são destruídos quando as pessoas lavam roupa, esquecendo de tirá-los dos bolsos.

Autenticação baseada em USB

Os dispositivos USB que contêm informações de autenticação — por exemplo, certificados digitais — reforçam a autenticação. No entanto, é preciso ter cuidado para usá-los apenas em combinação com máquinas confiáveis; você não deseja que o dispositivo seja infectado ou destruído e precisa ter certeza de que a máquina que obtém o certificado, por exemplo, não o transmitirá a um agente não autorizado.

Muitos dispositivos modernos baseados em USB oferecem todos os tipos de defesas contra esses ataques. Obviamente, você pode conectá-los apenas a dispositivos e aplicativos compatíveis com a autenticação baseada em USB. Também deve levá-los com você e cuidar para que não sejam perdidos nem danificados.

CAPÍTULO 7 **Senhas** 135

NESTE CAPÍTULO

» Percebendo as várias formas de ataques de engenharia social

» Descobrindo estratégias criminosas para fazer ataques eficazes

» Entendendo como o excesso de exposição ajuda os criminosos

» Reconhecendo contas falsas

» Protegendo-se da engenharia social

Capítulo **8**

Como se Prevenir da Engenharia Social

A maioria, se não todas, das grandes violações ocorridas nos últimos anos envolveu algum elemento da engenharia social. Não permita que criminosos desonestos enganem você ou seus entes queridos. Neste capítulo você descobre como se proteger.

A Tecnologia Também Deixa na Fossa

Você daria sua senha do banco online a um estranho que a solicitou após caminhar até você na rua e dizer que trabalha no seu banco?

Se a resposta for não — o que deveria ser —, é preciso adotar o mesmo ceticismo no que diz respeito à tecnologia. O fato de seu computador mostrar um e-mail enviado por um agente que afirma ser seu banco, em vez de uma pessoa aleatória se aproximar de você na rua e fazer uma reivindicação semelhante, não é motivo para confiar nele mais do que no desconhecido.

Em resumo, você não oferece o benefício da dúvida às ofertas de estranhos que se aproximam de você na rua; portanto, não o faça para as ofertas comunicadas eletronicamente — elas podem ser ainda mais arriscadas.

Ataques de Engenharia Social

Os ataques de phishing são uma das formas mais comuns de ataques de engenharia social (para mais informações sobre phishing e engenharia social, veja o Capítulo 2). A Figura 8-1 mostra um exemplo de e-mail de phishing.

Às vezes, os ataques de phishing utilizam a técnica do *pretexto*, na qual o criminoso que envia o e-mail de phishing cria uma situação que o faz ganhar a confiança dos alvos e ressaltar a suposta necessidade de agir rápido. No e-mail de phishing mostrado na Figura 8-1, observe que o remetente, representando o banco Wells Fargo, incluiu um link para o Wells Fargo real no e-mail, mas não conseguiu disfarçar adequadamente o endereço de envio.

O Capítulo 2 mostra formas comuns de ataques de engenharia social, incluindo e-mails de spear phishing, smishing, spear smishing, vishing, spear vishing e fraude do CEO. Há outras formas populares de ataques de engenharia social:

> **Baiting ou isca:** Um invasor envia um e-mail ou mensagem de bate-papo — ou até faz uma postagem nas redes sociais em que promete recompensar alguém em troca de uma ação —, por exemplo, dizendo a um alvo que, se concluir uma pesquisa, receberá um item gratuito (veja a Figura 8-2). Às vezes, essas promessas são reais, mas geralmente não ,e são apenas maneiras de incentivar alguém a uma ação específica que não faria de outra maneira. Com frequência, esses golpistas buscam o pagamento de uma pequena taxa de remessa pelo prêmio, outras vezes distribuem malware e coletam informações confidenciais. Existe até bait malware.

CUIDADO

Não confunda bait com *scambaiting*. O último se refere a uma forma de vigilantismo em que as pessoas fingem ser crédulas, possíveis vítimas, e desperdiçam tempo e recursos dos golpistas por meio de interações repetidas, além de (às vezes) coletar informações sobre o golpista que podem ser usadas em prol da aplicação da lei ou publicadas na internet para alertar outras pessoas sobre os golpistas.

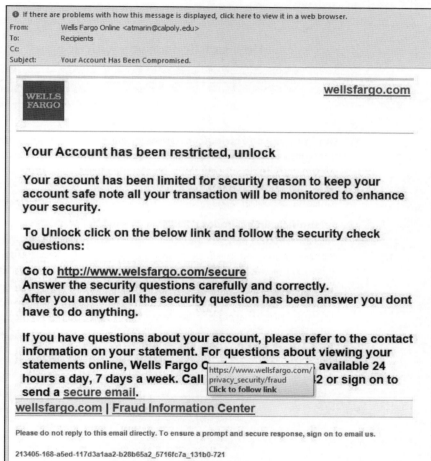

FIGURA 8-1: E-mail de phishing com um falso aviso de bloqueio de conta, exibindo um link clicável que redireciona para uma página de golpe.

CAPÍTULO 8 **Como se Prevenir da Engenharia Social** 139

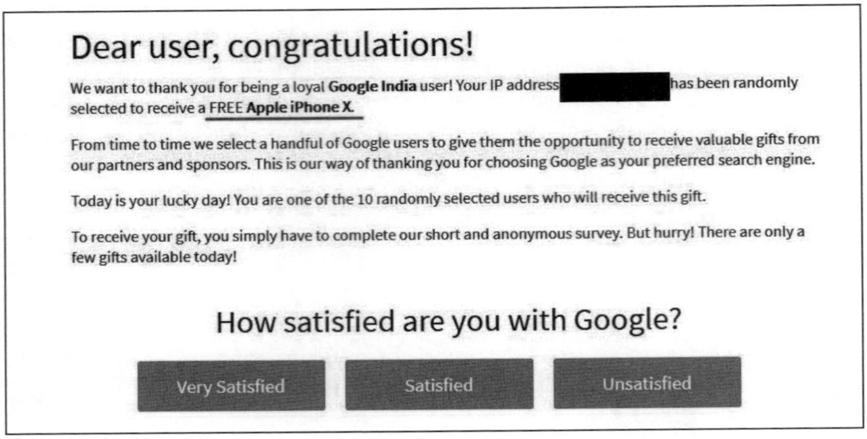

FIGURA 8-2: Exemplo de uma mensagem bait simulando uma pesquisa de opinião, exibindo um botão clicável que redireciona para uma página de golpe.

Dear user, congratulations!

We want to thank you for being a loyal **Google India** user! Your IP address ███████ has been randomly selected to receive a FREE **Apple iPhone X.**

From time to time we select a handful of Google users to give them the opportunity to receive valuable gifts from our partners and sponsors. This is our way of thanking you for choosing Google as your preferred search engine.

Today is your lucky day! You are one of the 10 randomly selected users who will receive this gift.

To receive your gift, you simply have to complete our short and anonymous survey. But hurry! There are only a few gifts available today!

How satisfied are you with Google?

Very Satisfied   Satisfied   Unsatisfied

» **Quid pro quo ou retribuição:** O invasor afirma precisar que a pessoa tome uma ação para prestar um serviço a ela. Por exemplo, ele pode fingir ser um gerente de suporte de TI, oferecendo assistência a um funcionário na instalação de uma nova atualização de software de segurança. Se o funcionário cooperar, o criminoso o orientará a instalar um malware.

» **Personificação nas redes sociais:** Alguns invasores personificam pessoas nas redes sociais para estabelecer conexões com suas vítimas. As partes representadas podem ser pessoas reais ou entidades inexistentes. Os golpistas por trás da personificação mostrada na Figura 8-3 e muitas outras contas desse tipo entram em contato com as pessoas que as seguem, fingindo ser o autor, e solicitam que os seguidores façam vários "investimentos" (para descobrir como se proteger da personificação nas redes sociais, veja a seção "Higiene Cibernética contra Engenharia Social", mais adiante neste capítulo).

FIGURA 8-3: Exemplo de uma conta do Instagram representando o autor, usando seu nome, biografia e fotos principais de sua conta real.

» **E-mails tentadores:** Induzem as pessoas a executar malware ou clicar em links envenenados, explorando sua curiosidade, seus desejos sexuais etc.

» **Utilização não autorizada:** É uma forma física de ataque de engenharia social, na qual o invasor acompanha o pessoal autorizado quando se aproxima de uma porta pela qual eles, mas não o invasor, estão autorizados a passar e se disfarça, passando com eles. O invasor pode fingir estar procurando o cartão de acesso, alegar tê-lo esquecido ou simplesmente sorrir como se os conhecesse e segui-los.

» **Alarmes falsos:** O aumento de alarmes falsos também leva as pessoas a fazer engenharia social, permitindo que pessoas não autorizadas façam coisas que não deveriam. Considere o caso em que um invasor aciona o alarme de incêndio dentro de um prédio e consegue entrar em áreas protegidas que outra pessoa destrancou devido à chamada de emergência.

» **Water holing:** Combina hackers e engenharia social, explorando o fato de que as pessoas confiam em determinados agentes; portanto, por exemplo, podem clicar em links ao visualizar o site deles, mesmo que nunca cliquem em links em um e-mail ou mensagem de texto. Os criminosos podem iniciar um ataque water holing violando o site determinado e inserindo links envenenados nele (ou até depositando malware diretamente nele).

» **Vírus falsos:** Os criminosos exploram o fato de as pessoas estarem preocupadas com a cibersegurança e darem pouca atenção às mensagens que recebem de alerta sobre perigos cibernéticos. E-mails fraudulentos sobre vírus podem conter links envenenados, direcionar um usuário para fazer o download de software ou instruir um usuário a entrar em contato com o suporte de TI através de algum endereço de e-mail ou página da web. Esses ataques são de vários tipos — alguns os distribuem como e-mails em massa, enquanto outros os enviam de forma direcionada.

Algumas pessoas consideram o scareware, que assusta os usuários para que comprem algum software de segurança específico (como descrito no Capítulo 2), como uma forma de vírus falso. Outras não, porque o "scaring" do scareware é causado por malware já instalado, não por uma mensagem falsa que finge que o malware está instalado.

» **Falhas técnicas:** Os criminosos exploram o aborrecimento humano com problemas de tecnologia para minar várias tecnologias de segurança.

Por exemplo, se um criminoso se passando por um site que normalmente exibe uma imagem de segurança em uma área específica coloca um "símbolo de imagem quebrada" na mesma área do site clonado, muitos usuários não percebem o perigo, pois estão acostumados a ver símbolos de imagem e os associam a falhas técnicas, em vez de a riscos de segurança.

Seis Conceitos da Engenharia Social

O psicólogo social Robert Beno Cialdini, em seu *Influence: The Psychology of Persuasion* (*Influência: A Psicologia da Persuasão, em tradução livre*), trabalho de 1984 publicado pela HarperCollins, explica seis conceitos importantes e básicos utilizados pelas pessoas que procuram influenciar outras. Os engenheiros sociais que tentam enganar as pessoas exploram esses mesmos seis conceitos, portanto, forneço uma rápida visão geral deles no contexto da segurança da informação.

DICA

A lista a seguir ajuda a entender e internalizar os métodos que os criminosos usam para ganhar sua confiança:

» **Prova social:** As pessoas tendem a fazer coisas que veem os outros fazer.

» **Reciprocidade:** As pessoas acreditam que se alguém fez algo de bom para elas, devem fazer algo bom de volta.

» **Autoridade:** As pessoas tendem a obedecer às figuras de autoridade, mesmo quando discordam e/ou acham que o que lhes é pedido é duvidoso.

» **Simpatia:** As pessoas são mais facilmente convencidas por aqueles de quem gostam.

» **Coerência e comprometimento:** Se as pessoas assumem o compromisso de alcançar um objetivo e internalizam esse compromisso, ele se torna parte de quem elas são, e é provável que busquem alcançar a meta, mesmo que o motivo original para persegui-la deixe de ser relevante.

» **Escassez:** Se as pessoas acham que um recurso é escasso, não importa se realmente é, o desejarão, mesmo que não precisem.

Senta Lá, Cláudia

O compartilhamento excessivo de informações nas redes sociais mune os criminosos com material que podem usar para adotar a engenharia social com você, seus familiares, colegas de trabalho e amigos.

Se, por exemplo, suas configurações de privacidade permitem que qualquer pessoa com acesso à plataforma das redes sociais veja seus posts, o risco aumenta. Muitas vezes, as pessoas compartilham acidentalmente com o mundo inteiro postagens direcionadas apenas a um pequeno grupo de pessoas.

Além disso, em várias situações, os bugs no software dessas plataformas criaram vulnerabilidades que permitiram que agentes não autorizados vissem mídias e postagens com configurações de privacidade definidas para impedir esse acesso.

Além disso, considere suas configurações de privacidade. Permitir que membros que não sejam da família visualizem suas listas de relacionamentos ocasiona todo tipo de problema relacionado à privacidade e vaza respostas para várias perguntas populares de desafio usadas para autenticar usuários, como: "Onde seu irmão mais velho mora?" ou "Qual é o nome de solteira de sua mãe?".

CUIDADO

Não confie nas configurações de privacidade das redes sociais para proteger dados verdadeiramente confidenciais. Algumas plataformas de redes sociais fazem uma proteção granular dos itens postados, enquanto outras não.

Certos itens, se compartilhados, ajudam os criminosos a fazer engenharia social com você ou alguém que conheça. Essa lista não pretende ser abrangente. Pelo contrário, serve para ilustrar exemplos com o objetivo de estimular sua reflexão sobre os riscos potenciais do que pretende publicar antes de fazê-lo.

As seções a seguir descrevem as informações que você deve considerar antes de compartilhar nas redes sociais.

LEMBRE-SE

Vários outros tipos de postagens de redes sociais, além das listadas nas seções a seguir, ajudam os criminosos a orquestrar ataques de engenharia social. Pense nas possíveis consequências antes de publicar e defina as configurações de privacidade de suas publicações de acordo com elas.

ALERTAS DAS REDES SOCIAIS

Há ferramentas para avisar as pessoas se elas estão compartilhando demais nas redes sociais, incluindo uma que o autor ajudou a criar. Há uma parte de uma tela de configuração na figura a seguir:

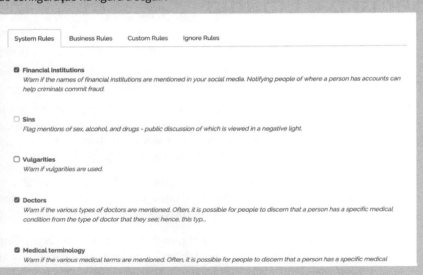

Sua programação e seus planos de viagem

Detalhes da sua agenda ou de outras pessoas fornecem aos criminosos informações que os ajudam a iniciar um ataque. Por exemplo, se postar que participará de um evento futuro, como um casamento, dará aos criminosos a chance de *sequestrar virtualmente* você ou outros participantes; nunca incentive os outros a invadirem sua casa em momentos em que provavelmente estará vazia (o *sequestro virtual* ocorre quando um criminoso exige resgate em troca do retorno de alguém que alega ter sequestrado, mas que, de fato, não sequestrou).

Da mesma forma, revelar que pegará um voo específico dá aos criminosos a capacidade de sequestrá-lo virtualmente ou tentar aplicar um golpe como a fraude do CEO contra seus colegas. Eles podem se passar por você e enviar um e-mail informando que está voando e não está acessível por telefone para confirmar as instruções. Basta seguir em frente e segui-las.

Além disso, evite postar sobre as férias ou a viagem de um familiar, porque isso aumenta os riscos de sequestro virtual (e de perigos físicos reais para essa pessoa e seus pertences).

Informações financeiras

Compartilhar um número de cartão de crédito pode acarretar cobranças fraudulentas, enquanto a publicação de um número de conta bancária leva a transações fraudulentas.

Além disso, não revele que você visitou ou interagiu com uma instituição financeira específica ou os locais onde armazena seu dinheiro — bancos, contas de troca de criptomoedas, corretoras etc. Fazer isso aumenta as chances de os criminosos tentarem entrar em suas contas nessas instituições financeiras. Dessa forma, compartilhar esse tipo de informação o expõe a tentativas de violar suas contas, além de ataques direcionados de phishing, vishing e smishing, e todos os tipos de outros golpes de engenharia social.

Postar sobre investimentos em potencial, como ações, títulos, metais preciosos ou criptomoedas o expõe a ataques cibernéticos, porque os criminosos presumem que você tem bastante dinheiro para roubar (se incentivar as pessoas a investir ou fazer várias outras formas de postagem, também poderá entrar em conflito com a SEC, CFTC ou outras reguladoras). Você também pode abrir a porta para criminosos que se passam por reguladores entrar em contato com você para pagar uma multa por publicar informações de forma inadequada.

Informações pessoais

Para iniciantes, evite listar seus familiares na seção Sobre do seu perfil do Facebook. A seção Sobre fornece links para outros perfis do Facebook e diz ao público qual é o vínculo com cada pessoa listada. Ao listar esses relacionamentos, você vaza informações úteis para os criminosos. Não apenas revelará o nome de solteira de sua mãe (resposta à pergunta desafiadora!), como dará pistas sobre o lugar em que você cresceu. As informações encontradas em seu perfil também fornecem aos criminosos uma lista de pessoas para fazer engenharia social ou contatar como parte de um sequestro virtual.

Além disso, evite compartilhar as seguintes informações nas redes sociais, pois corrompem suas perguntas de autenticação e ajudam os criminosos a fazer engenharia social com você e sua família:

- » Nome do meio de seu pai.
- » Aniversário de sua mãe.
- » Onde você conheceu seu parceiro.
- » Seu local favorito para tirar férias.
- » O nome da primeira escola que frequentou.
- » A rua em que cresceu.
- » O tipo, a marca, o modelo e/ou a cor de seu primeiro carro ou do de outra pessoa.
- » A sua comida/bebida favorita ou a de outra pessoa.

Da mesma forma, nunca compartilhe seu número da Previdência Social, pois pode fazer sua identidade ser roubada.

Informações sobre seus filhos

CUIDADO

O compartilhamento de informações sobre seus filhos não só viabiliza que se arquitetem ataques como os coloca em grande risco de perigo físico. Por exemplo, fotos de seus filhos podem servir de coordenadas para um sequestrador. O problema pode ser exacerbado se as imagens contiverem marcação de data/hora e/ou *localização* — ou seja, informações sobre o momento em que a foto foi feita.

As marcações de data e hora e a localização não precisam ser feitas de determinadas formas para criar riscos. Se estiver claro nas imagens que seus filhos frequentam a escola, participam de atividades extracurriculares e assim por diante, você os expõe ao perigo.

Além disso, referir-se aos nomes de escolas, acampamentos, creches ou outros programas para jovens que seus filhos ou amigos frequentam aumenta o risco de pedofilia, sequestro ou outro tipo de mal. Essas publicações também o expõem a possíveis assaltantes, porque saberão quando é provável que não esteja em casa. O risco pode ser muito pior se um padrão claro em relação à sua agenda e/ou à agenda de seus filhos puder ser deduzido a partir dessas postagens.

Evite também postar sobre a escola ou viagens de crianças.

Informações sobre animais de estimação

Assim como o nome de solteira de sua mãe, compartilhar o nome de seu animal de estimação atual ou do primeiro de que cuidou o sujeita a ataques de engenharia social, porque essas informações são usadas como resposta a perguntas de autenticação.

Informações sobre o trabalho

Detalhes sobre com quais tecnologia trabalha atualmente (ou já trabalhou) ajudam os criminosos a procurar vulnerabilidades nos sistemas de seus empregadores e a atacar seus colegas com a engenharia social.

Muitos vírus falsos e sequestros viralizam — e infligiram muito mais danos do que deveriam — porque os criminosos exploram o medo que as pessoas têm de ataques cibernéticos e aproveitam a probabilidade de muitas compartilharem postagens sobre riscos cibernéticos sem verificar a autenticidade delas.

Informações sobre violações no trânsito ou multas por estacionar em locais proibidos não apenas sujam sua imagem como podem inadvertidamente fornecer aos promotores o material necessário para condená-lo pela infração. Você também facilita para os criminosos tornarem você ou outras pessoas alvo de engenharia social — podem fingir ser policiais, um tribunal ou um advogado entrando em contato sobre o assunto —, talvez até exigindo que uma multa seja paga imediatamente para evitar uma prisão.

Além disso, informações sobre um crime cometido por você ou um ente querido podem prejudicá-lo tanto profissional quanto pessoalmente.

Aconselhamento médico ou jurídico

Se vazar que precisou de aconselhamento médico ou jurídico, as pessoas deduzirão que você ou um ente querido tem uma patologia específica ou está envolvido em dada situação legal.

Sua localização

Sua localização, ou *check-in*, nas redes sociais não só aumenta o risco para você e seus entes queridos de perigo físico, como também possibilita que os criminosos façam sequestros virtuais e apliquem outros golpes de engenharia social.

Uma mensagem de aniversário para qualquer pessoa revela sua data de nascimento. Pessoas que usam aniversários falsos nas redes sociais, por razões de segurança, a viram ir por água abaixo por causa de mensagens desse tipo. Qualquer "desvio" pode levar não apenas a danos profissionais ou pessoais, mas também a tentativas de chantagem, bem como à engenharia social da própria pessoa ou de outras retratadas em tais publicações ou mídias.

Além disso, uma imagem sua em um local frequentado por pessoas de certas afiliações religiosas, sexuais, políticas, culturais ou outras pode levar os criminosos a deduzir informações sobre você que podem levar a todos os tipos de engenharia social. Sabe-se, por exemplo, que criminosos sequestraram virtualmente uma pessoa que estava na sinagoga e inacessível no feriado judaico de Yom Kipur. Eles sabiam quando a pessoa estaria a caminho do templo e ligaram para seus familiares (em um momento que sabiam que seria impossível contatá-lo) alegando ter sequestrado a pessoa. Os familiares caíram no golpe porque os detalhes estavam corretos e não conseguiram contatar a "vítima" no meio do evento na sinagoga.

Vazamento em Tendências Virais

De tempos em tempos, ocorre uma *tendência viral*, na qual muitas pessoas compartilham conteúdo semelhante. Publicações sobre o desafio do balde de gelo, seus shows favoritos e algo sobre você hoje e há dez anos são exemplos de tendências virais. Obviamente, as futuras tendências virais podem não ter nada a ver com as anteriores. Diz-se que qualquer tipo de postagem que se espalha rapidamente para um grande número de pessoas "viralizou".

CUIDADO

Embora participar seja divertido — é "o que todo mundo está fazendo" —, não ignore as possíveis consequências. Por exemplo, compartilhar informações sobre os shows a que assistiu e que considera seus favoritos revela muito sobre você, especialmente em combinação com outros dados do perfil, e o expõe a todos os tipos de riscos de engenharia social.

Identificando Fakes

As redes sociais são um prato cheio para seus usuários, tanto do ponto de vista profissional quanto pessoal, mas também são para os criminosos — muitas pessoas têm um desejo inato de se conectar com outras e confiam demais nas plataformas de redes sociais. Presumem que se, por exemplo, o Facebook envia uma solicitação de amizade de Joseph Steinberg, foi o verdadeiro "Joseph Steinberg" quem a solicitou — quando, frequentemente, esse não é o caso.

Os criminosos sabem, por exemplo, que, ao se conectar com você nas redes sociais, obtêm acesso a todo tipo de informação sobre você, seus familiares e colegas de trabalho, informações que podem explorar para se passar por você, um parente ou um colega, como parte dos esforços criminosos para criar um caminho para os sistemas comerciais, roubar dinheiro ou cometer outros crimes.

Uma técnica que os criminosos costumam usar para obter acesso às informações "privadas" do Facebook, Instagram ou LinkedIn das pessoas é criar perfis falsos, de pessoas inexistentes, e solicitar conexão com pessoas reais, que acabam aceitando. Como alternativa, os golpistas podem configurar contas que personificam pessoas reais, têm fotos de perfil e outros materiais retirados das contas de redes sociais legítimas delas.

Como se proteger de tais fraudes? As seções a seguir dão conselhos sobre como identificar rapidamente contas fakes, e como evitar as possíveis repercussões de aceitar conexões com elas.

LEMBRE-SE

Lembre-se de que nenhuma das pistas nas seções a seguir faz milagre ou é absoluta. O fato de um perfil falhar quando testado em relação a uma regra específica, por exemplo, não significa automaticamente que é fake. Mas a aplicação de conceitos inteligentes, como os que listo nas seções a seguir, deve ajudá-lo a identificar uma porcentagem significativa de contas falsas e se poupar dos problemas que podem resultar da aceitação de solicitações de conexão delas.

Foto

Muitas contas falsas usam fotos de modelos atraentes, às vezes visando homens que possuem contas que mostram fotos de mulheres e mulheres cujas contas têm fotos de homens. As imagens geralmente são fotos profissionais roubadas de usuários reais.

CUIDADO

Se receber uma solicitação de conexão de redes sociais de alguém que não se lembra de ter conhecido e a imagem for desse tipo, tenha cuidado. Em caso de dúvida, carregue a imagem na pesquisa reversa de imagens do Google e veja onde mais ela aparece.

Você também pode pesquisar o nome da pessoa (e, se apropriado, no LinkedIn) ou o título, para ver se outras fotos semelhantes aparecem online. No entanto, um imitador astuto pode fazer upload das imagens em vários sites.

Obviamente, qualquer perfil sem uma foto do titular da conta deve dar sinais de alerta. No entanto, lembre-se de que algumas pessoas usam emojis, caricaturas etc. como fotos de perfil, especialmente em redes sociais sem cunho profissional.

Verificação

Se uma conta parece representar uma figura pública que você suspeita ser verificada (o que significa que tem uma marca de seleção azul ao lado do nome da conta do usuário para indicar que é legítima), mas não é, isso é um sinal provável de que algo está errado.

Da mesma forma, é improvável que uma conta verificada em uma grande plataforma de rede social seja falsa. No entanto, houve ocasiões em que contas verificadas dessa natureza foram temporariamente tomadas por hackers.

Amigos ou conexões em comum

É improvável que fakes tenham muitos amigos ou conexões em comum com você, e geralmente nem sequer têm muitas conexões secundárias (amigos de amigos, conexões de segundo nível do LinkedIn etc.) em comum com você.

CUIDADO

Não presuma que uma conta é legítima apenas porque tem uma ou duas conexões em comum com você; essas conexões podem ter sido enganadas e aceitado o fake, levando a você. Mesmo nesse cenário, é provável que o número de conexões compartilhadas seja relativamente pequeno em comparação com uma conexão real e mútua, e o relacionamento humano entre os amigos que se conectaram ao perfil do bandido pode parecer superficial.

Você conhece suas conexões melhor do que qualquer outra pessoa — tenha cuidado quando os padrões de conexão de alguém não fizerem sentido. Você pode pensar duas vezes, por exemplo, se alguém tentando se conectar parece não conhecer ninguém no setor em que trabalha, mas conhece três de seus amigos mais ingênuos que vivem em três países diferentes e não se conhecem.

Posts relevantes

Outra bandeira vermelha é quando uma conta não compartilha o material que deveria com base em sua suposta identidade. Se alguém afirma ser colunista da *Forbes*, por exemplo, mas nunca compartilha nenhuma postagem de artigos que escreveu para a *Forbes*, é provável que algo esteja errado.

Número de conexões

Uma pessoa de nível sênior, com muitos anos de experiência profissional, provavelmente terá muitas conexões profissionais, sobretudo no LinkedIn. Quanto menos conexões uma conta desse tipo tiver no LinkedIn (deveria ter pelo menos 500), mais suspeita é.

É claro que todos os perfis do LinkedIn começaram com zero conexão, o que faz as novas parecerem suspeitas, quando não o são, mas a realidade prática entra em jogo: quantas pessoas reais de nível sênior entrando em contato com você acabaram de entrar no LinkedIn? Obviamente, um pequeno número de conexões e uma conta recente são normais para uma pessoa que acabou de entrar no primeiro emprego ou pessoas que trabalham em determinados setores, em determinadas funções e/ou em certas empresas — os agentes secretos da CIA não publicam seu progresso de carreira no LinkedIn —, mas se você trabalha nesses setores, já está ciente desse fato.

Compare o número de conexões com a idade de uma conta e o número de postagens com as quais interagiu ou que compartilhou — uma pessoa que está no Facebook há uma década e que publica regularmente, por exemplo, deve ter mais de um ou dois amigos.

Indústria e localização

O senso comum se aplica às contas que pretendem representar pessoas que vivem em determinados locais ou trabalham em determinados setores. Se, por exemplo, você trabalha com tecnologia, não tem animais de estimação e recebe uma solicitação de conexão do LinkedIn de um veterinário a meio mundo de distância, onde nunca foi, tem caroço nesse angu.

Da mesma forma, se receber uma solicitação de amizade do Facebook de alguém com quem não tem nada em comum, cuidado.

CUIDADO

Não presuma que quaisquer reivindicações feitas em um perfil sejam necessariamente precisas e que, se têm muito em comum, com certeza o remetente é seguro. Alguém cujo alvo seja você pode ter estudado seus interesses a partir de informações disponíveis online.

Pessoas similares

Se recebe várias solicitações de pessoas com títulos semelhantes ou que afirmam trabalhar para a mesma empresa e não as conhece nem está fazendo nenhum tipo de transação com a empresa, tenha cuidado. Se essas pessoas não parecem estar conectadas com mais ninguém na empresa que realmente saiba que trabalha nela, levante a bandeira vermelha.

LEMBRE-SE

Você sempre pode ligar, enviar uma mensagem de texto ou e-mail para um contato real e perguntar se a pessoa está listada no diretório da equipe.

Contato duplicado

Se receber uma solicitação de amizade do Facebook de uma pessoa que já é sua amiga nesse rede social, verifique se a conta é dela. Em muitos casos, essas solicitações são provenientes de golpistas.

Detalhes de contato

Verifique se os detalhes do contato fazem sentido. Pessoas falsas têm muito menos probabilidade do que pessoas reais de ter endereços de e-mail em empresas reais, e raramente têm endereços de e-mail nas principais empresas. É improvável que tenham endereços físicos que mostrem onde moram e trabalham, e, se esses endereços estiverem listados, raramente corresponderão a registros reais de propriedades ou informações da lista telefônica, o que é verificável online.

Conta premium do LinkedIn

Como o LinkedIn cobra pelo serviço premium, alguns especialistas sugerem que a conta premium é um bom indicativo de que é real, porque é improvável que um criminoso pague por ela.

Embora a maioria das contas fake não seja premium, alguns criminosos investem para fazer com que suas contas pareçam mais reais. Em alguns casos, eles pagam com cartões de crédito roubados, por isso não lhes custa nada. Portanto, fique alerta, mesmo que uma conta exiba o ícone de premium.

Interações no LinkedIn

Pessoas falsas não terão muitas interações com pessoas reais. E esses endossantes podem ser outras contas fake, que também parecem suspeitas.

Atividades em grupos

É menos provável que fakes sejam membros de grupos fechados que verificam os membros quando ingressam e têm menos probabilidade de participar de discussões significativas em grupos fechados e abertos no Facebook ou no LinkedIn. Se forem membros de grupos fechados, esses grupos podem ter sido criados e gerenciados por golpistas, além de conter outros fakes.

CUIDADO

Fakes podem ser membros de muitos grupos abertos — que ingressaram para acessar listas de membros e se conectar com outros participantes com mensagens do tipo "Somos membros do mesmo grupo, vamos nos conectar".

De qualquer forma, lembre-se de que, em qualquer plataforma social que tenha grupos, ser membro do mesmo grupo de outra pessoa não é, de forma alguma, motivo para se conectar com ela.

Níveis adequados de uso

Pessoas reais que usam o LinkedIn ou o Facebook a ponto de ingressar em muitos grupos têm mais chances de preencher todas as informações do perfil. Uma solicitação de conexão de uma pessoa que é membro de muitos grupos, mas tem poucas informações de perfil, é suspeita.

Da mesma forma, uma conta do Instagram com 20 mil seguidores, mas apenas duas fotos postadas, que busca seguir sua conta privada é suspeita pelo mesmo motivo.

Atividades humanas

Muitas contas fakes listam informações clichês em seus perfis, interesses e seções de experiência profissional, mas contêm poucos outros detalhes que transmitam uma experiência humana verdadeira e real.

Aqui estão alguns sinais de que as coisas não são o que parecem:

» No LinkedIn, seções não preenchidas de Recomendações, Experiência de voluntariado e Educação.

» No Facebook, faltar originalidade no perfil e as postagens serem genéricas a ponto de milhões de pessoas a terem feito.

» No Twitter, retuitar postagens de outras pessoas e nunca compartilhar opiniões próprias, comentários ou outras matérias originais.

» No Instagram, ter fotos profissionais ou retiradas de outras contas — às vezes nenhuma delas inclui uma imagem da pessoa real que supostamente possui a conta.

DICA

O conteúdo do perfil de redes sociais de um usuário pode conter termos e frases que você pode pesquisar no Google, além do nome da pessoa, para verificar se a conta realmente pertence a ele.

Da mesma forma, se realizar uma pesquisa de imagens no Google das imagens de alguém no Instagram e vir que pertencem a outras pessoas, há algo de errado.

Nomes clichês

Alguns fakes usam nomes comuns, que tornam muito mais difícil realizar uma pesquisa no Google do que se fosse um nome incomum.

DICA

Com mais frequência do que ocorre na vida real, mas nem sempre, os perfis falsos usam nomes e sobrenomes que começam com a mesma letra. Talvez os golpistas gostem da sonoridade ou, por algum motivo, os achem engraçados.

Poucas informações de contato

Se um perfil de rede social não contiver absolutamente nenhuma informação que possa ser usada para entrar em contato com a pessoa por trás do perfil, como e-mail, telefone ou outra plataforma de rede social, tenha cuidado.

Habilidades

Se as habilidades não corresponderem ao trabalho ou à experiência de vida de alguém, cuidado. Sempre há inconsistências quando se trata de fakes. Por exemplo, se alguém afirma ter se formado em letras em uma boa universidade, mas comete erros gramaticais graves em todo o perfil, há algo de errado.

Da mesma forma, se alguém afirma ter dois Ph.Ds em matemática, mas trabalha como professor de ginástica, cuidado.

Erros de ortografia

Erros de ortografia são comuns nas redes sociais. No entanto, há algo de errado se alguém digita incorretamente o próprio nome, o de um empregador ou comete erros dessa natureza no LinkedIn (uma rede de cunho profissional).

Carreira ou trajetória de vida suspeita

Pessoas que parecem ter sido promovidas com muita frequência e rapidez ou que ocuparam muitos cargos seniores diferentes, como vice-presidente de vendas, CTO e consultor jurídico, podem ser boas demais para ser verdade.

É claro que algumas pessoas reais subiram a hierarquia rapidamente e outras (inclusive eu) ocuparam várias posições diferentes ao longo da carreira, mas os golpistas costumam exagerar ao elaborar os dados de progressão na carreira ou diversidade de cargos de um perfil falso. As pessoas podem mudar de funções técnicas para gerenciais, por exemplo, mas é extremamente incomum alguém trabalhar como vice-presidente de vendas da empresa, depois como CTO e depois conselheiro geral — funções que exigem diferentes habilidades, formação e possivelmente diferentes certificações e licenças.

DICA

Se pensar "não mesmo" ao olhar a carreira de alguém, você pode estar certo.

Nível ou status de celebridade

As solicitações do LinkedIn de pessoas em níveis profissionais muito mais altos do que o seu podem ser um sinal de que algo está errado, assim como as solicitações do Facebook de celebridades e outras pessoas que o façam ficar lisonjeado.

Certamente, é tentador aceitar essas conexões (e é por isso que as pessoas que criam contas fakes geralmente o fazem), mas pense bem: se você acabou de conseguir seu primeiro emprego na faculdade, realmente acha que o CEO de um grande banco está subitamente interessado em se conectar com você do nada? Realmente acha que a Miss Universo, a quem nem conheceu, de repente quer ser sua amiga?

No caso do Facebook, do Instagram e do Twitter, saiba que a maioria das contas de celebridades é verificada. Se uma solicitação vier de uma celebridade, você saberá rapidamente se a conta que a envia é a verdadeira.

Usando Informações Falsas

Alguns especialistas sugerem que se usem informações falsas como respostas a perguntas comuns sobre desafios. Alguém — especialmente alguém cuja mãe tem um sobrenome de solteira comum — pode definir um novo nome de solteira para ser usado em todos os sites que solicitam essa informação como parte do processo de autenticação. Tal abordagem é eficaz para reduzir o risco de ser vítima de engenharia social.

O que se destaca ainda mais, porém, é como as perguntas do desafio são fracas como forma de autenticação. Pedir o nome de solteira da mãe é como dizer que isso é uma senha!

Da mesma forma, como descobrir o aniversário de alguém é relativamente simples na era das redes sociais e dos registros públicos online, alguns especialistas em segurança recomendam a criação de um aniversário falso para uso online. Alguns até recomendam o uso de um aniversário falso nas redes sociais, tanto para ajudar a impedir a engenharia social quanto para tornar mais difícil para as organizações e indivíduos correlacionarem o perfil de redes sociais e vários registros públicos.

Embora todas essas recomendações tenham peso, lembre-se de que, em teoria, a lógica é uma bola de neve — estabelecer um aniversário falso para cada site com o qual interage oferece proteções de privacidade mais fortes do que estabelecer apenas um aniversário falso, por exemplo.

Em geral, no entanto, ter um aniversário falso, o nome de solteira da mãe falso, e assim por diante, vale a pena e não requer muita inteligência e memória. Certifique-se, no entanto, de não induzir ao erro nenhum site para o qual o fornecimento de informações precisas seja exigido por lei (por exemplo, ao abrir uma conta de cartão de crédito).

Usando Softwares de Segurança

Além de proteger seu computador e telefone contra hackers, vários softwares de segurança reduzem sua exposição a ataques de engenharia social. Alguns softwares, por exemplo, filtram muitos ataques de phishing, enquanto outros bloqueiam muitas chamadas telefônicas de spam. Embora o uso desse software seja prudente, não confie nele. Existe o perigo de que, se poucos ataques de engenharia social superarem suas defesas tecnológicas, você fique menos vigilante quando alguém o alcançar — não deixe que isso aconteça.

Embora os fornecedores de smartphones cobrassem por alguns recursos de segurança, com o tempo perceberam o valor de manter seus clientes seguros. Hoje, versões básicas de software de segurança, incluindo tecnologia para reduzir chamadas de spam, são frequentemente fornecidas sem custo, junto do serviço de dados de smartphones.

Higiene Cibernética contra Engenharia Social

A prática da boa higiene cibernética, em geral, também reduz sua exposição à engenharia social. Se seus filhos, por exemplo, tiverem acesso a seu computador, mas você criptografar todos os seus dados, tiver um login separado e não fornecer acesso de administrador, seus dados na máquina poderão permanecer seguros, mesmo que um criminoso faça engenharia social na conta do seu filho.

Da mesma forma, não responder a e-mails suspeitos ou fornecer informações a possíveis golpistas que as solicitam ajuda a impedir todo tipo de engenharia social e ataques técnicos.

4

Empresas e Negócios

NESTA PARTE...

Descubra que proteger empresas de riscos cibernéticos é diferente de fazê-lo com indivíduos.

Conheça os riscos de cibersegurança que as pequenas empresas enfrentam e ideias para mitigá-los.

Entenda como as grandes corporações e órgãos governamentais diferem das pequenas empresas quando se trata de cibersegurança.

NESTE CAPÍTULO

» **Protegendo pequenas empresas**

» **Lidando com os colaboradores**

» **Entendendo regulamentos e normas importantes**

Capítulo **9**

Protegendo Sua Pequena Empresa

P raticamente tudo o que discuto neste livro se aplica a indivíduos e empresas. Empresários e trabalhadores de pequenas empresas devem estar cientes de pontos não necessariamente importantes para indivíduos. Este capítulo mostra alguns deles. Eu poderia escrever uma série inteira sobre como melhorar a cibersegurança das pequenas empresas. Como tal, este capítulo não é uma lista abrangente de tudo o que toda empresa de pequeno porte precisa saber. Mas auxilia aqueles que as administram.

Encarregue Alguém

Em casa, as pessoas são responsáveis pela segurança de seus computadores, mas o que acontece quando se tem uma rede e vários usuários? Alguém dentro da empresa precisa, em última análise, se responsabilizar pela segurança da informação. Essa pessoa pode ser você, o proprietário da empresa ou outro. Mas quem estiver no comando deve ter plena ciência de que é o responsável.

Em muitos casos de pequenas empresas, o responsável pela segurança da informação terceiriza algumas das atividades do dia a dia. Mesmo assim, é o responsável por garantir que as atividades necessárias, como a instalação de patches de segurança, aconteçam, e em tempo. Se ocorrer uma violação, "pensei que estava tudo certo" não é uma desculpa relevante.

Orientando os Funcionários

Os funcionários e os muitos riscos de cibersegurança que criam podem se tornar grandes dores de cabeça para as pequenas empresas. Os erros humanos são o catalisador número 1 para violações de dados. Mesmo se estiver lendo este livro e buscando melhorar seu conhecimento e sua postura de cibersegurança, seus funcionários e colegas de trabalho podem não ter o mesmo nível de compromisso que você quando se trata de proteger dados e sistemas.

Portanto, uma das coisas mais importantes que um pequeno empresário deve fazer é educar seus funcionários. A educação consiste essencialmente em três componentes necessários:

» **Consciência das ameaças:** Explique a todos os funcionários que eles e a empresa como um todo são alvos. Quem acredita que criminosos querem violar seus computadores, telefones e bancos de dados age de maneira diferente de quem não internaliza essa realidade. Embora o treinamento formal e regular seja ideal, mesmo uma única conversa curta na admissão deles e atualizada com lembretes periódicos é inestimável nesse sentido.

» **Treinamento básico de segurança da informação:** Todos os funcionários devem entender certos conceitos básicos de segurança da informação. Eles devem saber como evitar comportamentos de risco cibernético, por exemplo, abrir anexos e clicar em links em mensagens inesperadas, baixar músicas ou vídeos de fontes questionáveis, usar inapropriadamente o Wi-Fi público para tarefas confidenciais ou comprar produtos de lojas desconhecidas com preços "bons demais" sem loja física (veja o Capítulo 20 para obter dicas sobre como usar o Wi-Fi público com segurança).

160   PARTE 4 **Empresas e Negócios**

> Há inúmeros materiais de treinamento relacionados (geralmente gratuitos) online. Dito isso, nunca confie no treinamento em si para servir como única linha de defesa contra qualquer risco humano substancial. Muitas pessoas fazem coisas estúpidas, mesmo depois de receber treinamento claro. Além disso, o treinamento não corrige funcionários desonestos que sabotam intencionalmente a segurança da informação.
>
> » **Prática:** O treinamento em segurança da informação não deve ser teórico. Os funcionários precisam praticar o que aprenderam, por exemplo, identificando e excluindo/relatando um e-mail phishing de teste.

Incentivo aos funcionários

Assim como você deve responsabilizar os funcionários por suas ações se as coisas derem errado, também deve recompensá-los por realizarem seu trabalho de forma segura e adequada. O reforço positivo é muito útil e quase sempre é mais bem recebido do que o negativo.

Além disso, muitas organizações implementaram com sucesso sistemas de relatórios que permitem que os funcionários notifiquem anonimamente os responsáveis sobre atividades internas suspeitas que indiquem uma ameaça, bem como possíveis erros nos sistemas, que podem levar a vulnerabilidades. Tais programas são comuns nas grandes empresas, mas também podem ser benéficos para muitas pequenas empresas.

Acesso limitado

Há inúmeras histórias de funcionários cometendo erros que abrem a porta organizacional para hackers e funcionários descontentes roubando dados e/ou sabotando sistemas. Os danos de tais incidentes são catastróficos para uma pequena empresa. Proteja você e sua empresa contra esses riscos configurando a infraestrutura de informações para conter os danos se algo der errado.

DICA

Como fazer isso? Conceda aos trabalhadores acesso a todos os sistemas e dados de computadores de que precisam para realizar seus trabalhos com desempenho máximo, mas não lhes dê acesso a qualquer outra coisa de natureza sigilosa. Os programadores não devem acessar o sistema da folha de pagamento de uma empresa, por exemplo, e um tesoureiro não precisa acessar o sistema de controle de versão que hospeda o código-fonte do software proprietário.

Limitar o acesso faz muita diferença em termos do escopo de um vazamento de dados se um funcionário for desonesto. Muitas empresas aprenderam essa lição da maneira mais difícil. Não se torne uma delas.

CAPÍTULO 9 **Protegendo Sua Pequena Empresa**   161

Credenciais particulares

Todo funcionário que acessa todo e qualquer sistema em uso pela organização deve ter as próprias credenciais de login. Não compartilhe credenciais!

A implementação desse esquema melhora a capacidade de auditar as atividades das pessoas (o que é necessário se ocorrer uma violação de dados ou outro evento de cibersegurança) e as incentiva a proteger melhor suas senhas, porque sabem que, se a conta for mal utilizada, o gerenciamento abordará o assunto diretamente com elas, e não com a equipe. Deixar claro que uma pessoa será responsabilizada por seu comportamento por manter ou comprometer a segurança faz maravilhas.

Da mesma forma, cada pessoa deve ter os próprios recursos de autenticação multifator— um token físico, um código gerado no smartphone etc.

Administração restrita

Os administradores de sistema têm privilégios de superusuário, o que significa que podem acessar, ler, excluir e modificar os dados de outras pessoas. Portanto, é essencial que se você, o proprietário da empresa, não for o único superusuário, implemente controles para monitorar o que um administrador faz. Por exemplo, registre as ações do administrador em uma máquina separada, à qual ele não tem acesso.

Permitir o acesso de apenas uma máquina específica em um local específico — o que às vezes não é possível devido às necessidades da empresa — é outra abordagem, pois possibilita que uma câmera seja direcionada para essa máquina para gravar tudo o que o administrador faz.

Restrição de contas corporativas

Sua empresa pode ter várias contas próprias. Por exemplo, de redes sociais — uma página no Facebook, uma conta no Instagram e outra no Twitter —, suporte ao cliente, contas de e-mail, telefone e serviços públicos.

LEMBRE-SE

Conceda acesso apenas às pessoas que precisam absolutamente delas (veja a seção anterior). De preferência, todas as pessoas devem ter *acesso auditável*, ou seja, deve ser fácil determinar quem fez o que com a conta.

O controle básico e a audibilidade são fáceis de obter quando se trata das páginas do Facebook, por exemplo, pois você pode ser o proprietário da página, enquanto concede a outras pessoas a capacidade de escrever nela. Em outros ambientes, no entanto, os controles granulares não estão disponíveis, e você precisa decidir entre fornecer logins de várias pessoas a uma conta de rede social ou enviar o conteúdo para uma única pessoa (talvez até você) que faça as postagens relevantes.

O desafio de fornecer a cada usuário autorizado a própria conta para controlar e auditar é exacerbado pelo fato de que todas as contas confidenciais devem ser protegidas com autenticação multifator (veja o Capítulo 6 para obter mais informações sobre o tema).

Alguns sistemas oferecem recursos de autenticação multifator que explicam o fato de que vários usuários independentes precisam ter acesso auditável a uma única conta. Em alguns casos, no entanto, sistemas que oferecem recursos de autenticação multifator não combinam bem com ambientes com várias pessoas. Eles podem, por exemplo, admitir apenas um número de celular para o qual enviar as senhas únicas e descartáveis via SMS. Nesses cenários, você precisará decidir se deseja:

» Usar a autenticação multifator, mas com uma solução alternativa. Por exemplo, usar um número VOIP para receber os textos e configurar esse número para encaminhar as mensagens para várias pessoas por e-mail (como é oferecido gratuitamente, por exemplo, pelo Google Voice).

» Usar a autenticação multifator sem uma solução alternativa e configurar os dispositivos dos usuários autorizados para não precisar de autenticação multifator para as atividades que executam.

» Não usar a autenticação multifator, mas confiar apenas em senhas fortes (não recomendado).

» Encontrar uma solução alternativa, modificando seus processos, procedimentos ou tecnologias usadas para acessar os sistemas.

» Utilizar produtos de terceiros que se sobreponham aos sistemas (quando disponível, é a melhor opção).

DICA

A última opção é a melhor. Vários sistemas de gerenciamento de conteúdo, por exemplo, permitem que se configurem para vários usuários, cada um com os próprios recursos de autenticação fortes e independentes, e todos têm acesso auditável a uma única conta de rede social.

Embora grandes empresas quase sempre sigam alguma variação da última abordagem, por motivos de gerenciamento e segurança, muitas pequenas empresas tendem a seguir o caminho mais fácil e simplesmente não usam autenticação forte nesses casos. O custo da implementação da segurança adequada, tanto em termos de dinheiro quanto de tempo, é bastante baixo, portanto, é bom conhecer produtos de terceiros antes de se decidir adotar outra abordagem.

LEMBRE-SE

O valor de ter segurança adequada com auditabilidade ficará claro se você tiver um funcionário insatisfeito que teve acesso às contas de rede social da empresa ou se um funcionário feliz e satisfeito com esse acesso for invadido.

Políticas para os funcionários

Empresas de todos os portes e quantidade de funcionários precisam de um manual para eles que inclua regras específicas sobre o uso de sistemas e dados de tecnologia comercial.

Está além do escopo deste livro abranger todos os elementos dos manuais do tipo, mas a seguir estão exemplos de regras que as empresas podem implementar para governar o uso de seus recursos de tecnologia:

» Espera-se que os funcionários da empresa usem a tecnologia de forma responsável, apropriada e produtiva, conforme necessário para desempenhar suas responsabilidades profissionais.

» O uso de dispositivos da empresa, bem como o acesso à internet e ao e-mail empresarial, conforme fornecido ao funcionário, destina-se a atividades relacionadas ao trabalho. O uso pessoal mínimo é aceitável, desde que o empregado o utilize sem violar outras regras descritas no documento e esse uso não interfira em seu trabalho.

» Cada funcionário é responsável por qualquer hardware e software fornecido pela empresa, inclusive pela proteção desses itens contra roubo, perda ou dano.

» Cada funcionário é responsável por suas contas fornecidas pela empresa, incluindo a salvaguarda do acesso a elas.

» Os funcionários são estritamente proibidos de compartilhar itens fornecidos pela empresa usados para a autenticação (senhas, dispositivos de autenticação de hardware, PINs etc.) e são responsáveis por protegê-los.

» É estritamente proibido aos funcionários conectar qualquer dispositivo de rede, como roteadores, pontos de acesso, extensores de alcance e outros, às redes da empresa, a menos que explicitamente autorizados pelo CEO. Da mesma forma, os funcionários são estritamente proibidos de conectar computadores pessoais ou dispositivos eletrônicos, incluindo dispositivos da Internet das Coisas (IoT), às redes da empresa que não seja a de Convidados, nas condições declaradas explicitamente na política BYOD (sigla em inglês para Leve Seu Próprio Dispositivo) (veja mais sobre isso posteriormente neste capítulo).

» Os funcionários são responsáveis por garantir que o software de segurança esteja sendo executado em todos os dispositivos fornecidos pela empresa. A empresa fornecerá esse software, mas está além da capacidade dela verificar se está sempre funcionando conforme o esperado. Os funcionários não podem desativar ou prejudicar esses sistemas, e devem notificar prontamente o departamento de TI se suspeitarem que qualquer parte dos sistemas de segurança está comprometida, ainda que o funcionamento esteja normal.

» Os funcionários são responsáveis por garantir que o software de segurança seja sempre atualizado. Todos os dispositivos emitidos pela empresa vêm equipados com a atualização automática ativada; os funcionários não devem desativar esse recurso.

» Da mesma forma, os funcionários são responsáveis por manter seus dispositivos atualizados com os patches mais recentes do sistema operacional, driver e aplicativo, quando os fornecedores os emitem. Todos os dispositivos emitidos pela empresa vêm equipados com a atualização automática ativada; os funcionários não devem desativar esse recurso.

» A realização de qualquer atividade ilegal, independentemente de o ato envolvido ser crime, contravenção ou violação da lei civil, é estritamente proibida. Essa regra se submete às leis federais, estaduais e locais em qualquer área e a qualquer momento em que o funcionário se sujeite a elas.

» Os materiais com direitos autorais pertencentes a terceiros, que não sejam a empresa ou o funcionário, não podem ser armazenados ou transmitidos no equipamento da empresa sem a permissão explícita por escrito do detentor. O material que a empresa licenciou pode ser transmitido conforme permitido pelas licenças relevantes.

» É proibido enviar e-mails em massa não solicitados (spam).

» É proibido o uso de recursos da empresa para executar qualquer tarefa que seja inconsistente com sua missão, mesmo que não seja tecnicamente ilegal. Isso inclui, entre outros, o acesso ou a transmissão de material de sexo explícito, vulgaridades, discursos de ódio, materiais difamatórios, discriminatórios, imagens ou descrição de violência, ameaças, ciberbullying, material relacionado a hackers, material roubado etc.

» A regra anterior não se aplica aos funcionários cujo trabalho envolva trabalhar com esse material, apenas na medida do razoavelmente necessário para que desempenhem suas funções. Por exemplo, o pessoal responsável pela configuração do filtro de e-mail da empresa pode, sem violar a regra anterior, enviar um e-mail sobre como adicionar à configuração do filtro vários termos relacionados à incitação ao ódio e a vulgaridades.

» Nenhum dispositivo da empresa equipado com Wi-Fi ou recursos de comunicação celular pode ser ativado na China ou na Rússia sem a permissão explícita por escrito do CEO da empresa. Dispositivos de empréstimo serão disponibilizados para os funcionários que fizerem viagens para essas regiões. Qualquer dispositivo pessoal ativado nessas regiões não pode estar conectado à rede Convidado (ou a qualquer outra rede da empresa).

» Todo uso de Wi-Fi público com dispositivos corporativos deve estar em conformidade com as políticas de Wi-Fi Público da empresa.

CAPÍTULO 9 **Protegendo Sua Pequena Empresa** 165

» Os funcionários devem fazer backup de seus computadores usando o sistema de backup da empresa, conforme discutido na política de backup da empresa.

» Os funcionários não podem copiar ou fazer backup de dados dos dispositivos da empresa para seus computadores pessoais e/ou dispositivos de armazenamento.

» Toda e qualquer senha de todo e qualquer sistema usado como parte do trabalho de um funcionário deve ser exclusivo e não deve ser reutilizado em nenhum outro sistema. Todas essas senhas devem consistir em três ou mais palavras, pelo menos uma não encontrada no dicionário, unidas por números ou caracteres especiais, ou atender a todas as seguintes condições:

- Conter oito caracteres ou mais, com pelo menos um maiúsculo.

- Conter pelo menos um caractere minúsculo.

- Conter pelo menos um número.

- Não conter palavras que possam ser encontradas em um dicionário.

- Em ambos os casos, nomes de parentes, amigos ou colegas não podem ser usados como parte de nenhuma senha.

» Os dados podem ser retirados do escritório apenas para fins comerciais e devem ser criptografados antes da remoção. Essa regra se aplica se os dados estiverem no disco rígido, SSD, CD/DVD, unidade USB ou em qualquer outra mídia, ou forem transmitidos pela internet. Todos esses dados devem ser devolvidos ao escritório (ou, a critério exclusivo da empresa, destruídos) imediatamente após a conclusão do uso remoto ou a rescisão do contrato de trabalho do empregado, o que ocorrer primeiro.

» No caso de violação ou outro evento de cibersegurança, ou qualquer desastre natural ou causado pelo homem, nenhum funcionário que não seja o porta-voz oficialmente designado da empresa poderá falar com a mídia em nome da empresa.

» Nenhum dispositivo de qualquer fabricante, que agências federais de aplicação da lei tenham avisado que acreditam que governos estrangeiros usem para fazer espionagem, pode ser conectado a qualquer rede da empresa (incluindo a de convidados) ou levado a seus escritórios físicos.

Reforço de políticas de redes sociais

Criar, implementar e aplicar políticas de redes sociais é importante porque as postagens inadequadas de redes sociais feitas por seus funcionários (ou por você) podem causar todo tipo de dano. Elas podem vazar informações confidenciais, violar regras de conformidade e ajudar criminosos a fazer engenharia social para atacar sua organização, expor seus negócios a boicotes e/ou ações judiciais etc.

DICA

Deixe claro para todos os funcionários qual é o uso aceitável das redes sociais. Como parte do processo de elaboração das políticas, considere consultar um advogado para garantir que não viole a liberdade de expressão de ninguém. Você também pode implementar a tecnologia para garantir que as redes sociais não transformem a plataforma de marketing em um pesadelo.

Monitoramento de funcionários

Independentemente de planejar monitorar o uso da tecnologia pelos funcionários, as empresas devem informar a eles que têm o direito de fazê-lo. Assim, se um funcionário for desonesto e roubar dados, não poderá contestar as evidências com o argumento de que você não tinha o direito de monitorá-lo. Além disso, dizer aos funcionários que podem ser monitorados reduz a probabilidade de eles fazerem coisas que não deveriam, devido às chances de serem pegos.

Aqui está um exemplo de texto que você pode fornecer aos funcionários como parte de um manual ou análogo, assim que entrarem na empresa:

> A Empresa, a seu exclusivo critério, e sem aviso prévio ao funcionário, reserva-se o direito de monitorar, examinar, revisar, gravar, coletar, armazenar, copiar, transmitir a terceiros e controlar todo e qualquer e-mail e outras comunicações eletrônicas, arquivos, todo e qualquer outro conteúdo, atividade de rede, incluindo o uso da internet, transmitido por ou através de seus sistemas de tecnologia ou armazenado nele, no site ou fora do site. Isso inclui todos os sistemas que possui, opera, aluga, licencia ou dos quais, de alguma forma, possui quaisquer direitos de uso.

> Além disso, se enviado a uma parte interna, externa ou a ambos, todo e-mail, texto e/ou outras mensagens instantâneas, correio de voz e/ou toda e qualquer outra comunicação eletrônica são considerados registros comerciais da empresa e se sujeitam a litígio e/ou divulgação com base em mandados prestados mediante empresa ou solicitações de reguladores e outras partes.

Considerando o Seguro Cibernético

Embora o seguro de cibersegurança seja um exagero para a maioria das pequenas empresas, se você acredita que sua empresa pode sofrer uma perda catastrófica ou até falhar completamente se for violada, considere comprá-lo. Se optar por esse caminho, lembre-se de que quase todas as apólices de seguro de cibersegurança têm *coberturas* ou carências, portanto, compreenda exatamente o que é coberto e o que não é, e qual é o nível de dano realmente coberto. Se sua empresa falhar porque foi violada, uma política que cubra gastos apenas de um especialista que passe duas horas restaurando seus dados não valerá muito.

O seguro não substitui os procedimentos adequados de cibersegurança. Na verdade, as seguradoras exigem que as empresas atendam a determinados padrões para cobri-las. Em alguns casos, até se recusam a pagar uma indenização se considerarem que a parte segurada foi violada, pelo menos em parte, devido à negligência ou à falha em seguir certos padrões ou práticas exigidas pela apólice de seguro relevante.

Regulamentos e Conformidade

As empresas se sujeitam a várias leis, obrigações contratuais e padrões do setor quando se trata de cibersegurança. O SEBRAE poderá fornecer orientações sobre quais regulamentos o afetam. Lembre-se, no entanto, de que não há substituto para a contratação de um advogado experiente e especializado na área para lhe aconselhar sobre sua situação específica.

As seções a seguir fornecem exemplos de vários regulamentos, normas e outros que frequentemente afetam as pequenas empresas.

Proteção dos dados dos funcionários

Você é responsável por proteger informações confidenciais sobre seus funcionários. Para arquivos físicos, em geral, proteja os registros com pelo menos um *bloqueio duplo* — armazenamento dos arquivos em papel em um armário trancado dentro de uma sala trancada (e não usando a mesma chave para ambos). Para os arquivos eletrônicos, eles devem ser armazenados criptografados em uma pasta, unidade física ou virtual protegida por senha. Esses padrões, no entanto, podem não ser adequados para todas as situações, motivo pelo qual você deve consultar um advogado.

LEMBRE-SE

Lembre-se de que a falha na proteção adequada das informações dos funcionários pode ter efeitos graves: se sua empresa for violada e um criminoso obtiver informações particulares sobre os colaboradores, funcionários e ex-funcionários afetados poderão processá-lo, e o governo, multá-lo. Os custos da remediação também podem ser muito mais altos do que os da prevenção. E, claro, o impacto da má publicidade nas vendas da empresa também pode ser catastrófico.

Lembre-se: registros de funcionários, formulários em geral, números de Previdência Social, endereços residenciais, números de telefone, informações médicas, registros de férias, de licença familiar etc. são todos privados.

DICA

Em geral, se não tiver certeza se alguma informação é privada, peque por excesso e trate-a como se fosse.

PCI DSS

O *Payment Card Industry Data Security Standard* (padrão de segurança de dados do setor de cartões de pagamento, da sigla em inglês PCI DSS) é um padrão de segurança das informações para organizações que lidam com os principais cartões de crédito e suas informações associadas.

Embora empresas de todos os portes se sujeitem ao padrão PCI DSS, o PCI destina níveis de recursos disponíveis conforme o porte das empresas. A conformidade com o PCI tem quatro níveis. O nível da empresa se baseia em quantas transações de cartão de crédito processa por ano. Outros fatores, como o risco dos pagamentos, também pesam. Os diferentes níveis são:

» **PCI de nível 4:** Normas para empresas que processam menos de 20 mil transações de cartão de crédito por ano.

» **PCI de nível 3:** Normas para empresas que processam entre 20 mil e 1 milhão de transações de cartão de crédito por ano.

» **PCI de nível 2**: Normas para empresas que processam entre 1 milhão e 6 milhões de transações de cartão de crédito por ano.

» **PCI de nível 1:** Normas para empresas que processam mais de 6 milhões de transações de cartão de crédito por ano.

Explorar o PCI em detalhes está além do escopo deste livro. Vários livros foram escritos sobre o assunto. Se você opera uma pequena empresa e processa pagamentos com cartão de crédito ou armazena dados de cartão de crédito por qualquer outro motivo, não se esqueça de contratar alguém com conhecimento do PCI para guiá-lo. Em muitos casos, seus processadores de cartão de crédito poderão recomendar um consultor adequado ou orientá-lo.

Leis de divulgação de violações

Nos últimos anos, várias jurisdições promulgaram as chamadas *leis de divulgação de violações*, que exigem que as empresas divulguem ao público se suspeitarem que uma violação possa colocar em risco certos tipos de informações armazenadas. Elas variam bastante de jurisdição para jurisdição, mas, em alguns casos, podem ser aplicadas até às menores empresas.

LEMBRE-SE

Esteja ciente das leis que se aplicam ao seu negócio. Se, por algum motivo, você sofrer uma violação, a última coisa que quer é que o governo lhe aplique uma punição por não ter lidado com ela adequadamente. Lembre-se: muitas pequenas empresas falham como resultado de uma violação; o governo, ao entrar na briga, apenas piora as chances de sua empresa sobreviver.

As leis que se aplicam à sua empresa podem incluir não apenas as da jurisdição na qual ela está fisicamente localizada, mas também as leis das jurisdições onde as pessoas com quem você está lidando estão localizadas.

GDPR

O *General Data Protection Regulation* (regulamento geral de proteção de dados, da sigla em inglês, GDPR) é um regulamento europeu de privacidade que entrou em vigor em 2018 e se aplica a todas as empresas que lidam com dados de consumidores residentes da União Europeia, independentemente do porte, setor ou país de origem, e não depende de o residente da UE estar ali fisicamente localizado. Ele prevê multas severas para empresas que não protegem adequadamente as informações privadas pertencentes a residentes da UE, e acarreta que uma pequena empresa de Nova York que vende um item para um residente da UE localizado em Nova York está sujeita ao GDPR para obter informações sobre o comprador e, em teoria, pode sofrer severas penalidades se não as proteger adequadamente. Por exemplo, em julho de 2019, o ICO (Information Commissioner Office, escritório da informação), do Reino Unido, anunciou que pretendia multar a British Airways em US$230 milhões e a Marriott em US$123 milhões por violações relacionadas ao GDPR decorrentes de violações de dados.

O GDPR é complexo. Se você acha que sua empresa pode estar sujeita a ele, fale com um advogado que lide com esses assuntos.

DICA

Não entre em pânico com o GDPR. Mesmo que uma pequena empresa fora da UE esteja tecnicamente sujeita a ele, é improvável que a UE tente multar pequenas empresas que não operam na Europa; tem peixe muito maior nesse rio. Entretanto, não ignore o GDPR, porque em algum momento as pequenas empresas de fora da UE podem se tornar alvo de ações de execução.

Dados biométricos

Se utilizar qualquer forma de autenticação biométrica ou por qualquer outro motivo armazenar dados biométricos, estará sujeito a várias leis de privacidade e segurança que os regem. Procure as que se aplicam à sua jurisdição.

Lidando com o Acesso à Internet

As pequenas empresas enfrentam desafios significativos relacionados ao acesso à internet e aos sistemas de informação, nos quais os indivíduos raramente precisam pensar e sobre os quais devem tomar várias ações para impedir o surgimento de perigos. As seções a seguir abrangem alguns exemplos.

Separe o acesso de dispositivos pessoais

Se fornecer acesso à internet para visitantes de sua empresa e/ou funcionários usarem seus smartphones e tablets pessoais durante o trabalho, direcione-o a uma rede separada da(s) usada(s) para administrar seus negócios (veja a Figura 9-1). A maioria dos roteadores modernos oferece esse recurso, encontrado em algum lugar da configuração com um nome como rede de convidados (ou Guest).

Leve seu próprio dispositivo

Se permitir que os funcionários realizem atividades comerciais nos próprios laptops ou dispositivos móveis pessoais, será necessário criar políticas relacionadas a essas atividades e implementar tecnologias para proteger seus dados em um ambiente desse tipo.

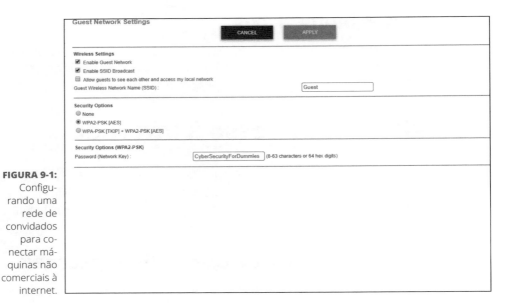

FIGURA 9-1: Configurando uma rede de convidados para conectar máquinas não comerciais à internet.

CUIDADO

Não confie nas políticas. Se não aplicá-las à tecnologia, poderá sofrer um roubo catastrófico de dados se um funcionário for desonesto ou cometer um erro.

Em geral, as pequenas empresas não devem permitir que os funcionários levem os próprios dispositivos, mesmo que isso seja tentador. Na maioria dos casos em que acontece, a proteção dos dados não é a ideal, e surgem problemas se um funcionário sai da organização (sobretudo em circunstâncias adversas).

DICA

Muitos teclados Android "aprendem" as atividades de um usuário enquanto digita. Embora esse aprendizado melhore a correção ortográfica e a previsão de palavras, em muitos casos significa que informações corporativas confidenciais são aprendidas em um dispositivo pessoal e permanecem como conteúdo sugerido quando um usuário digita, mesmo depois que deixa a empresa.

Se permitir dispositivos pessoais, defina políticas e procedimentos adequados, tanto para o uso quanto para descomissionar qualquer tecnologia da empresa neles, bem como para remover os dados da empresa quando um funcionário for embora. Desenvolva um plano completo de segurança de dispositivos móveis que inclua recursos de limpeza remota, imponha a proteção de senhas e outros dados confidenciais, processe dados relacionados ao trabalho em uma área isolada do dispositivo, a que outros aplicativos não tenham acesso (um processo conhecido como *sandbox ou área restrita*), instale, execute e atualize o software de segurança otimizado para dispositivos móveis, proíba a equipe de usar Wi-Fi público para tarefas sigilosas, proíba determinadas atividades dos dispositivos enquanto os dados corporativos estiverem neles etc.

Acessos de entrada

Uma das maiores diferenças entre indivíduos e empresas que usam a internet é a necessidade de a empresa fornecer acesso de entrada para agentes não confiáveis. Eles podem iniciar comunicações que resultem em comunicações com servidores internos da empresa.

Por exemplo, se uma empresa oferece produtos para venda online, precisa permitir que agentes não confiáveis acessem seu site para fazer compras (veja a Figura 9-2). Eles se conectam ao site, que se conecta aos sistemas de pagamento e aos sistemas internos de rastreamento de pedidos, mesmo que não sejam confiáveis (normalmente, indivíduos não precisam permitir acesso de entrada a seus computadores).

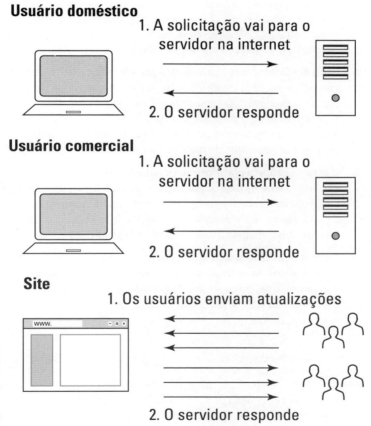

FIGURA 9-2: O acesso de entrada é um grande diferencial entre empresas e indivíduos.

CAPÍTULO 9 **Protegendo Sua Pequena Empresa** 173

Embora as pequenas empresas teoricamente sejam capazes de proteger servidores da web, de e-mail, e assim por diante, a realidade é que poucas, se houver alguma, têm recursos para fazê-lo adequadamente, a menos que atuem com cibersegurança. Como tal, é aconselhável que considerem o uso de software e infraestrutura de terceiros, configurados e gerenciados por especialistas, para hospedar qualquer sistema usado para o acesso de entrada. Para tanto, uma empresa pode adotar qualquer uma ou mais destas abordagens:

» **Utilizar sites dos grandes varejistas.** Se você vende itens online somente através dos sites dos principais varejistas, como Amazon, Rakuten e/ou eBay, esses sites servirão como um buffer importante entre os sistemas da sua empresa e o mundo exterior. Os exércitos de segurança dessas empresas defendem contra ataques seus sistemas voltados para o cliente. Em muitos casos, não exigem que as pequenas empresas recebam comunicações de entrada, e, quando o fazem, emanam de seus sistemas. Obviamente, muitos fatores são importantes para decidir vender ou não por um grande varejista — os mercados online recebem comissões pesadas, por exemplo. Ao avaliar os fatores para tomar essa decisão, lembre-se das vantagens de segurança.

» **Utilizar plataformas hospedadas por terceiros.** Nesse caso, o terceiro gerencia a maior parte da infraestrutura e da segurança para você, mas você personaliza e gerencia a loja online. Esse modelo não oferece o mesmo nível de isolamento de usuários externos que o anterior, mas oferece um buffer muito maior contra ataques do que se operasse sua própria plataforma. O Shopify é um exemplo de plataforma popular de terceiros.

» **Operar a própria plataforma, hospedada por terceiros, que também são responsáveis pela segurança.** Essa abordagem protege mais do que gerenciar você mesmo a segurança, mas não isola seu código de pessoas de fora que queiram encontrar vulnerabilidades e fazer ataques. E coloca a responsabilidade pela manutenção e pela segurança em suas mãos.

» **Operar o próprio sistema, hospedado interna ou externamente, e usar um provedor de serviços para gerenciar sua segurança.** Nesse caso, você é totalmente responsável pela segurança da plataforma e infraestrutura, mas terceiriza grande parte do trabalho real necessário para arcar com essa responsabilidade.

Existem outros modelos e muitas variações dos que estão listados.

Embora os modelos tenham graus de dificuldade, também têm de personalização. Além disso, enquanto os modelos anteriores custam menos para empresas menores, a despesa cresce muito mais rapidamente do que os modelos posteriores, à medida que a empresa cresce.

DICA

Usar provedores de terceiros gera riscos; o risco de uma empresa de pequeno porte não conseguir implementar e gerenciar a segurança de forma permanente é muito maior do que qualquer risco de segurança criado pelo uso de terceiros confiáveis. Obviamente, terceirizar sem diligência é extremamente arriscado e não é recomendado.

Proteção contra ataque DoS

Se você opera qualquer site voltado para a internet como parte de seus negócios, verifique se possui a tecnologia de segurança implementada para se proteger contra ataques do tipo negação de serviço (DoS). Se vende por meio de varejistas ou usa uma plataforma de terceiros em nuvem, é provável que já o tenha. Se roda o site por conta própria, precisa se proteger para que ninguém consiga tirar seu site e sua empresa do ar.

Uso de https no site

Se sua empresa opera um site, instale um certificado TLS/SSL válido, para que os usuários se comuniquem com ele por meio de uma conexão segura e saibam que o site realmente pertence à sua empresa.

DICA

Alguns sistemas de segurança que protegem contra ataques de negação de serviço incluem um certificado como parte do pacote.

Concessão de acesso remoto a sistemas

Se pretende fornecer aos funcionários acesso remoto aos sistemas corporativos, considere usar uma rede virtual privada (VPN) e autenticação multifator. No caso de acesso remoto, a VPN deve criar um túnel criptografado entre seus usuários remotos e a empresa, não entre usuários e um provedor de VPN. O túnel protege contra bisbilhoteiros dessas comunicações e permite que os usuários remotos ajam como se estivessem nos escritórios da empresa, além de utilizar vários recursos comerciais disponíveis apenas para pessoas de dentro da empresa. A autenticação multifator é detalhada no Capítulo 6.

Obviamente, se usa sistemas de terceiros baseados na nuvem, os provedores já terão recursos de segurança implantados que você pode aproveitar — faça isso.

Testes de invasão

As pessoas raramente fazem testes para verificar se os hackers conseguem invadir seus sistemas, como a maioria das pequenas empresas. No entanto, eles são úteis — principalmente se você implementou um novo sistema ou atualizou a infraestrutura de rede. Veja o Capítulo 16 para ler mais sobre os testes de invasão.

Cuidado com dispositivos IoT

Atualmente, muitas empresas utilizam câmeras, alarmes etc. Certifique-se de responsabilizar alguém pela supervisão da segurança desses dispositivos, que devem ser executados em redes (ou segmentos virtuais) separadas das dos computadores usados para operar os negócios. Controle o acesso a eles e não permita que os funcionários conectem dispositivos IoT não autorizados às redes da empresa. Para ter mais informações, veja o Capítulo 17.

Usando vários segmentos de rede

Dependendo do porte e da natureza de sua empresa, é aconselhável isolar vários computadores em diferentes segmentos de rede. Uma empresa de desenvolvimento de software, por exemplo, não deve ter desenvolvedores codificando na mesma rede que o pessoal de operações usa para gerenciar a folha de pagamento e as contas a pagar.

Cuidado com os cartões de pagamento

Se aceita cartões de crédito e/ou débito — e não vende pelo site de um grande revendedor —, converse com seu gerente ou administrador sobre as várias opções de tecnologia antifraude disponíveis.

Gerenciando Problemas de Energia

Use fontes de alimentação ininterruptas em todos os sistemas que você não pode se dar ao luxo de desligar nem momentaneamente. Além disso, verifique se elas mantêm os sistemas em funcionamento por mais tempo do que qualquer interrupção esperada. Se você vende vários produtos e serviços via varejo online, pode perder vendas atuais e futuras, além de sofrer danos à sua reputação se ficar offline, mesmo que por um curto período.

CUIDADO

Nunca deixe o pessoal da limpeza entrar na sala do servidor desacompanhado, nem por um momento. O autor testemunhou um caso em que um servidor usado por dezenas de pessoas foi desativado porque um administrador permitiu que a equipe de limpeza entrasse desacompanhada na sala do servidor, e descobriu mais tarde que alguém desconectou um servidor de uma fonte de alimentação ininterrupta (UPS) — um dispositivo que serve como ponto de entrada de energia no sistema e também como reserva de bateria — para conectar um aspirador.

TRANCANDO TUDO EM UM ARMÁRIO VENTILADO

Controle o acesso físico a seus sistemas e dados se quer protegê-los do acesso não autorizado. Enquanto as pessoas armazenam computadores ao ar livre em suas casas, as empresas mantêm servidores em racks ou armários trancados. Porém, verifique se qualquer rack ou armário para tal fim é bem ventilado, ou o equipamento pode superaquecer e se destruir. Você pode até precisar instalar um pequeno ar-condicionado no armário, se a ventilação por si só não eliminar suficientemente o calor gerado por ele.

178   PARTE 4 **Empresas e Negócios**

> **NESTE CAPÍTULO**
>
> » **Diferenciando as necessidades das pequenas e das grandes empresas**
>
> » **Compreendendo o papel do CISO**
>
> » **Explorando os regulamentos que afetam as grandes empresas**

Capítulo **10**

Protegendo Sua Grande Empresa

Muitos dos desafios de segurança da informação enfrentados pelas grandes e pequenas empresas são os mesmos. De fato, na última década, as ofertas baseadas em nuvem trouxeram às pequenas empresas muitos sistemas bem protegidos com tecnologias de nível corporativo, reduzindo algumas de suas diferenças históricas, no que tange à arquitetura de sistemas.

Obviamente, muitos riscos de segurança crescem com o porte da empresa, mas não diferem qualitativamente com base no número de funcionários, parceiros e clientes ou no tamanho do orçamento destinado à tecnologia da informação.

Ao mesmo tempo, no entanto, empresas maiores enfrentam outras complicações significativas, algumas vezes envolvendo ordens de magnitude mais complexa do que os desafios de cibersegurança das menores. Um grande número de sistemas diversos, geralmente espalhados por diferentes regiões geográficas, com código personalizado, e assim por diante, torna a proteção de uma grande empresa bastante difícil e complexa.

Felizmente, as empresas maiores tendem a ter orçamentos bem maiores para adquirir defesas. Além disso, apesar de todas as empresas terem, em teoria, programas formais de segurança da informação, as pequenas tendem a não ter, enquanto as grandes quase sempre os adquirem.

Este capítulo explora algumas áreas que impactam desproporcionalmente as grandes empresas.

Utilizando Complexidade Tecnológica

As grandes empresas têm vários escritórios e linhas de negócios, muitos sistemas de informações diferentes, acordos complexos de negócios com parceiros e fornecedores etc., todos refletidos em uma infraestrutura de informações muito mais complexa do que a das menores. Assim, as grandes empresas têm uma *superfície de ataque* muito maior, ou seja, têm muito mais pontos de ataque do que as pequenas, e os sistemas variados significam que nenhum indivíduo, ou mesmo um pequeno número de pessoas, pode ser especialista em abordar todos eles. As grandes empresas usam uma mistura de sistemas locais e em nuvem, sistemas comerciais prontos para uso e personalizados, uma combinação de tecnologias, arquiteturas de rede complexas etc. — e suas equipes de segurança devem garantir que tudo funcione de forma segura.

Gerenciando Sistemas Personalizados

As grandes empresas quase sempre têm quantidades significativas de sistemas de tecnologia personalizados, gerenciados internamente. Dependendo de como são implantados e utilizados, exigem o mesmo nível de correção de segurança que os softwares disponíveis no mercado, o que significa que as pessoas internas precisam manter o código de uma perspectiva de segurança, distribuir correções e outros.

Além disso, as equipes de segurança devem estar envolvidas com os sistemas internos durante todo o ciclo de vida deles, incluindo fases como investigação inicial, análise e definição de requisitos, design, desenvolvimento, integração e teste, aceitação e implantação, operações contínuas, manutenção e avaliação, e disposição.

A segurança como elemento de desenvolvimento de softwares é uma questão complicada. Livros são escritos sobre como oferecer segurança durante o desenvolvimento do ciclo de vida do software, e certificações profissionais são concedidas especificamente nessa área.

Planejamento de Continuidade e Recuperação de Desastres

Embora as pequenas empresas devam ter planos de continuidade de negócios e recuperação de desastres (às vezes conhecidos como BCPs e DRPs), e testá-los regularmente, pelo menos de uma perspectiva formal, eles são rudimentares — na melhor das hipóteses. As grandes empresas têm planos muito mais formais, incluindo arranjos detalhados para a retomada do trabalho, caso uma instalação fique indisponível, e assim por diante. Muitos livros cobrem a recuperação de desastres e o planejamento de continuidade — testemunhos da complexidade e da robustez dos processos relevantes.

Regulamentações

As grandes empresas estão sujeitas a muito mais regulamentações, leis, orientações e padrões do setor do que as pequenas. Além de todos os problemas descritos no capítulo sobre segurança de pequenas empresas, as seções a seguir abrangem outros, que afetam as grandes empresas.

Sarbanes Oxley

A lei Sarbanes Oxley, de 2002, tecnicamente conhecida como Lei de Reforma Contábil de Empresas Públicas e Proteção de Investidores ou Lei de Responsabilidade e Transparência Corporativa e de Auditoria, estabeleceu muitas regras para proteger investidores de empresas públicas. Muitos de seus mandatos têm como objetivo melhorar a precisão, a objetividade e a confiabilidade das declarações e das divulgações corporativas, e criar sistemas formais de verificações e balanços internos nas empresas. A SOX, como se sabe, exigiu regras mais fortes de governança corporativa, fechou várias brechas contábeis, reforçou as proteções aos denunciantes e criou multas substanciais (incluindo tempo de prisão) por improbidade corporativa e executiva.

Como o nome indica, todas as empresas norte-americanas de capital aberto estão sujeitas à SOX, assim como as empresas fora dos EUA que registraram qualquer patrimônio ou títulos de dívida na Comissão de Valores Mobiliários (SEC).

Além disso, qualquer terceiro, como uma empresa de contabilidade, que forneça serviços contábeis ou outros serviços financeiros a empresas reguladas pela SOX é obrigado a cumprir essa lei, independente de sua localização.

A SOX tem muitas implicações, diretas e indiretas, na segurança da informação. Duas seções dessa lei exigem que as empresas implementem várias proteções:

>> A **seção 302** da SOX aborda a responsabilidade corporativa de utilizar controles para garantir que a empresa produza relatórios financeiros precisos e exige que implementem sistemas para impedir qualquer violação de dados corporativos usados para criar tais relatórios — praticada por funcionários ou externos.

>> A **seção 404** é talvez a parte mais controversa da SOX e, certamente, para muitas empresas, a mais dispendiosa. Essa seção responsabiliza os gerentes corporativos por garantir que a empresa possua estruturas de controle interno adequadas e eficazes, e exige que quaisquer deficiências relevantes sejam relatadas ao público. A seção 404 responsabiliza a gerência pela proteção adequada dos sistemas de processamento de dados e conteúdo da empresa, e exige que disponibilize todos os dados relevantes para os auditores, incluindo informações sobre possíveis violações de segurança.

Além dessas duas áreas, é provável que os profissionais de segurança da informação lidem com muitos outros sistemas que as empresas implementaram para atender a outros requisitos da SOX. Eles precisam de proteção e devem aderir à SOX.

A SOX é complicada; as empresas públicas empregam pessoas especializadas em seus requisitos relevantes. Os profissionais de segurança da informação interagem com elas.

Requisitos mais rigorosos do PCI

Os padrões do PCI DSS para a proteção de informações de cartão de crédito (veja o Capítulo 9) incluem mandatos mais rigorosos para empresas maiores (por exemplo, aquelas que processam mais transações com cartão de crédito). E mais, lembre-se de que, de uma perspectiva prática, é provável que empresas maiores tenham mais terminais de processamento e mais dados de cartão de crédito, além de tecnologias mais diversas envolvidas em seus processos de processamento de cartão de crédito — aumentando as apostas no que diz respeito ao PCI. As empresas maiores também enfrentam um risco maior de danos à reputação:

182   PARTE 4 **Empresas e Negócios**

é muito mais provável que uma violação dos padrões PCI DSS por uma empresa maior seja divulgada em todo o país do que se fosse feita por uma loja familiar.

Empresas públicas

As *empresas públicas*, ou seja, pertencentes ao público por meio de suas ações listadas em uma bolsa de valores (ou em várias outras plataformas de negociação pública), estão sujeitas a inúmeras regras e regulamentos destinados a proteger a integridade dos mercados.

Um desses requisitos é divulgar ao mundo inteiro, ao mesmo tempo, vários tipos de informações que impactam o valor de suas ações. A empresa não pode, por exemplo, fornecê-las aos bancos de investimento antes de divulgá-las à mídia. De fato, qualquer pessoa a quem a empresa liberar as informações antes da divulgação ao público — por exemplo, escritórios de contabilidade ou de advocacia — é estritamente proibida de negociar ações ou qualquer derivativo delas com base nesses dados.

Dessa forma, as grandes empresas têm todos os tipos de políticas, procedimentos e tecnologias para proteger quaisquer dados sujeitos a esses regulamentos, e resolver situações nas quais sejam inadvertidamente liberados.

Divulgações de violação

Algumas regras de divulgação de violações isentam empresas menores, mas todas exigem divulgações das grandes empresas. Além disso, grandes empresas têm vários departamentos que precisam interagir e ser coordenados para liberar informações sobre uma violação, às vezes envolvendo externos. Os representantes dos departamentos de marketing, relações com investidores, tecnologia da informação, segurança, jurídico e outros, podem precisar trabalhar juntos para coordenar o texto de qualquer divulgação e envolver uma empresa de relações públicas de terceiros e um advogado externo, conforme necessário. As grandes empresas também tendem a ter porta-vozes oficiais e departamentos de mídia com os quais a imprensa pode resolver quaisquer dúvidas.

Reguladores e regras específicos do setor

Várias regras e regulamentos específicos do setor se aplicam principalmente a empresas maiores.

Por exemplo, a Comissão Reguladora Nuclear (NRC), uma agência federal independente que regula empresas de energia nuclear nos EUA, regula algumas das principais empresas de serviços públicos, mas poucas, se houver alguma, lojas familiares se sujeitam a ela. Portanto, apenas empresas maiores dedicam recursos significativos para garantir o cumprimento de suas regras. No mundo dos regulamentos da NRC, a cibersegurança é um elemento importante na administração de vários sistemas de controle e aquisição de dados (SCADA), que são sistemas baseados em computador que se comunicam com controladores nos componentes de uma fábrica.

Da mesma forma, com exceção de certos fundos de cobertura e outras operações financeiras, poucas pequenas empresas são obrigadas a monitorar e registrar todas as interações de redes sociais de seus funcionários, da maneira como os grandes bancos devem fazer.

Como resultado de regulamentações específicas do setor, muitas empresas grandes têm vários processos, políticas e tecnologias que produzem dados e sistemas que exigem todo tipo de envolvimento com a segurança da informação.

Responsabilidades fiduciárias

Embora muitas pequenas empresas não possuam acionistas externos sobre os quais a administração ou um conselho de administração se responsabilize em termos fiduciários, a maioria das grandes empresas possui investidores que podem processar uma ou ambas as partes se uma violação de cibersegurança prejudicar o valor da empresa. Várias leis exigem administração e conselhos para garantir que os sistemas sejam adequadamente protegidos. Em alguns casos, as pessoas podem até ser acusadas criminalmente se forem negligentes. Mesmo que os executivos seniores não sejam cobrados após uma violação, ainda podem sofrer graves danos à carreira e à reputação pela falha.

Bolsos profundos

Como as grandes empresas têm bolsos muito mais profundos do que as pequenas, em outras palavras, têm muito mais dinheiro à disposição, e como atacar lojas familiares não costuma ser tão politicamente vantajoso quanto fazer o mesmo em relação a uma grande empresa que mostrou um comportamento duvidoso, os reguladores tendem a perseguir casos de conformidade contra grandes empresas suspeitas de violações com muito mais entusiasmo do que contra as pequenas.

Bolsos Ainda Mais Profundos

Como as organizações maiores são mais propensas a ter grandes quantias de dinheiro e ativos do que as pequenas, são melhores alvos para ações coletivas e várias outras formas de ações judiciais. Os advogados não querem gastar muito tempo lutando contra um caso se seu alvo não tem dinheiro para liquidar ou pode falir (e, portanto, não pagar), caso seja condenado.

Como resultado, as chances de uma empresa maior ser alvo de uma ação judicial se os dados vazarem como resultado de uma violação são relativamente altas quando comparadas às chances de que o mesmo aconteça a uma empresa muito menor.

Considerando os Colaboradores

Os funcionários geralmente são o elo mais fraco da cadeia de segurança de uma empresa. Relações de trabalho muito mais complexas utilizadas por grandes empresas — envolvendo funcionários sindicalizados, não sindicalizados, contratados diretamente, terceirizados, subcontratados etc. — ameaçam tornar o problema ainda pior para as empresas maiores.

Qualquer complexidade aumenta as chances de as pessoas cometerem erros. Com os erros humanos sendo o catalisador número 1 para violações de dados, as grandes empresas devem ir além dos processos e dos procedimentos de gerenciamento humano. Precisam de processos simplificados para decidir quem acessa o que e quem pode dar autorização para o quê. Devem estabelecer processos simples para revogar permissões de diversos sistemas quando os funcionários saem, os contratados concluem suas atividades, e assim por diante.

Revogar o acesso de agentes que partem não é tão simples como se pode imaginar. Um funcionário de uma grande corporação pode, por exemplo, ter acesso a vários sistemas de dados não conectados, localizados em muitos locais diferentes ao redor do mundo e que são gerenciados por equipes diversas de departamentos diferentes. Os sistemas de gerenciamento de identidade e acesso que centralizam partes dos processos de autenticação e autorização podem ajudar, mas muitas grandes empresas ainda não possuem a centralização abrangente necessária para tornar a revogação do acesso um processo de etapa única.

Políticas internas

Embora todas as empresas com mais de um funcionário tenham algum elemento político, as grandes empresas podem sofrer conflitos entre pessoas e grupos incentivados a atuar em oposição direta. Por exemplo, uma equipe de negócios pode ser recompensada se fornecer novos recursos do produto antes de certa data — o que pode ser mais fácil se economizar em segurança —, enquanto a equipe de segurança da informação pode ser incentivada a adiar o lançamento para garantir que não haja problemas e não colocar o produto no mercado logo.

Treinamento

Todos os funcionários devem entender certos conceitos básicos de segurança da informação. Por exemplo, devem evitar o comportamento de risco cibernético, como abrir anexos e clicar em links em mensagens de e-mail inesperadas, baixar músicas ou vídeos de fontes questionáveis, usar inadequadamente o Wi-Fi público para tarefas confidenciais ou comprar produtos de lojas desconhecidas com preços "bons demais" sem loja física.

Nas grandes empresas, no entanto, a maioria dos funcionários não conhece pessoalmente grande parte dos colegas. Essa situação abre portas para todo tipo de ataque de engenharia social — solicitações falsas da gerência para enviar W2s, do departamento de TI para redefinir senhas etc. Treinamento e prática para garantir que esses ataques não alcancem seus objetivos são críticos.

Ambientes replicados

Empresas maiores replicam ambientes não apenas para se proteger contra interrupções, mas também para fins de manutenção. Como tal, têm três réplicas para todos os principais sistemas em funcionamento: o sistema de produção (que pode ser replicado por garantia), um ambiente de desenvolvimento e um de teste para executar testes de código e patches.

Diretor de Segurança da Informação

Embora todas as empresas precisem de alguém que se responsabilize pela segurança da informação, as grandes empresas alocam grandes equipes e precisam de alguém que supervisione todos os seus vários aspectos, além de gerenciar todo o pessoal envolvido na execução. Essa pessoa também representa a função de segurança da informação para a gerência sênior — e algumas vezes para o conselho. Normalmente, é o diretor de segurança da informação (CISO, da sigla em inglês para Chief Information Security Officer).

Embora as responsabilidades exatas dos CISOs variem de acordo com o setor, a localização, o porte da empresa, a estrutura corporativa e os regulamentos pertinentes, a maior parte de suas funções é similar.

Em geral, o papel do CISO inclui supervisionar e assumir a responsabilidade por todas as áreas de segurança da informação. As seções a seguir as descrevem.

Gestão geral do programa de segurança

O CISO é responsável por supervisionar o programa de segurança da empresa de A a Z, o que inclui não apenas o estabelecimento de políticas de segurança da informação, mas tudo o que é necessário para garantir que os objetivos comerciais sejam alcançados com o nível desejado de gestão de riscos, algo que requer a realização de avaliações de risco regularmente.

Embora, em teoria, as pequenas empresas tenham um responsável por todos os seus programas de segurança, no caso das grandes empresas, são muito mais formais e dinâmicos. Esses programas também estão sempre em andamento.

Teste e medição

O CISO é responsável por estabelecer procedimentos de teste e métricas de sucesso adequados para medir a eficácia do plano de segurança da informação e fazer os ajustes necessários. O estabelecimento de métricas é muito mais complicado do que se supõe, pois definir "desempenho bem-sucedido" quando se trata de segurança da informação não é uma questão simples.

Gestão de risco humano

O CISO também é responsável por lidar com vários riscos humanos. Triagem de funcionários antes de contratá-los, definição de funções e responsabilidades, treinamento, fornecimento de manuais de usuário e guias apropriados, simulações e feedback de brechas na segurança da informação, criação de programas de incentivo etc. demandam sua participação.

Classificação e controle de ativos

Essa função inclui a realização de um inventário de ativos informacionais, a criação de um sistema de classificação apropriado, a classificação dos ativos e a decisão de quais tipos de controles (em nível comercial) precisam ser implementados para garantir adequadamente várias classes e ativos. Auditoria e prestação de contas estão incluídas nesse controle.

Operações de segurança

Operações de segurança significam exatamente isso. É uma função comercial que inclui a gestão da segurança em tempo real, incluindo a análise de ameaças, o monitoramento dos ativos de tecnologia de uma empresa (sistemas, redes, bancos de dados etc.) e contramedidas de segurança da informação, como firewalls, hospedadas interna ou externamente, em função de qualquer eventual erro. O pessoal de operações também responde inicialmente se descobre que algo deu errado.

Estratégia de segurança da informação

Essa função inclui a elaboração da estratégia de segurança futura, para manter a empresa segura enquanto avança. Planejamento e ação proativos são muito mais reconfortantes para os acionistas do que precisar reagir a ataques.

Gestão de identidade e acesso

Essa função lida com o controle do acesso a ativos de informação com base nos requisitos de negócios, e inclui gerenciamento de identidade, autenticação, autorização e monitoramento. Engloba todos os aspectos das políticas e das tecnologias de gerenciamento de senhas da empresa, toda e qualquer política e sistema de autenticação multifator, e qualquer sistema de diretório que armazene listas de pessoas e grupos, e suas permissões.

As equipes de gestão de identidades e acesso do CISO são responsáveis por dar aos funcionários acesso aos sistemas necessários para realizar seu trabalho e revogá-lo quando forem demitidos. Da mesma forma, gerenciam o acesso dos parceiros e todos os outros acessos externos.

As grandes empresas quase sempre utilizam sistemas formais de serviços de diretório — o Active Directory, por exemplo, é bastante popular.

Prevenção de perda de dados

A prevenção de perda de dados inclui políticas, procedimentos e tecnologias que impedem o vazamento de informações dos proprietários. Vazamentos podem ocorrer acidentalmente — um usuário pode anexar o documento errado a um e-mail antes de enviá-lo — ou por malícia (um funcionário insatisfeito rouba a propriedade intelectual copiando-a para uma unidade USB e levando-a para casa pouco antes de pedir demissão).

Nos últimos anos, algumas funções de gestão de redes sociais foram transferidas para o grupo de prevenção de perda de dados. Afinal, o compartilhamento excessivo nelas inclui vazar informações que as empresas não desejam deixar acessíveis ao público.

Prevenção de fraudes

Algumas formas de prevenção de fraudes se enquadram no domínio do CISO. Por exemplo, se uma empresa opera sites voltados ao consumidor que vendem produtos, em parte é sua responsabilidade minimizar o número de transações fraudulentas feitas neles. Mesmo quando essa responsabilidade não é do CISO, é provável que esteja envolvido no processo, pois os sistemas antifraude e os de segurança da informação se beneficiam do compartilhamento de informações sobre usuários suspeitos.

Além de lidar com o combate a transações fraudulentas, o CISO pode ser responsável pela implementação de tecnologias para impedir que funcionários desonestos roubem dinheiro da empresa por meio de esquemas, com o CISO se concentrando principalmente em meios que envolvam computadores.

Plano de resposta a incidentes

O CISO é responsável por desenvolver e manter o plano de resposta a incidentes, que deve incluir, além das etapas técnicas descritas nos Capítulos 11 e 12, detalhes sobre quem fala com a mídia, quem apaga mensagens nela, quem informa o público e os reguladores, quem consulta as autoridades policiais etc. Também deve detalhar as identificações (especificadas pela descrição do cargo) e as funções de todos os tomadores de decisão no processo de resposta a incidentes.

Recuperação de desastres e planejamento de continuidade

Essa função inclui a gestão de interrupções das operações normais por meio de planejamentos de contingência e o teste de todos eles.

Embora as grandes empresas tenham uma equipe separada de recuperação de desastres (RD) e planejamento de continuidade (PC), o CISO quase sempre desempenha um papel importante nessas funções, se não as detém totalmente, por várias razões:

» **Manter sistemas e dados disponíveis é responsabilidade do CISO.** Como tal, há pouca diferença de uma perspectiva prática se um sistema cai porque um plano de RD e PC é ineficaz ou porque ocorreu um ataque DDoS; se sistemas e dados não estiverem disponíveis, o problema é do CISO.

» **Os CISOs precisam garantir que os planos PC e RD forneçam recuperação de maneira que a segurança seja preservada.** Isso se aplica porque muitas vezes é óbvio nas principais notícias da mídia quando as grandes empresas precisam ativar seus planos de continuidade, e os hackers sabem que as empresas no modo de recuperação são alvos ideais.

CAPÍTULO 10 **Protegendo Sua Grande Empresa** 189

Conformidade

O CISO é responsável por garantir que a empresa cumpra todos os requisitos legais e regulamentares, obrigações contratuais e melhores práticas que se relacionem à segurança da informação. Obviamente, especialistas e advogados de conformidade aconselham o CISO sobre esses assuntos, mas, em última análise, é responsabilidade dele garantir que todos os requisitos sejam atendidos.

Investigações

Se (e quando) ocorre um incidente de segurança da informação, as pessoas que trabalham para o CISO nessa área devem investigar o que aconteceu. Em muitos casos, coordenam as investigações com agências policiais, consultorias, reguladores ou empresas de segurança de terceiros. Essas equipes devem ter habilidades forenses e preservar evidências. Não adianta saber que um funcionário desonesto roubou dinheiro ou dados se, como resultado do manuseio indevido de evidências digitais, você não pode provar isso em um tribunal.

Segurança física

Garantir que os ativos informacionais corporativos fiquem seguros fisicamente faz parte do trabalho do CISO. Isso inclui não apenas sistemas e equipamentos de rede, mas também transporte e armazenamento de backups, descarte de computadores desativados e outros.

Em algumas organizações, o CISO também é responsável pela segurança física dos edifícios que abrigam a tecnologia e pelas pessoas dentro deles. Independentemente de ser esse o caso, o CISO é sempre encarregado de trabalhar com os responsáveis para garantir que os sistemas de informação e os armazenamentos de dados sejam protegidos com instalações adequadas, perímetros de segurança adequados e controles de acesso apropriados a áreas sigilosas, conforme o necessário.

Arquitetura de segurança

O CISO e sua equipe são responsáveis por projetar e supervisionar a construção e a manutenção da arquitetura de segurança da empresa. Às vezes, é claro, os CISOs herdam partes da infraestrutura; portanto, a extensão em que conseguem projetar e construir varia. O CISO decide o que, onde, como e por que várias contramedidas são usadas, como projetar topologia de rede, DMZs, segmentos etc.

190   PARTE 4 **Empresas e Negócios**

Garantindo a auditabilidade dos administradores de sistema

É de responsabilidade do CISO garantir que todos os administradores de sistema tenham suas ações registradas de forma que sejam auditáveis e atribuíveis aos agentes que as tomaram.

Conformidade com seguro cibernético

A maioria das grandes empresas possui seguro de cibersegurança. O trabalho do CISO é garantir que a empresa atenda a todos os requisitos de segurança para cobertura de acordo com as políticas em vigor, para que, se algo der errado e for feita uma reclamação, a empresa seja coberta.

192   PARTE 4 **Empresas e Negócios**

5

Incidentes de Segurança (Quando, Não Se)

NESTA PARTE...

Reconheça os sinais de que sofreu uma violação de segurança.

Entenda quando pode ser impactado por uma violação de segurança de outra pessoa.

Recupere-se de invasões a e-mails, contas de redes sociais, computadores e redes.

Recupere-se de ransomware e outros malwares.

Descubra o que fazer se seu computador ou dispositivo móvel for roubado.

NESTE CAPÍTULO

» Entendendo por que é fundamental saber se houve uma violação

» Identificando violações evidentes e ocultas

» Reconhecendo vários sintomas de violações ocultas

Capítulo 11

Descobrindo Violações

A pesar dos esforços úteis para proteger os sistemas e dados de seu computador, você pode sofrer algum tipo de violação. De fato, as chances de seus dados, em algum momento, serem violados são próximas de 100%. A questão é se a violação ocorrerá no seu sistema ou no de outra pessoa.

Como você é responsável por seus próprios sistemas de computador, precisa reconhecer os sinais de uma possível violação do equipamento. Se um hacker conseguir invadir seus sistemas, você precisará encerrar o acesso dele o mais rápido possível. Se seus dados forem manipulados ou destruídos, precisará restaurar uma cópia exata. Se os sistemas estiverem com defeito, precisará recuperá-los.

Neste capítulo, você descobre os sintomas de uma violação. Munido desse conhecimento, é possível que reconheça se algo está errado e saiba as ações corretivas a serem tomadas.

Se já recebeu uma notificação de um fornecedor terceirizado onde armazena dados informando que eles foram ou podem ter sido comprometidos, veja o Capítulo 13.

Identificando Violações Evidentes

As violações mais fáceis de identificar são aquelas nas quais o invasor lhe anuncia que você foi violado e lhe dá provas dessa conquista.

Três das violações evidentes mais comuns são as que envolvem ransomware, desfiguração e destruição reivindicada.

Ransomware

Ransomware é uma forma de malware que criptografa ou rouba dados no dispositivo de um usuário e exige um resgate para restaurá-los (veja a Figura 11-1). Normalmente, inclui uma data de validade com um aviso de "pagamento dentro de x horas ou os dados serão destruídos para sempre!". (Veja o Capítulo 2 para obter mais informações sobre ransomware.)

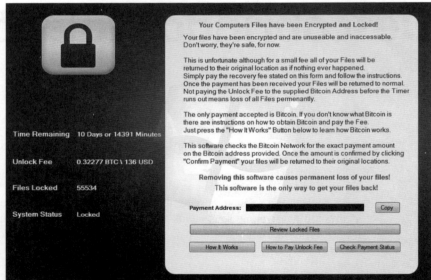

FIGURA 11-1: Tela de ransomware de invasão evidente.

Obviamente, se seu dispositivo apresenta uma demanda e arquivos importantes que devem estar acessíveis para você, e não estão por causa de ausência ou criptografia, pode ter certeza de que precisa tomar medidas corretivas.

CUIDADO

Uma observação: alguns ransomwares falsos de smartphone — sim, isso é real — exibem essas mensagens, mas não criptografam, destroem nem furtam dados. Antes de tomar qualquer ação corretiva, sempre verifique se o ransomware é real.

Desfiguração

A *desfiguração* baseia-se em violações nas quais o atacante desfigura os sistemas da vítima, por exemplo, alterando o site do alvo para exibir uma mensagem de que o hacker o invadiu (estilo "Galvão, filma eu") ou uma mensagem de apoio a algumas causas, como é frequente no caso de hacktivistas (veja a Figura 11-2).

FIGURA 11-2: Um site desfigurado (aparentemente pelo grupo de hackers conhecido como Exército Eletrônico Sírio).

Se você tem um site pessoal e ele está desfigurado, ou se inicializa o computador e ele exibe uma mensagem `hackeado por <algum hacker>`, saiba que foi vítima de violação e precisa tomar medidas corretivas. Obviamente, a violação pode ter ocorrido no site que o hospeda e não no computador local — um assunto que discuto no Capítulo 12.

Destruição reivindicada

Os hackers podem destruir dados ou programas, mas também podem ocorrer falhas técnicas ou erros humanos. O fato de os dados terem sido excluídos, portanto, não significa que um sistema foi violado. No entanto, se algum agente reivindicar responsabilidade, as chances de que os problemas resultem de uma violação aumentam.

DICA

Se alguém entrar em contato com você, por exemplo, e alegar ter excluído um arquivo ou um conjunto de arquivos específico que apenas um agente com acesso ao sistema conheceria, e esses forem os únicos arquivos existentes, saiba que o problema não decorre de falha dos setores do disco rígido ou dos chips de disco de estado sólido.

Detectando Violações Ocultas

Embora algumas violações sejam discerníveis, a maioria é difícil de detectar. De fato, as violações às vezes são tão difíceis de perceber, que várias empresas que gastam milhões de dólares por ano em sistemas para identificá-las demoraram para fazê-lo — algumas vezes, levaram anos!

As seções a seguir descrevem alguns sintomas que podem indicar que seu computador, tablet ou smartphone foi violado.

LEMBRE-SE

Lembre-se de que nenhuma das seguintes pistas é isolada, nem sua existência, por si só, confirma que algo está errado. Vários motivos diferentes de violação fazem com que os dispositivos atuem de maneira anormal e exibam uma ou mais dos sintomas descritos nas próximas seções.

No entanto, se um dispositivo de repente apresenta vários comportamentos suspeitos ou se os problemas relevantes se desenvolvem logo após você clicar em um link em um e-mail ou mensagem de texto, baixar e executar algum software fornecido por uma fonte com práticas de segurança potencialmente deficientes, abrir anexos questionáveis ou tiver feito qualquer outra coisa que passou a questionar, é preciso tomar uma ação corretiva, como descrito no Capítulo 12.

LEMBRE-SE

Ao considerar a probabilidade de violação de um sistema, lembre-se das circunstâncias relevantes. Se os problemas surgiram após uma atualização automática do sistema operacional, por exemplo, o nível de risco é muito menor do que se isso aconteceu após você clicar em um link em um e-mail suspeito lhe oferecendo US$1 milhão se fizer o pagamento de um príncipe nigeriano para alguém nos EUA. Racionalize e não entre em pânico. Se algo der errado, você ainda poderá tomar medidas para minimizar os danos — veja o Capítulo 12.

O dispositivo ficou mais lento

O malware executado em um computador, tablet ou smartphone afeta seu desempenho de maneira perceptível. O malware que transmite dados também pode, às vezes, diminuir a conexão de um dispositivo com a internet ou mesmo com redes internas.

LEMBRE-SE

No entanto, lembre-se de que as atualizações no sistema operacional de um dispositivo ou em vários pacotes de software também podem prejudicar seu desempenho. Portanto, não entre em pânico se perceber que o desempenho foi um pouco degradado logo após a atualização do sistema operacional ou a instalação de uma atualização de software de uma fonte confiável. Da mesma forma, se lotar a memória ou instalar muitos aplicativos que exijam muito do processador e largura de banda, o desempenho sofrerá mesmo sem a presença de malware.

Veja o que está sendo executado em um PC com Windows pressionando Ctrl + Shift + Esc e verificando a janela Gerenciador de Tarefas. Em um Mac, use o Monitor de Atividade; basta clicar na lupa à direita da barra de menus na parte superior da tela e digitar Monitor de Atividade. Após digitar os primeiros caracteres, o nome da ferramenta é exibido; pressione Enter para executá-la.

O Gerenciador de Tarefas não roda

Se tentar executar o Gerenciador de Tarefas no Windows (veja a Figura 11-3) ou o Monitor de Atividade no Mac (veja a seção anterior) e a ferramenta não funcionar, seu computador pode estar infectado por malware. Sabe-se que vários tipos de malware afetam a capacidade desses programas.

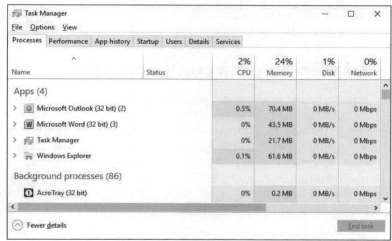

FIGURA 11-3: Gerenciador de Tarefas do Microsoft Windows.

CAPÍTULO 11 **Descobrindo Violações** 199

O Editor de Registro não roda

Se tentar executar o Editor de Registro, mostrado na Figura 11-4, no Windows (por exemplo, digitando **regedit** no prompt Executar) e não funcionar, o computador pode estar infectado por malware. Sabe-se que vários tipos de malware afetam a capacidade do Editor do Registro.

FIGURA 11-4: Editor de Registro do Microsoft Windows.

CUIDADO

Observe que você pode receber um aviso ao executar o Editor de Registro de que requer permissões de administrador. Isso é normal, não é sinal de problema. Ele também lhe lembra das consequências potencialmente graves de fazer edições no registro: não as modifique se não tiver certeza do que está fazendo.

A latência está comprometida

Latência refere-se ao tempo que os dados levam para começar a viajar após a instrução ser emitida. Se perceber atrasos repentinos, especialmente se forem significativos, algo pode estar errado. Obviamente, seu provedor de internet ou outra pessoa pode estar com problemas, e tudo pode estar bem no dispositivo local. No entanto, se os problemas de latência aparecerem em apenas um dispositivo ou um conjunto específico de dispositivos, não em todos os dispositivos conectados à mesma rede, e se a reinicialização não melhorar a situação, o dispositivo pode ter sido comprometido.

DICA

Se o dispositivo usa uma conexão de rede com fio, teste-o com um novo cabo de rede. Se o problema desaparecer, a causa era uma conexão física defeituosa ou danificada.

Problemas de comunicação e buffer

Um sintoma altamente visual dos problemas de desempenho de comunicação, notáveis sem muito conhecimento técnico é quando a transmissão de vídeos congela ao pré-carregar quadros futuros ou armazenar em *buffer* com muito mais frequência (veja a Figura 11-5). Embora o buffer seja um aborrecimento que acontece de vez em quando, se está ocorrendo regularmente em uma conexão que não sofria disso ou está ocorrendo apenas com um ou mais dispositivos específicos que usam a mesma conexão, isso indica um sistema comprometido.

FIGURA 11-5: Um exemplo de problemas de comunicação durante a transmissão de vídeo. Observe a parte visível do círculo rotativo no meio da imagem do vídeo.

Se o dispositivo usa uma conexão de rede com fio, verifique todos os cabos físicos que possam estar causando problemas.

LEMBRE-SE

Observe que os problemas de desempenho da comunicação também podem ser um sinal de que alguém está acessando sua conexão com a internet, ou *pegando carona*, o que também é um tipo de violação.

As configurações foram alteradas

Se perceber que algumas das configurações do seu dispositivo foram alteradas, e tiver certeza de que não as fez, pode ser sinal de problemas. Obviamente, alguns softwares fazem alterações nas configurações (sobretudo em computadores clássicos, em oposição aos smartphones), portanto, as alterações podem ter fontes legítimas. A maioria dos softwares, no entanto, não faz grandes alterações sem notificá-lo. Se perceber mudanças drásticas, cuidado.

O dispositivo envia ou recebe e-mails estranhos

Se seus amigos ou colegas relatarem ter recebido e-mails que não você lhes enviou, é provável que algo esteja errado, principalmente se as mensagens forem spam. Da mesma forma, se receber e-mails que parecem pertencer a pessoas que afirmam nunca tê-los enviado, você pode ter sofrido uma violação.

No entanto, lembre-se de que muitos outros motivos (incluindo outros tipos de ataques a sistemas, diferentes de seus próprios dispositivos e contas) fazem com que o spam pareça ter vindo de você.

O dispositivo envia ou recebe SMS estranho

Se seus amigos ou colegas relatarem ter recebido mensagens de texto ou outras comunicações estilo SMS que não lhes enviou, seu smartphone pode ter sido violado. Da mesma forma, se receber mensagens que parecem ser de pessoas que afirmam nunca tê-las enviado, você pode ter sofrido uma violação.

Novo software (incluindo aplicativos) instalado, e você não o instalou

Se novos programas ou aplicativos aparecerem repentinamente no dispositivo, pode haver algo errado. Embora, no caso de alguns dispositivos portáteis, o fabricante ou o provedor de serviços ocasionalmente instale certos tipos de aplicativos sem seu conhecimento, se novos aplicativos aparecerem de repente, sempre investigue o problema. Faça uma pesquisa no Google sobre os aplicativos e veja o que os sites de tecnologia confiáveis dizem sobre eles. Se os aplicativos não estiverem aparecendo nos dispositivos de outras pessoas, você pode ter um problema sério em suas mãos.

Entretanto, lembre-se de que, às vezes, as rotinas de instalação de um programa instalam outros aplicativos. É relativamente comum, por exemplo, que vários programas gratuitos, em versões com recursos limitados, instalem outros comercializados junto. Normalmente, esses programas solicitam permissão para instalar os adicionais, mas essa transparência não é obrigatória por lei, e alguns não mostram tais opções aos usuários.

Além disso, lembre-se de que, se deixou o computador com outra pessoa, ela pode ter instalado algo (confiável ou duvidoso).

A bateria descarrega mais rápido

O malware executado em segundo plano usa energia da bateria de laptops, smartphones e tablets, fazendo com que se esgote rapidamente.

O dispositivo fica mais quente

O malware executado em segundo plano usa ciclos da CPU, o que exige mais do dispositivo, em termos físicos. Você pode ouvir os ventiladores de resfriamento internos em volume mais alto ou com maior frequência, ou pode sentir que o dispositivo está mais quente ao tocá-lo.

Alteração no conteúdo dos arquivos

Se o conteúdo dos arquivos foi alterado sozinho e sem a execução de qualquer software que poderia fazê-lo, algo está seriamente errado.

Obviamente, se permitiu que outra pessoa usasse o computador e lhe concedeu acesso aos arquivos em questão, antes de culpar um malware ou um hacker, verifique com a pessoa se ela fez alguma alteração.

Faltam arquivos

Se os arquivos parecem ter desaparecido sem você excluí-los e sem executar qualquer software que poderia fazê-lo, algo está seriamente errado.

Obviamente, falhas técnicas e erros humanos também fazem com que os arquivos desapareçam — e, se você permitiu que outra pessoa usasse seu computador, ela pode ser a culpada.

Os sites são exibidos de forma diferente

Se alguém instalou um malware que está sendo usado como proxy no dispositivo, ou seja, entre o navegador e a internet, retransmitindo as comunicações entre eles (enquanto lê todo o conteúdo das comunicações e, talvez, insere várias instruções próprias), a exibição de alguns sites pode ser afetada.

As configurações de internet mostram um proxy, e você nunca configurou um

Se alguém configurou o dispositivo para usar seu servidor como proxy, esse agente está tentando ler os dados trocados por ele e pode tentar modificar o conteúdo da sua sessão ou até mesmo tentar sequestrá-lo.

Alguns programas legítimos configuram proxies da internet, mas essas informações aparecem quando o software é instalado e executado, não repentinamente, após clicar em um link questionável ou baixar um programa de uma fonte não confiável (veja a Figura 11-6).

Alguns programas (ou aplicativos) param de funcionar corretamente

Se os aplicativos que você sabia que funcionavam corretamente no dispositivo de repente param de funcionar conforme o esperado, talvez haja um proxy ou um malware afetando sua funcionalidade.

DICA

Obviamente, se esse problema se desenvolver logo após a atualização do sistema operacional, a atualização é a fonte mais provável do problema.

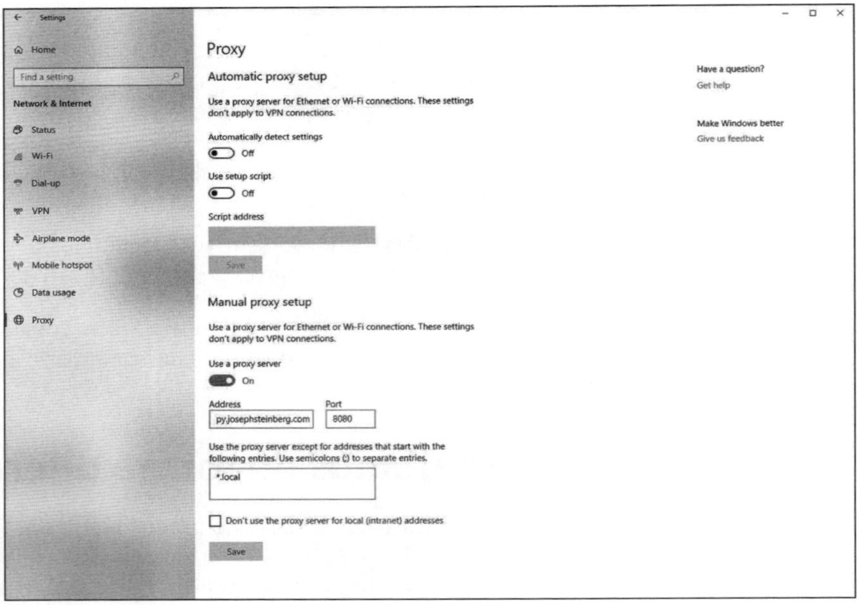

FIGURA 11-6: Conexões com a internet configuradas para usar um proxy. Se não usar um proxy e de repente um aparecer listado nas configurações da internet, é provável que algo esteja errado.

Programas de segurança desativados

Se o software de segurança executado no dispositivo foi subitamente desativado, removido ou configurado para ignorar certos problemas, pode ser sinal de que um hacker invadiu o dispositivo e desativou as defesas para impedir que seja bloqueado, além de garantir que você não receba avisos, pois realiza várias outras atividades nefastas.

Maior uso de dados ou SMS

Se monitorar o uso de dados ou SMS do smartphone e observar números maiores do que o esperado, especialmente se esse aumento começou logo após um evento suspeito, pode ser sinal de que o malware está transmitindo dados de seu dispositivo para outros agentes. Você pode até verificar o uso de dados por aplicativo — se um deles parece usar muitos dados funcionar, algo pode estar errado.

CUIDADO

Se instalou o aplicativo de uma loja de aplicativos de terceiros, exclua e o reinstale de uma fonte mais confiável. No entanto, lembre-se de que, se houver malware no dispositivo, a reinstalação nem sempre solucionará o problema, mesmo que o aplicativo seja a fonte original da infecção.

Maior tráfego de rede

Se monitorar o uso de rede com fio ou Wi-Fi do dispositivo e observar maiores níveis de atividade do que o esperado, especialmente se esse aumento começar logo após algum evento suspeito, pode ser sinal de que o malware está transmitindo dados de seu dispositivo para outros agentes.

Em alguns sistemas, você pode até verificar o uso de dados por aplicativo — se um ou mais aplicativos parecerem usar muitos dados para funcionar, algo pode estar errado.

DICA

Se instalou o aplicativo de uma fonte não confiável, exclua e o reinstale de uma fonte mais confiável — mas se houver malware no dispositivo, a reinstalação nem sempre solucionará o problema, mesmo que o aplicativo tenha sido de fato a fonte original da infecção.

Verifique quantos dados seu computador usa, e até quanto cada programa usa, instalando um programa para monitorar a largura de banda.

Mais portas abertas do que de costume

Computadores e outros dispositivos conectados à internet se comunicam usando portas virtuais. As comunicações para diferentes aplicativos entram no dispositivo através de portas diferentes. As portas são numeradas e a maioria dos números de porta deve sempre estar *fechada*, ou seja, não configurada para permitir que comunicações entrem.

DICA

Se as portas que normalmente não ficam abertas subitamente estiverem, e você não instalou softwares que as usariam, isso indica um problema. Se usa o Windows — especialmente se entender um pouco sobre rede —, pode usar o comando interno `netstat` para determinar quais portas estão abertas e o que está se conectando ao dispositivo.

O dispositivo apresenta falhas

Se o computador, tablet ou smartphone apresenta falhas repentinas, de maneira muito mais frequente do que de costume, pode haver malware nele. Obviamente, se acabou de atualizar o sistema operacional, essa é a fonte provável do problema.

CUIDADO

Se vir regularmente telas de erro como a Tela Azul da Morte (veja a Figura 11-7) ou outras indicando que o computador sofreu um erro fatal e deve ser reiniciado, você tem um problema. Pode ser um problema técnico ou de adulteração de arquivos promovisos por malware ou hacker.

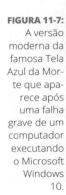
FIGURA 11-7: A versão moderna da famosa Tela Azul da Morte que aparece após uma falha grave de um computador executando o Microsoft Windows 10.

Sua conta de celular mostra cobranças inesperadas

Sabe-se que os criminosos exploraram smartphones comprometidos para fazer chamadas telefônicas caras para o exterior em nome de um agente remoto que utiliza proxy através do dispositivo. Da mesma forma, podem usar um dispositivo violado para enviar mensagens SMS para números internacionais e cobrar várias outras tarifas telefônicas de outras maneiras.

Programas desconhecidos pedem acesso

A maioria dos softwares de segurança para computadores avisa os usuários quando um programa tenta acessar a internet pela primeira vez. Se receber esses avisos e não reconhecer o programa buscando acesso, ou se reconhecê-lo, mas não entender por que precisaria fazê-lo (por exemplo, Calculadora do Windows ou Bloco de Notas), algo pode estar errado.

Dispositivos externos se ligam

Se um ou mais dispositivos de entrada externos (câmeras, escâneres, microfones) se ligam inesperadamente (por exemplo, fora de uso), um malware ou hacker pode estar se comunicando com eles ou usando-os de alguma forma.

Sabe-se que existem ataques nos quais criminosos ligaram remotamente as câmeras das pessoas e as espionaram.

Parece haver mais de um usuário

Às vezes, agentes mal-intencionados assumem o controle de computadores e os usam por acesso remoto quase como se estivessem sentados em frente a eles. Se vir o dispositivo agindo como se alguém estivesse no controle — o ponteiro do mouse se movendo, teclas sendo pressionadas — alguém pode realmente estar controlando a máquina.

Novo mecanismo de pesquisa

Como parte de várias técnicas de ataque, sabe-se que os hackers alteram o mecanismo de pesquisa padrão usado pelas pessoas ao navegar na web. Se ele foi alterado sozinho, algo pode estar errado (para verificar se você mudou o mecanismo, veja a lista de aplicativos padrão, como mostra a Figura 11-8).

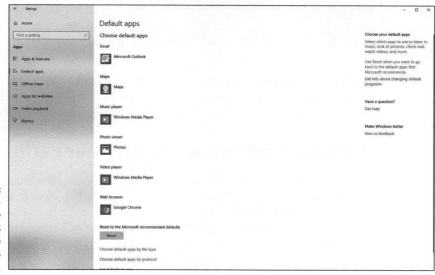

FIGURA 11-8: Tela de configuração de aplicativos padrão do Windows 10.

CAPÍTULO 11 **Descobrindo Violações** 207

A senha do dispositivo mudou

Se a senha do seu telefone, tablet ou computador mudar sem que você a tenha alterado, algo está errado, e a causa, provavelmente, é bem séria.

Surgem pop-ups

CUIDADO

Vários tipos de malware produzem janelas pop-up solicitando que o usuário execute várias ações (veja a Figura 11-9). Se vir pop-ups, cuidado. Esse malware é comum em laptops, mas também infecta alguns smartphones.

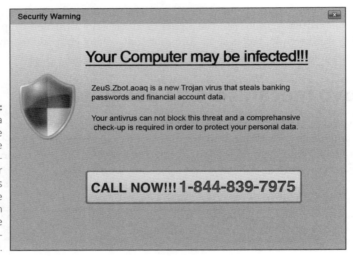

FIGURA 11-9: Essa janela pop-up de malware de adware tenta assustar as pessoas para que comprem um software de segurança falso.

Pop-ups que aparecem quando você não está usando um navegador da web são uma grande bandeira vermelha, assim como os que o aconselham a baixar e instalar o "software de segurança" ou visitar sites de reputação questionável.

Novos complementos do navegador

Você deve receber uma solicitação antes que qualquer complemento do navegador seja instalado (veja a Figura 11-10). Se um novo complemento for instalado sem seu conhecimento, isso provavelmente indica um problema. Alguns malwares são entregues em versões envenenadas de várias barras de ferramentas do navegador.

Nova página inicial

Como parte de várias técnicas de ataque, os hackers alteram a página inicial dos navegadores dos usuários. Se a sua mudou sozinha, algo pode estar errado.

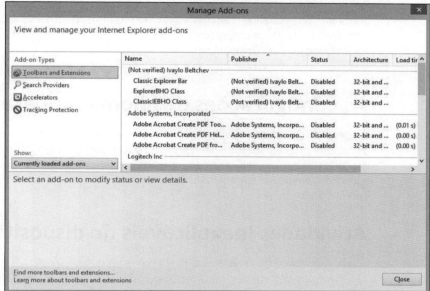

FIGURA 11-10: Janela Gerenciar Complementos no Internet Explorer.

Seu e-mail é retido como spam

Se o e-mail que utiliza do dispositivo em questão chegava aos destinatários sem problemas, mas de repente foi bloqueado por filtros de spam, pode ser sinal de que alguém ou algo alterou sua configuração de e-mail para retransmitir suas mensagens através de um servidor que o permita ler, bloquear e até modificar suas mensagens e acessar sistemas de segurança que sinalizariam o problema.

O dispositivo tenta acessar sites "ruins"

Se você usa seu computador, tablet ou smartphone em uma rede que bloqueia o acesso a sites e redes problemáticos conhecidos (muitas empresas, organizações e entidades governamentais têm essa tecnologia tanto em seus ambientes internos quanto na organização), e descobre que o dispositivo tentou acessar esses sites sem seu conhecimento, é provável que esteja comprometido.

Você enfrenta interrupções incomuns

Se seu smartphone parece fazer chamadas repentinamente, você não consegue fazê-las mesmo com sinal ou ouve ruídos estranhos durante as conversas, algo pode estar errado.

Lembre-se de que, na maioria dos casos, esses sintomas indicam problemas técnicos não relacionados a uma violação. No entanto, em alguns casos, as violações fazem isso. Portanto, se notou esses sinais logo após tomar alguma ação que agora questiona ou de que se arrepende, considere se é necessário tomar uma ação corretiva (veja o Capítulo 12).

As configurações de idioma mudaram

As pessoas raramente alteram o idioma de seus computadores após executar o procedimento de configuração inicial, e poucos pacotes de software também o fazem. Portanto, se seu computador exibir subitamente menus e/ou avisos em outro idioma, ou até em um idioma que você nunca instalou, é provável que algo esteja errado.

Atividades inexplicáveis no dispositivo

Se vir, no dispositivo, e-mails na pasta Enviados que não enviou, é provável que ele ou a conta de e-mail esteja comprometida.

Da mesma forma, se arquivos que você tem certeza de que nunca baixou aparecerem na pasta Downloads, alguém pode tê-lo feito.

Atividades online inexplicáveis

Se sua conta de redes sociais tem postagens que tem certeza de que você nem qualquer aplicativo que usa fizeram, algo está claramente errado. Pode ser que sua conta tenha sido violada e todos os seus dispositivos estejam seguros, ou um de seus dispositivos com acesso à conta foi violado e se tornou o canal para o acesso não autorizado à conta.

O mesmo acontece se vir vídeos que nunca pediu para aparecer em seus serviços de streaming, compras que nunca fez em seu histórico de pedidos em uma loja online, e assim por diante.

O dispositivo se reinicia repentinamente

Embora as reinicializações sejam parte integrante de muitas atualizações do sistema operacional, não devem ocorrer repentinamente fora do contexto delas. Se o dispositivo se reinicia regularmente sem sua aprovação, algo está errado. A única questão é se o problema vem de uma violação de segurança ou é técnico.

Sinais de violações e/ou vazamentos

Obviamente, se souber que alguns de seus dados vazaram, tente determinar a origem do problema, e o processo de verificação inclui, obviamente, a verificação de todos os seus smartphones, tablets e computadores.

Direcionamento errado

Se tiver certeza de que digitou uma URL correta, mas foi encaminhado para um site incorreto, algo está errado. O problema pode refletir uma violação de segurança em outro lugar, mas pode indicar que alguém também comprometeu o dispositivo.

Se o roteamento errado ocorre em um ou mais dispositivos específicos, mas não em outros na mesma rede, as chances são de que os dispositivos em questão tenham sido comprometidos. De qualquer forma, nunca execute nenhuma tarefa confidencial (como fazer login em um site) de um dispositivo que o esteja encaminhando incorretamente.

O led do disco rígido nunca se apaga

Se o led do disco rígido permanece aceso constantemente ou quase, o malware pode estar fazendo algo na unidade. Obviamente, os leds do disco rígido se acendem por motivos legítimos quando você não está usando o computador — e, às vezes, um motivo legítimo implica que o led fique aceso por um tempo — portanto, não entre em pânico se for o único sinal de que algo está errado.

Outras coisas anormais acontecem

É impossível listar todos os sintomas que aparecem quando um malware está no dispositivo. Portanto, lembrar que agentes estão tentando invadir seus sistemas e que comportamentos anômalos podem ser sinal de problemas aumenta suas chances de perceber quando algo está errado e reagir adequadamente a uma violação se, de fato, ocorrer.

NESTE CAPÍTULO

» **Sobrevivendo quando seu computador foi invadido**

» **Recuperando dados roubados de um provedor de terceiros**

Capítulo **12**

Vem Viver Outra Vez a Meu Lado

Você descobriu que sofreu uma violação de dados. E agora? Leia este capítulo, que explica como reagir nessas situações.

Melhor Prevenir do que Remediar

LEMBRE-SE

Quando se trata de se recuperar de uma violação de segurança, não há substituto para a preparação adequada. Nenhuma ação especializada pós-violação garante o mesmo nível de proteção que a prevenção para evitá-la.

Se seguir as várias técnicas descritas neste livro sobre como proteger seus ativos eletrônicos, estará mais bem preparado para se recuperar de uma violação. A preparação colabora tanto com a recuperação quanto com a detecção. Sem uma preparação adequada, você pode nem conseguir determinar que ela ocorreu, muito menos conter o ataque e o interromper (se não tiver certeza se sofreu uma violação, veja o Capítulo 11).

Mantenha a Calma e Pondere

Uma reação humana normal a uma violação cibernética é se sentir ultrajado, violado e chateado, e/ou entrar em pânico. Mas para reagir adequadamente, é preciso pensar com lógica e clareza, e agir de maneira ordenada. Pare um momento para dizer a si mesmo que tudo ficará bem e que o tipo de ataque com o qual está lidando é o que pessoas e empresas mais bem-sucedidas enfrentam em algum momento (ou em muitos).

CUIDADO

Da mesma forma, não aja irracionalmente. Não tente resolver seu problema fazendo uma pesquisa no Google para obter conselhos. Muitas pessoas fornecem maus conselhos online. Pior ainda, muitos sites desonestos com conselhos sobre como remover malware e interromper ataques depositam malware nos computadores que os acessam! Obviamente, não baixe softwares de segurança ou qualquer outra coisa de sites questionáveis.

Além disso, lembre-se de que é preciso agir o mais rápido possível. Pare o que estiver fazendo e concentre-se em corrigir o problema. Encerre todos os programas que estiver usando, salve (e faça backup na mídia em que procurará por malware antes de reutilizá-la) todos os documentos abertos, e assim por diante, e comece a trabalhar para se recuperar da violação.

LEMBRE-SE

Quando ocorre uma violação, o tempo trabalha contra você. Quanto mais cedo impedir alguém de roubar seus arquivos, corromper seus dados ou atacar dispositivos adicionais em sua rede, melhor será sua situação.

Contrate um Profissional

O ideal é contratar um profissional de cibersegurança para ajudá-lo a se recuperar. Embora este livro oriente, quando se trata de habilidades técnicas, não há substituto para os anos de experiência de um bom profissional.

DICA

Use a mesma lógica e procure um profissional quando enfrentar uma grave crise de dados e computadores, como faria se lhe ocorresse alguma destas situações:

» Se estivesse gravemente doente, iria ao médico ou ao hospital.

» Se fosse preso e acusado de um crime, contrataria um advogado.

» Se a Receita Federal o auditasse, contrataria um contador.

Levanta a Cabeça Senão a Coroa Cai

DICA

Se não pode contratar um profissional, siga as etapas a seguir. Elas são essencialmente as que a maioria dos profissionais segue:

1. **Descubra o que aconteceu (ou está acontecendo).**
2. **Contenha o ataque.**
3. **Encerre e elimine o ataque.**

Etapa 1: Descubra o que aconteceu

Descubra o máximo possível sobre o ataque para reagir adequadamente. Se um invasor está transferindo arquivos do seu computador para outro dispositivo, por exemplo, é preciso desconectar o dispositivo da internet o quanto antes.

Dito isso, a maioria dos usuários domésticos não tem habilidades técnicas para analisar e entender exatamente qual é a natureza de um ataque específico, a menos que, é claro, seja evidente (veja o Capítulo 11).

Reúna o máximo de informações possível sobre:

» O que aconteceu.

» Quais sistemas de informação e bancos de dados foram atingidos.

» O que o criminoso pode fazer com o material roubado.

» Quais dados e programas foram afetados.

» Quem, além de você, pode ter problemas por causa da violação (isso inclui possíveis implicações para seu empregador).

LEMBRE-SE

Não gaste muito tempo nessa etapa — você precisa agir, não só documentar —, mas quanto mais informações tiver, maiores serão as chances de impedir outro ataque semelhante no futuro.

QUANDO NÃO É POSSÍVEL DETECTAR

A falta de conhecimento de uma pessoa comum na área não surpreende. A maioria das empresas violadas, incluindo aquelas com os próprios profissionais de segurança da informação, sequer descobre que foi violada até meses depois que os invasores começaram! Alguns especialistas estimam que, em média, as empresas não descobrem comprometimentos ocultos até que se passem entre seis meses e um ano desde que ocorreram!

Etapa 2: Contenha o ataque

Interrompa o ataque isolando-o dos dispositivos comprometidos. A contenção implica:

» **Encerre a conectividade de rede o mais rápido possível:** Para tal, desligue o roteador, desconectando-o. (*Nota*: se estiver em uma empresa, não é possível fazer isso.)

» **Desconecte os cabos Ethernet:** Entenda, no entanto, que um ataque transmitido pela rede já pode ter se espalhado para outros dispositivos nela. Nesse caso, desconecte a rede da internet e desconecte cada dispositivo da rede até que seja verificado se há problemas de segurança.

» **Desative o Wi-Fi no dispositivo infectado:** Novamente, um ataque transmitido pela rede pode já ter se espalhado para outros dispositivos nela. Nesse caso, desconecte a rede da internet e cada dispositivo da rede, desligando o Wi-Fi no roteador e em qualquer ponto de acesso, não apenas no computador infectado.

» **Desative os dados do celular:** Em outras palavras, coloque o dispositivo no modo avião.

» **Desative o Bluetooth e o NFC:** Bluetooth e NFC são tecnologias de comunicação sem fio que funcionam com dispositivos próximos. Todas essas comunicações deverão ser bloqueadas se houver a possibilidade de infecções se espalharem ou hackers saltarem de um dispositivo para outro.

» **Desconecte as unidades USB e outras unidades removíveis do sistema:** *Nota*: as unidades podem conter malware, portanto, não as conecte a outros sistemas.

» **Suspenda quaisquer direitos de acesso que o invasor esteja explorando:** Se possui um dispositivo compartilhado e o invasor está usando uma conta diferente da sua, à qual de alguma forma ele obteve acesso autorizado, suspenda temporariamente todos os direitos dela.

TERMINANDO A CONECTIVIDADE DE REDE

Embora você possa desconectar fisicamente o roteador ou a conexão de rede, também pode desativar a conexão no dispositivo.

Para finalizar a conectividade de rede em um computador Windows, faça o seguinte:

1. Selecione Configurações ⇨ Conexões de rede.
2. Clique com o botão direito do mouse na conexão relevante (ou nas conexões, uma por vez) e clique em Desativar.

DICA

Se, por algum motivo, precisar de acesso à internet no dispositivo, a fim de obter ajuda para limpá-lo, desligue todos os outros dispositivos na rede para impedir que ataques se espalhem por ela. Lembre-se de que esse cenário está longe de ser o ideal. Você precisa cortar o dispositivo infectado do resto do mundo, não apenas as conexões entre ele e os outros dispositivos.

Etapa 3: Encerre e elimine o ataque

Conter um ataque (veja a seção anterior) não é a mesma coisa que encerrar e eliminá-lo. O malware continua no dispositivo infectado mesmo após desconectá-lo da internet, como quaisquer vulnerabilidades que um hacker ou malware remoto explore para controlá-lo. Portanto, após conter o ataque, é importante limpar o sistema.

As seções a seguir descrevem algumas etapas a serem seguidas nesse momento:

Dê boot no computador

Se tiver uma unidade de boot do software de segurança, inicialize a partir dele. A maioria dos usuários modernos não o tem. Se for o caso, vá para a próxima seção.

1. Remova todas as unidades externas de USB, DVDs, CDs, disquetes (sim, algumas pessoas ainda os têm) e quaisquer outras do computador.
2. Insira o CD ou DVD de boot no drive correspondente.
3. Desligue o computador.
4. Aguarde dez segundos e pressione o botão liga/desliga para iniciá-lo.
5. Se usa o Windows e ele não inicializa a partir do CD, desligue a máquina, aguarde dez segundos e reinicie enquanto pressiona o botão de inicialização do BIOS (cada computador tem um botão para tal função, mas a maioria a acessa pela tecla F1 ou F2) para acessá-lo e configurá-lo para inicializar a partir do CD, antes de inicializar a partir do disco rígido.

CAPÍTULO 12 **Vem Viver Outra Vez a Meu Lado** 217

6. Saia do BIOS e reinicie o computador.

Se usa o Windows, inicialize o computador no modo de segurança, que permite que apenas serviços e programas essenciais do sistema sejam executados quando o sistema é iniciado. Para fazer isso, siga estas etapas:

1. Remova todas as unidades externas de USB, DVDs, CDs, disquetes (sim, algumas pessoas ainda os têm) e quaisquer outras do computador.

2. Desligue o computador.

3. Aguarde dez segundos e pressione o botão liga/desliga para iniciá-lo.

4. Enquanto o computador inicializa, pressione a tecla F8 repetidamente para exibir o menu Opções de Inicialização.

5. Quando ele aparecer, selecione inicializar no modo de segurança.

Se usa um Mac, inicie-o com Safe Boot. O MacOS não fornece o equivalente total do modo de segurança, ele sempre inicializa com a rede ativada. Sua Inicialização Segura é mais limpa que a convencional. Para tal, siga estas etapas:

1. Remova todas as unidades externas de USB, DVDs, CDs, disquetes (sim, algumas pessoas ainda os têm) e quaisquer outras do computador.

2. Desligue o computador.

3. Aguarde dez segundos e pressione o botão liga/desliga para iniciá-lo.

4. Enquanto o computador inicializa, mantenha a tecla Shift pressionada.

DICA

Os Macs mais antigos (versões 6–9) serão inicializados em um modo especial de superusuário sem extensões se você pressionar a tecla Hold durante a reinicialização. O conselho da Inicialização Segura se aplica apenas aos Macs que executam sistemas operacionais mais recentes.

Backup

Esperamos que você possa ignorar esta seção porque prestou atenção aos conselhos do capítulo sobre backup , mas se não tiver um backup recente dos dados, faça-o agora. Obviamente, o backup de um dispositivo comprometido não necessariamente salva todos os dados (porque alguns já podem estar corrompidos ou ausentes), mas faça assim mesmo — o ideal é copiar seus arquivos para uma unidade USB, que não conectará a nenhum outro dispositivo até ser verificado pelo software de segurança.

Delete o lixo eletrônico (opcional)

Nesse ponto, exclua os arquivos desnecessários, inclusive os temporários que de alguma forma se tornaram permanentes (há uma lista deles no Capítulo 13).

Por que a exclusão agora?

Bem, você deve fazer manutenção periódica, e se estiver limpando o computador agora, é uma boa hora. Quanto menos material o software de segurança precisar varrer e analisar, mais rápido será executado. Além disso, alguns malwares ficam ocultos em arquivos temporários, portanto, sua exclusão também remove alguns deles.

Para os usuários do Windows, uma maneira fácil de excluir arquivos temporários é usando o utilitário Limpeza de Disco interno:

1. No Windows 10, clique com o mouse no menu Iniciar e, em seguida, digite Limpeza de Disco.
2. Selecione Limpeza de Disco na lista de resultados
3. Selecione a unidade que deseja limpar e clique em OK.
4. Selecione os tipos de arquivo de que deseja se livrar e clique em OK.
5. Clique em Acessórios (ou Acessórios do Windows).
6. Clique em Limpeza de Disco.

Executando o software de segurança

Espero que já possua um software de segurança instalado. Se sim, execute uma verificação completa do sistema. Uma ressalva importante: o software de segurança pode ser comprometido ou impotente em um dispositivo corrompido por uma ameaça relevante (afinal, a violação de segurança ocorreu com o software de segurança em execução); portanto, independentemente de tal verificação ser feita, é aconselhável executar o software de segurança a partir de um CD inicializável ou outra mídia de somente leitura, ou, em alguns produtos, de outro computador na rede doméstica.

DICA

Nem todas as marcas de software de segurança capturam todas as variações de malware. Profissionais de segurança que limpam um dispositivo geralmente executam vários softwares de segurança de fornecedores diferentes.

Se usa Mac e sua Inicialização Segura inclui acesso à internet, execute as rotinas de atualização do software de segurança antes da verificação completa.

Malwares ou invasores podem adicionar, remover ou modificar arquivos no sistema. Também podem abrir portas de comunicação. O software de segurança deve ser capaz de resolver todos esses cenários. Preste atenção aos relatórios emitidos pelo software de segurança após a execução. Acompanhe exatamente o que foi removido ou reparado. Essas informações são importantes se, por exemplo, alguns programas não funcionarem após a limpeza (pode ser necessário reinstalar os programas dos quais os arquivos foram removidos ou modificados pelo malware). Os bancos de dados de e-mails poderão precisar ser restaurados se o malware for encontrado nas mensagens e o software de segurança não conseguir limpar completamente a bagunça.

As informações dos relatórios do software de segurança também são úteis para profissionais de cibersegurança ou de TI, se contratá-los posteriormente. Além disso, as informações no relatório indicam onde o ataque foi iniciado e o que permitiu que acontecesse, ajudando-o, assim, a prevenir recorrências.

DICA

O software de segurança detecta e relata vários materiais indesejáveis, que não são provenientes de ataque, devido ao impacto na privacidade ou no potencial de solicitar anúncios a um usuário. Você pode, por exemplo, ver alertas de que o software de segurança detectou rastreamento de cookies ou adware; não é um problema sério, mas convém removê-los se os anúncios o incomodarem. Em muitos casos, você pode pagar para atualizar o software para uma versão que não exiba anúncios. No que diz respeito à recuperação de um ataque, esses itens indesejáveis não são um problema.

DICA

Às vezes, o software de segurança informa que você precisa executar um complemento para limpar completamente o sistema. A Symantec, por exemplo, oferece o Norton Power Eraser, que diz: "Elimina crimeware profundamente embutido e difícil de detectar, que a verificação de vírus tradicional nem sempre detecta." Se seu software de segurança informar que precisa executar esse escaneamento, você deve fazê-lo, mas obtenha-o da fonte original, legítima e oficial. Além disso, nunca faça o download nem execute qualquer escaneamento do tipo se for solicitado a fazê-lo, e não o for como resultado da execução de um software de segurança. Muitos pop-ups desonestos lhe dão o mesmo conselho, mas instalam malware ao baixar o "software de segurança".

Reinstale o Software Corrompido

Alguns especialistas recomendam desinstalar e reinstalar todo pacote de software afetado pelo ataque, mesmo que o software de segurança o tenha corrigido.

Reinicie o sistema e execute uma verificação de segurança atualizada

Para o Windows, após limpar o sistema, reinicie-o no Modo de Segurança com rede usando o procedimento descrito (mas selecionando Modo de Segurança com Rede, em vez de Modo de Segurança), execute o software de segurança, baixe todas as atualizações e execute o escaneamento novamente.

Se não houver atualizações, não será necessário executá-lo de novo.

Se usa o Mac, a Inicialização Segura já inclui a rede, portanto, não há motivos para repetir a varredura.

Instale todas as atualizações e patches relevantes. Se algum de seus softwares não tiver sido atualizado para a versão mais recente e puder conter vulnerabilidades, corrija-o durante a limpeza.

DICA

Se tiver tempo, execute a verificação completa do software de segurança novamente após instalar todas as atualizações. Há várias razões para isso, incluindo o fato de que é preciso verificar o sistema usando suas informações mais atualizadas sobre malware e outras ameaças, além do fato de o mecanismo de análise heurística precisar ser reiniciado com as atualizações mais recentes.

Apague todos os pontos de restauração potencialmente problemáticos

A Restauração do Sistema é uma ferramenta útil, mas também pode ser perigosa. Se um sistema criar um ponto de restauração quando o malware estiver sendo executado em um dispositivo, por exemplo, a restauração provavelmente o restaurará! Após limpar um sistema, portanto, apague todos os pontos de restauração que podem ter sido criados enquanto estava comprometido. Se não tiver certeza se um ponto de restauração é problemático, apague-o. Para a maioria dos usuários, isso significa apagar todos os pontos de restauração do sistema.

Para fazer isso:

1. Clique no menu Iniciar.

2. Em seguida, digite Painel de Controle.

3. Clique na opção Painel de Controle.

4. Clique em Recuperação.

5. Clique em Configurar Restauração do Sistema.

6. Siga as instruções para excluir os pontos de restauração do sistema.

Restaurando configurações modificadas

Alguns invasores e malwares modificam várias configurações do dispositivo. A página exibida ao iniciar o navegador da web, sua página inicial, é um item que o malware geralmente altera. É importante alterá-la de volta para uma página segura, pois a página inicial do malware leva a páginas que o reinstalam ou executam alguma outra tarefa nefasta.

As seções a seguir o orientam a fazer esse processo em alguns navegadores.

LEMBRE-SE

Ao usar as versões para telefone ou tablet dos navegadores descritos nas seções a seguir, o processo será um pouco diferente, mas deduzível com base nelas.

NO CHROME

Para redefinir o navegador Chrome:

1. Clique no ícone de menu com três pontos no canto superior direito.

2. Clique em Configurações.

3. Role para baixo até a seção Inicialização e a configure.

NO FIREFOX

Para redefinir o navegador Firefox:

1. Clique no ícone de menu com três linhas no canto superior direito.

2. Clique em Opções.

3. Clique em Início.

4. Configure os valores na seção Novas Janelas e Guias de acordo.

NO SAFARI

Para redefinir o navegador Safari:

1. Clique no menu Safari.

2. Clique em Preferências.

3. Clique na guia Geral.

4. **Role para baixo até o campo Página Inicial e configure.**

NO EDGE

Para redefinir o navegador Edge:

1. **Clique no ícone de menu com três pontos à direita superior.**

2. **Clique em Configurações.**

3. **Clique em Ao inicializar.**

4. **Clique em Abrir uma página ou mais páginas específicas, e configure-a de acordo.**

Reconstrua o sistema

Em vez de seguir os processos mencionados, às vezes é mais fácil simplesmente reconstruir o sistema do zero. De fato, devido ao risco de o software de segurança perder algum problema ou a erros do usuário ao executar a limpeza de segurança, muitos especialistas recomendam que, sempre que possível, se reconstrua o sistema totalmente após uma violação.

Mesmo que planeje reconstruir o sistema em resposta a uma violação, ainda é aconselhável executar uma verificação do software de segurança antes, pois existem tipos raros de malware que persistem mesmo após uma restauração (como o malware de reprogramação do BIOS, certos vírus do setor de inicialização etc.), e fazer uma varredura de todos os dispositivos na mesma rede do dispositivo comprometido no momento ou depois do comprometimento, para garantir que nada se propague de volta para o dispositivo recém-restaurado.

Há um guia para reconstruir sistemas do zero no Capítulo 14.

Lidando com Informações Roubadas

Se seu computador, telefone ou tablet foi violado, é possível que informações confidenciais tenham sido roubadas e sejam mal utilizadas por criminosos.

Você deve alterar as senhas que foram armazenadas no dispositivo e verificar todas as contas acessíveis a partir dele sem efetuar login (devido à configuração anterior do dispositivo como "Lembrar-me" após um login bem-sucedido) para garantir que nada dê errado. Obviamente, se suas senhas foram armazenadas em um formato fortemente criptografado, a necessidade de alterá-las é menos urgente do que se não o foram ou se a criptografia era fraca; a menos que tenha certeza de que a criptografia permanecerá por muito tempo, o ideal é alterá-las de qualquer maneira.

Se suspeitar que informações que podem ser usadas para prejudicá-lo foram roubadas, é aconselhável suspender a conta e registrar um boletim de ocorrência. Mantenha uma cópia desse boletim com você. Se for detido por um policial informando que há um mandado de prisão contra você referente a uma ida a algum local onde nunca esteve, por exemplo, você terá uma prova de que registrou uma denúncia de que informações privadas poderiam ser usadas para roubar sua identidade. Esse documento não evitará problemas completamente, mas com certeza ajudará em um cenário como esse.

Se acredita que as informações do seu cartão de crédito ou débito foram roubadas, entre em contato com a operadora pelo número impresso na parte de trás do cartão, diga que o número pode ter sido comprometido e peça que emitam um novo cartão com um novo número. Verifique também a conta quanto a transações suspeitas.

Mantenha um registro de cada chamada que fez, quando, com quem falou e o assunto.

Quanto mais sigilosa for a informação, mais importante é agir rapidamente.

Aqui estão algumas maneiras de ver a informação:

» **Não é privada, mas ajuda criminosos em casos de roubo de identidade:**

- Nomes, endereço e número de telefone residencial.

  Esse tipo de informação está disponível para quem quiser, mesmo sem hackeá-lo (considere que, uma geração atrás, essa informação era publicada em catálogos telefônicos e enviada a todas as residências que tinham linha telefônica). Dito isso, esse tipo de informação pode ser usado em combinação com outras para cometer todo tipo de crime, especialmente se outras pessoas inocentes cometerem erros (por exemplo, permitindo que alguém abra um cartão na biblioteca sem nunca ter mostrado documentos de identificação).

- Outras informações de registro público: o valor que pagou por sua casa, o nome de seus filhos, e assim por diante. Embora essas informações sejam de registro público, um criminoso que as correlacione com outras, retiradas do seu computador, pode criar problemas para você.

» **Sigilosa:** E-mails, números de telefone celular, de cartões de crédito sem o código CVC, de cartões de débito que exigem um PIN para serem usados ou sem CVC, números de cartões ATM, números de identificação de alunos, de passaportes, datas de nascimento etc. Esses itens criam riscos à segurança quando comprometidos — por exemplo, um e-mail roubado pode levar a ataques sofisticados de phishing que aproveitam outras informações coletadas do seu computador, tentativas de invadir a conta, e-mails de spam, e assim por diante. Além disso, esse tipo de informação pode ser usado por um criminoso como parte de crimes de roubo de identidade, fraude financeira, e, juntando a outras, pode criar um risco sério.

» **Altamente sigilosa:** Números de Previdência Social (ou seus equivalentes), senhas para contas online, números de contas bancárias (quando comprometidos por um criminoso em potencial, em vez de exibidos em um cheque dado a uma pessoa confiável), PINs, informações de cartão de crédito e débito com código CVC, respostas para perguntas de desafio usadas para proteger contas e outros. Esses tipos de informações geralmente podem ser usados sem precisar de mais nada.

Pagamento de resgates

Se tiver backups adequados, poderá remover o ransomware da mesma maneira que outros malwares. Se algum dado for perdido no processo, restaure-o com backups.

Se foi atacado com ransomware e não tem backups adequados, pode enfrentar uma decisão difícil. Obviamente, não é do interesse geral pagar um resgate a um criminoso para recuperar seus dados, mas, em alguns casos, se tais dados forem importantes para você, pode ser a única opção. Em muitas situações, os criminosos nem mesmo devolvem os dados após o pagamento do resgate — portanto, ao pagar um resgate, você pode não apenas desperdiçar dinheiro, mas sequer conseguir recuperar os dados perdidos. Você decide se deseja arriscar (felizmente, este parágrafo servirá como forte motivador para os leitores fazerem backup, como discutido no Capítulo 13).

Antes de pagar um resgate, consulte um especialista em segurança da informação. Alguns ransomwares podem ser removidos, e seus efeitos, desfeitos por várias ferramentas de segurança. No entanto, a menos que seu software de segurança diga que pode desfazer a criptografia feita pelo ransomware, não tente removê-lo por conta própria depois de criptografar os dados. Alguns ransomwares avançados limpam os dados permanentemente se detectarem tentativas de descriptografá-los. Além disso, lembre-se de que alguns ransomwares avançados não criptografam dados, mas os removem do dispositivo da vítima e os transmitem apenas se o resgate for pago. Esses ransomwares podem ser removíveis com o software de segurança, mas geralmente não é possível restaurar os dados roubados.

DICA

A melhor defesa para usuários domésticos contra o impacto dos ransomwares é fazer backups e mantê-los desconectados de qualquer outra coisa!

Uma lição para o futuro

É importante aprender com as violações. Se descobrir o que deu errado e como o hacker conseguiu entrar em seus sistemas (diretamente ou usando malware), poderá instituir políticas e procedimentos para evitar futuros comprometimentos. Um profissional de cibersegurança pode ajudá-lo a fazer isso.

Recuperando Dados Comprometidos por Terceiros

Quase todos os usuários da internet receberam notificações de uma empresa ou entidade governamental (ou de ambos) de que os dados pessoais estavam comprometidos. O modo como lida com esse cenário depende de muitos fatores, mas as seções a seguir informam o essencial do que você precisa saber.

Motivo pelo qual o aviso foi enviado

Vários tipos de violações de dados levam as organizações a enviar notificações. Porém, nem todos representam o mesmo nível de risco para você. As notificações podem ser enviadas quando uma empresa:

» Tem conhecimento de que um banco de dados não criptografado contendo informações pessoais foi mesmo roubado.

» Tem conhecimento de que um banco de dados criptografado contendo informações pessoais foi mesmo roubado.

» Detectou uma atividade não autorizada em um dispositivo de computação que hospeda suas informações.

» Detectou uma atividade não autorizada em um dispositivo de computação, mas não no que hospeda suas informações (mas em um conectado à mesma rede ou logicamente conectado).

» Detectou o roubo de números de cartão de crédito ou débito, como pode ocorrer com um dispositivo de digitalização ou a invasão de um dispositivo de processamento de cartão no ponto de venda.

» Descobriu que há, ou pode ter havido, computadores descartados incorretamente, discos rígidos, outra mídia de armazenamento ou informações impressas na mesma situação.

» Descobriu que há, ou pode ter havido, informações distribuídas incorretamente, como informações confidenciais enviadas às partes erradas, e-mail não criptografado enviado a partes autorizadas etc.

Em todos esses casos, a ação pode ser justificada. Porém, se uma empresa notificar que um banco de dados não criptografado de senhas, incluindo a sua, foi roubado, a necessidade de agir é mais urgente do que a de detectar atividades não

226   PARTE 5 **Incidentes de Segurança (Quando, Não Se)**

autorizadas em um sistema na mesma rede de outra máquina com apenas uma versão criptografada das senhas.

Golpes

Os criminosos veem quando uma violação recebe atenção significativa e geralmente a utilizam para os próprios propósitos nefastos. Uma técnica comum é enviar e-mails falsos representando a parte violada. Esses e-mails contêm instruções para configurar o monitoramento de crédito ou registrar uma solicitação de compensação monetária por danos e inconvenientes sofridos devido à violação. Obviamente, os links dessas mensagens apontam para sites de phishing, que instalam malware, e outros destinos para os quais você não deseja ir.

Os criminosos também agem rapidamente. Em fevereiro de 2015, por exemplo, o Better Business Bureau começou a relatar reclamações de e-mails que se passavam pela Anthem, Inc., menos de um dia depois de a companhia de seguros de saúde anunciar que havia sofrido uma violação.

Senhas

Um dos tipos de violações mais comumente relatados na mídia de massa envolve o roubo de bancos de dados de senhas.

Os sistemas modernos de autenticação de senha são projetados para fornecer proteção em caso de violação. As senhas são armazenadas em um *formato hash*, o que significa que têm criptografia unidirecional. Quando você digita sua senha durante uma tentativa de efetuar login, o que digita é associado e comparado com o valor de hash armazenado no banco de dados de senhas. Assim, sua senha real não é armazenada em nenhum lugar, nem fica no banco de dados de senhas. Se um hacker rouba um banco de dados de senhas, não obtém sua senha no ato.

Pelo menos, é assim que as coisas devem funcionar.

Na realidade, no entanto, nem todos os sistemas de autenticação são implementados perfeitamente; os bancos de dados de senhas com hash têm várias fraquezas exploráveis, e algumas até ajudam os criminosos a decifrá-las. Por exemplo, se um criminoso olha para o banco de dados e vê que a senha associada de muitas pessoas é a mesma, é provável que tenham uma senha comum (talvez até "senha") que pode ser desvendada rapidamente. Existem defesas contra esses ataques, mas muitos sistemas de autenticação não as utilizam.

Por isso, se você for notificado de violação por uma empresa informando que uma versão criptografada da sua senha foi roubada, provavelmente é preciso redefini-la. Não precisa entrar em pânico. Na maioria dos casos, é provável que sua senha esteja protegida por hash (a menos que tenha selecionado uma senha comum e fraca, o que, é claro, não deveria). Se, por algum motivo, você reutiliza a senha comprometida em outros sites que não deseja que pessoas não autorizadas acessem, redefina a senha também neles e não reutilize a nova dessa vez!

Informações de pagamento

Se as informações do seu cartão de crédito ou débito tiverem sido comprometidas, tome as seguintes medidas:

» **Aproveite os serviços de monitoramento de crédito.** As empresas violadas oferecem às pessoas potencialmente afetadas um ou dois anos gratuitos de monitoramento de crédito. Embora nunca se deva confiar nesses serviços para fornecer proteção total contra roubo de identidade, seu uso traz benefícios. Como o custo para você é de apenas alguns minutos para configurar uma conta, é útil fazê-lo.

» **Monitore seus relatórios de crédito.** Se vir contas que não abriu, entre em contato imediatamente com a operadora responsável. Lembre-se de que, quando se trata de fraude, quanto mais cedo relatar um problema, menor será o agravamento sofrido.

» **Configure alertas de texto.** Se a operadora do seu cartão oferecer a capacidade de configurar alertas de texto, use-os. Dessa forma, você será notificado quando as cobranças forem feitas e poderá agir rapidamente se algo estiver errado.

» **Verifique os extratos mensais.** Confira os extratos de sua conta e certifique-se de que não sejam direcionados incorretamente a outra pessoa.

» **Troque para extratos eletrônicos.** Se possível, configure sua conta para receber extratos mensais eletrônicos, em vez de físicos, e receba um e-mail e/ou mensagem de texto quando cada extrato for emitido. Obviamente, proteja adequadamente a conta de e-mail e o smartphone para o qual essas mensagens são enviadas.

Documentos emitidos pelo governo

Se seu passaporte, sua carteira de motorista ou outro documento de identidade emitido pelo governo foi comprometido, entre em contato com o órgão que o emitiu e pergunte como proceder. Documente tudo o que lhe for dito, incluindo quem lhe disse o quê.

Você também deve verificar no site do órgão se há instruções para esses cenários. Em alguns casos, eles o aconselham a substituir o documento, o que pode exigir que se vá ao local. Em outros, o aconselharão a não fazer nada, mas marcarão sua conta para que, se o documento for usado para identificação em outro órgão público, os responsáveis pela verificação fiquem atentos (o que, por si só, é um motivo para substituir o documento, para não ter nenhum agravamento ao usá-lo).

Documentos emitidos por instituições de ensino ou seu empregador

Se as informações de identificação de sua instituição de ensino ou empregador forem comprometidas, notifique imediatamente o emissor. Essas informações não apenas podem ser usadas para fazer engenharia social nas instituições, mas também para obter suas informações confidenciais.

Contas de redes sociais

Se alguma de suas contas de redes sociais for comprometida, entre em contato imediatamente com o provedor. Todas as principais plataformas têm mecanismos para lidar com contas roubadas, porque todas tiveram de lidar com isso várias vezes. Lembre-se de que você pode ser solicitado a fornecer uma ID oficial para provar sua identidade como parte do processo de recuperação da conta.

230   PARTE 5 Incidentes de Segurança (Quando, Não Se)

6
Backup e Recuperação

NESTA PARTE...

Descubra os tipos de backups e como usá-los.

Aprenda a preparar um dispositivo antes de restaurá-lo a partir de um backup.

Entenda como restaurar a partir de um backup.

NESTE CAPÍTULO

» **Descobrindo a importância do backup**

» **Explorando tipos de backups**

» **Encontrando maneiras diferentes de fazer backup**

Capítulo **13**

Backup

E mbora o backup dos dados pareça um conceito simples, e é, implementar uma rotina de backup eficiente e eficaz é um pouco mais complicado.

Para fazê-lo corretamente, não basta conhecer suas opções, é preciso pensar em muitos outros detalhes, como o local dos backups, a criptografia, as senhas e os discos de boot. Neste capítulo, apresento esses detalhes e muito mais.

Backup É o Bicho

No contexto da cibersegurança, *backup* refere-se à criação de uma cópia, ou cópias, dos dados (que podem consistir em dados, programas ou outros arquivos de computador), caso o original seja danificado, perdido ou destruído.

O backup é uma das defesas mais importantes contra a perda de dados, e, eventualmente, é possível evitar um sério aborrecimento, pois quase todos, se não todos, em algum momento desejam acessar dados aos quais perderam acesso.

De fato, esses cenários ocorrem regularmente. Às vezes, resultam de erro humano, como uma pessoa que acaba excluindo um arquivo ou perdendo um computador ou dispositivo de armazenamento. Outras, de falha técnica, como um disco rígido que é perdido ou um dispositivo eletrônico que cai na água. E também pode ocorrer por uma ação hostil, como uma infecção por ransomware.

Infelizmente, muitas pessoas acreditam que fazem backup de todos os dados e só quando algo dá errado descobrem que ele não era adequado.

Não deixe isso acontecer com você. Faça backup regularmente — com frequência suficiente para que, se tivesse de restaurar tudo a partir dele, não entraria em pânico. Em geral, caso esteja em dúvida se está ou não fazendo backup com frequência suficiente, é porque não está.

DICA

Não pense nos backups como algo que o ajudará se perder seus dados. Pense em termos de *quando*. Em algum momento, basicamente toda pessoa que usa dispositivos eletrônicos com regularidade perde dados.

Diferentes Tipos de Backup

Os backups podem ser classificados de várias maneiras. Uma maneira importante de distinguir vários tipos de backups é com base no que está sendo copiado. As seções a seguir examinam os tipos de backups segundo essa abordagem.

Backups completos dos sistemas

Um *backup completo do sistema* copia o sistema inteiro, incluindo o sistema operacional, programas/aplicativos, configurações e dados. O termo vale para qualquer dispositivo, de smartphones a grandes servidores de um data center.

Tecnicamente, um backup completo do sistema copia todas as unidades conectadas a ele, não apenas dentro dele — como algumas se conectam a ele apenas de tempos em tempos e não são necessárias para seu uso primário, alguns as excluem dos backups completos do sistema, especialmente se estiverem conectadas a outros sistemas ou se foram copiadas como parte do backup de outros sistemas. Para a maioria dos usuários domésticos, no entanto, um backup completo do sistema significa exatamente o que parece: fazer backup de tudo.

Às vezes, um backup completo do sistema é conhecido como *imagem do sistema*, pois contém basicamente uma imagem do sistema em determinado momento. Se um dispositivo do qual se tem uma imagem falhar, é possível usá-la para recriar todo o sistema como era no momento em que o backup foi feito. O sistema reconstruído deve funcionar do mesmo jeito como fazia no momento do backup.

DICA

Os backups completos do sistema são a forma mais rápida de restaurar um sistema inteiro, mas levam mais tempo para ser criados do que os outros. Eles geralmente também exigem mais espaço de armazenamento.

Uma ressalva importante: como o backup do sistema inclui configurações, drivers de hardware e outros, a restauração de uma imagem do sistema nem sempre funciona bem se restaurada para um dispositivo diferente daquele do qual foi copiada. Se você copiou um laptop cujo sistema operacional é o Windows 7 e adquiriu um dispositivo mais recente para executar o Windows 10, que possui um hardware diferente, uma imagem de sistema restaurada do primeiro dispositivo pode não funcionar bem no mais recente. O inverso é ainda mais provável: se mantiver um computador antigo em seu armário "só por garantia" e a hipótese se tornar real, suas tentativas de restaurar a imagem de uma máquina mais nova para a mais antiga poderá falhar parcial ou totalmente.

DICA

As imagens do sistema às vezes são chamadas de *fantasmas* ou *ghosts* (como o processo para criá-las), especialmente entre os técnicos. O nome se origina de um dos pacotes de software de clonagem de disco originais para PCs.

Imagens originais do sistema

Um caso especial de imagens é a imagem original do sistema, também conhecida como *imagem de fábrica*.

Muitos dispositivos de computação modernos, laptops, tablets ou smartphones, vêm equipados com uma imagem de fábrica que pode ser restaurada. Isso significa que, ao adquiri-lo, ele vem com uma imagem da configuração original — incluindo o sistema operacional, todo o software original e todas as configurações padrão — armazenada em uma partição oculta ou outro mecanismo de armazenamento não acessível aos usuários.

A qualquer momento, você pode executar uma redefinição de fábrica e configurar o dispositivo para ficar idêntico ao que era quando novo. Quando faz isso, o dispositivo é restaurado a partir da imagem oculta.

CUIDADO

Duas advertências importantes:

» Alguns dispositivos substituem a imagem redefinida de fábrica por novas, no caso de certas atualizações do sistema operacional.

» Se redefinir o computador de fábrica, todas as atualizações de segurança instaladas desde que a imagem de fábrica foi criada sumirão. Atualize o sistema o mais rápido possível após a restauração e antes de ficar online para qualquer outro propósito!

Imagens posteriores do sistema

Alguns sistemas também criam imagens periódicas das quais você pode restaurar sem precisar voltar às configurações originais de fábrica. O Windows 10, por exemplo, tem esse recurso incorporado.

Nunca restaure a partir de uma imagem, a menos que saiba que os problemas que surgiram e fizeram com que precisasse restaurar ocorreram após sua criação.

Mídia de instalação original

A *mídia de instalação original* se destina a programas que você adquire e instala após a compra do dispositivo.

Se o software veio em um DVD ou CD, salvar a mídia física permite reinstalá-lo em caso de problema.

No entanto, lembre-se de que, se quaisquer atualizações do software foram lançadas e instaladas após a original, você precisará refazer o download e reinstalá-las. Isso pode acontecer automaticamente após a reinstalação ou exigir esforço manual.

Softwares baixados

Se adquiriu programas desde a compra do dispositivo, é provável que alguns ou todos tenham sido entregues a você por download digital.

Quando o software é entregue como download, o usuário não recebe uma cópia física. No entanto, ainda assim pode armazenar uma cópia do arquivo de instalação que baixou em um ou mais tipos de mídias, como um pen drive, CD ou DVD. Como alternativa, armazene a cópia em um disco rígido, mas não se esqueça de fazer o backup dessa unidade, se fizer parte da infraestrutura do computador.

Além disso, algumas lojas que vendem softwares para download mantêm cópias deles em um *armário virtual*, para possibilitar downloads futuros. Esses "backups" são úteis, mas saiba quanto tempo a loja manterá o produto com ela. Algumas pessoas tiveram problemas sérios porque confiaram nesses "backups" e descobriram que o software não estava disponível quando precisaram.

Para arquivos de música e vídeo, o período de retenção do fornecedor é vitalício, teoricamente, ou pelo menos enquanto o material estiver disponível para compra por terceiros. Para softwares, à medida que novas versões são lançadas e versões antigas são *desativadas* (o termo técnico para quando o fornecedor de software elimina progressivamente e, por fim, encerra o suporte para uma versão obsoleta de seu software), o período de retenção é muito menor.

Backups completos de dados

Uma alternativa para executar um backup completo de todo o sistema é executar esse backup nos dados dele, mas não do software e nem do sistema operacional (as configurações do sistema operacional e dos vários programas instalados são armazenadas em pastas de dados e incluídas nesses backups). A realização de um backup completo de dados permite que um usuário restaure todos os dados de uma só vez se algo der errado. Dependendo da ferramenta usada para executá-lo, o usuário também pode restaurar um subconjunto — por exemplo, apenas um arquivo, que excluiu acidentalmente.

LEMBRE-SE

Restaurar a partir de um backup completo de dados não restaura os aplicativos. Se um sistema precisar ser totalmente reconstruído, é provável que a recuperação de backups completos de dados exija restaurações anteriores das configurações de fábrica (ou uma imagem posterior do computador) e a reinstalação de todo o software. Isso é mais cansativo do que restaurar a partir de uma imagem do sistema. Ao mesmo tempo, também é muito mais portátil. A recuperação pode ser feita sem problemas em muitos dispositivos que variam bastante em relação ao original. Reduza a probabilidade de o sistema restaurado sofrer uma violação de segurança atualizando o software reinstalado com os patches mais recentes imediatamente após as instalações relevantes.

Backups incrementais

Os *backups incrementais* são feitos após um backup completo que contenha cópias apenas de parte dos dados (ou, no caso de um backup do sistema, parte de todo o sistema) que foram alteradas desde que o backup anterior (completo ou incremental) foi feito.

Os backups incrementais são muito mais rápidos do que os completos, porque, na maioria dos sistemas, grande parte dos arquivos de dados não é alterada regularmente. Pelo mesmo motivo, os backups incrementais também usam menos espaço de armazenamento do que os completos.

Para recuperar dados, no entanto, a restauração deve ser feita a partir do último backup completo mais todos os incrementais feitos desde o último backup completo.

DICA

Se decidir fazer backups incrementais, considere limitar a quantidade após um backup completo. Por exemplo, se fez apenas um backup completo no primeiro dia do mês e incrementais em todos os dias subsequentes, até o início do mês seguinte, se algo desse errado no último dia do mês, você precisaria restaurar até trinta backups para recuperar seus arquivos.

Muitas pessoas (e também muitas empresas) optam por fazer backups completos do sistema em um dos dias do fim de semana e, em seguida, incrementais durante os dias da semana, encontrando assim um meio-termo entre os ganhos de eficiência durante o processo de backup e a otimização da recuperação.

Backups diferenciais

Os backups diferenciais contêm todos os arquivos alterados desde o último backup completo (são semelhantes ao primeiro de uma série de backups incrementais feitos após um completo). Portanto, uma série de backups diferenciais requer mais tempo para ser feita e utiliza mais espaço de armazenamento que os incrementais, mas menos do que o mesmo número de backups completos. A recuperação de backups diferenciais é mais rápida e simples do que a dos incrementais, pois é necessário restaurar apenas o último backup completo e o último diferencial.

Se decidir fazer backups diferenciais, considere quantos deve fazer antes do próximo completo. Se o backup diferencial começar a crescer bastante, não haverá muito ganho de desempenho ao fazê-lo, e qualquer restauração levará muito mais tempo do que se fosse feita apenas com um backup completo.

Muitas pessoas (e empresas) optam por fazer backups completos do sistema em um dos dias do fim de semana e, em seguida, fazem os diferenciais nos outros dias da semana.

Backups combinados

Os backups incrementais e diferenciais são feitos junto com os completos, como mostrado na Tabela 13-1.

DICA

Não misture backups incrementais e diferenciais no mesmo esquema de backup, pois isso cria complexidade e gera confusão e erros dispendiosos.

TABELA 13-1 Comparação entre o Backup Total, Incremental e Diferencial

	Total	Incremental	Diferencial
Backup nº 1	Todos os dados	--	--
Backup nº 2	Todos os dados	Mudanças desde o backup nº 1	Mudanças desde o backup nº 1
Backup nº 3	Todos os dados	Mudanças desde o backup nº 2	Mudanças desde o backup nº 1

Backups contínuos

Os *backups contínuos* são feitos constantemente. Sempre que uma alteração é feita nos dados (ou em um sistema e nos dados), é feito um backup dessa alteração.

CUIDADO

Os backups contínuos são ótimos em caso de falha do disco rígido no sistema primário — estão sempre disponíveis e atualizados —, mas pouco úteis no caso de uma infecção por malware ou destruição de dados, pois o malware geralmente se propaga para o backup assim que infecta o sistema primário.

Uma exceção são os sistemas de backup complexos que registram cada ação de backup e têm a capacidade de revertê-las. Eles conseguem desfazer partes problemáticas dos backups no ponto em que ocorreram.

DICA

O processo de backup contínuo é conhecido como *sincronização*. Você a vê descrita em seus dispositivos eletrônicos ou vários pacotes de software.

Backups parciais

Os *backups parciais* são cópias de uma parte dos dados. Diferente dos completos, os parciais não copiam todos os elementos de dados de um sistema. Se um sistema fosse completamente perdido, não haveria como recuperar todo o seu conteúdo de dados a partir de backups parciais.

Os backups parciais podem ser implementados em um modelo incremental completo, no qual o primeiro backup de uma série inclui todos os elementos que fazem parte do conjunto incluído no parcial, e os subsequentes da série incluem apenas os itens desse conjunto que foram alterados.

Os backups parciais também podem ser implementados como completos — no caso, todos os elementos do conjunto incluído no backup parcial são copiados sempre, independentemente de terem sido alterados desde o último.

LEMBRE-SE

Os backups parciais não devem ser completos em caso de ataque de malware ou algo semelhante. Eles são úteis em outras situações, como aquela em que um conjunto específico de arquivos precisa ser copiado separadamente devido às necessidades de um indivíduo ou grupo, ou ao sigilo do material. Por exemplo, enquanto o departamento de TI pode fazer backups completos e incrementais de todos os arquivos em uma unidade de rede compartilhada, o contador que precisa de acesso constante a um conjunto específico de planilhas armazenadas nessa unidade, que precisa desses arquivos acessíveis, pode configurar o próprio backup apenas desses arquivos. Ele pode usar seu backup se algo der errado quando estiver viajando ou trabalhando em casa no fim de semana, sem a necessidade de incomodar os membros do departamento de suporte técnico da empresa no domingo.

Backups de pasta

Os *backups de pasta* são semelhantes aos parciais em situações em que o conjunto de itens copiados é uma pasta específica. Embora as ferramentas de backup facilitem a cópia das pastas, para desgosto de muitos profissionais de cibersegurança e departamentos de TI, muitos usuários os fazem só quando precisam, copiando manualmente as pastas do disco rígido (ou SSD) para as unidades USB no final de cada dia útil, e os consideram uma proteção suficiente em caso de problemas.

Teoricamente, é claro, esses backups funcionam e podem ser usados para se recuperar de muitos problemas. A realidade, no entanto, é que esses procedimentos quase nunca resultam em backups adequados: as pessoas se esquecem em alguns dias de fazê-los ou não os fazem porque estão com pressa; negligenciam alguns materiais que deveriam ter copiado; os armazenam em dispositivos não seguros, em locais não seguros; ou perdem os dispositivos nos quais estavam armazenados — você entendeu!

Se deseja ter certeza de que possui backups adequados quando precisar deles — e, em algum momento, precisará —, não confie nos backups de pastas *ad hoc*.

DICA

Nunca faça backup de uma pasta na mesma unidade da pasta original. Se a unidade falhar, você perderá a fonte primária de dados e a cópia deles.

Backups de unidade

Um *backup de unidade* é semelhante ao de pasta, mas copia uma unidade inteira. Os backups *ad hoc* de unidades oferecem certo nível de proteção, mas raramente o suficiente contra os riscos de perda de dados.

CUIDADO

Nunca armazene o backup de uma unidade na mesma unidade copiada. Se a unidade falhar, você perderá a fonte primária de dados e a cópia deles.

Backups de unidades virtuais

Um caso especial de backup de unidade é aquele em que uma pessoa ou uma empresa usa uma unidade virtual criptografada. Um usuário pode armazenar seus arquivos dentro de uma unidade de BitLocker no Windows. BitLocker é um utilitário incorporado a muitas versões do Windows que permite aos usuários criar uma *unidade virtual*, que aparece como qualquer outra unidade para o usuário quando está em uso, mas como um arquivo criptografado gigante quando não está. Para acessá-la, o usuário deve desbloqueá-la, em geral, com senha.

O backup dessas unidades é realizado incluindo o arquivo criptografado no backup completo, incremental de pastas ou unidades. Assim, todo o conteúdo da unidade criptografada é copiado sem o nome e permanece inacessível para quem não sabe abri-la. Muitas ferramentas de backup oferecem esse tipo, além de suas formas mais estruturadas.

DICA

Alguns pacotes de software se referem à criação de uma imagem de um disco inteiro como *clonagem*.

Embora esse esquema proteja o conteúdo da unidade criptografada enquanto usa a mesma criptografia das cópias primárias, observe várias advertências:

» **Mesmo que uma pequena alteração tenha sido feita em um único arquivo da unidade virtual, todo o arquivo criptografado será alterado.** Dessa forma, uma alteração de 1KB pode levar a um backup incremental de um arquivo inteiro de 1TB.

» **O backup é inútil para a recuperação, a menos que alguém saiba como desbloquear a unidade criptografada.** Embora a criptografia seja um bom mecanismo de defesa contra terceiros não autorizados bisbilhotando arquivos confidenciais no backup, também significa que o backup não é, por si só, totalmente utilizável para a recuperação. Não é difícil imaginar problemas, por exemplo, se alguém tentar utilizar o backup anos após sua criação e esquecer o código de acesso, ou se a pessoa que o criou estiver indisponível no momento em que alguém precisa restaurar seu conteúdo.

» **Como ocorre com todos os dados criptografados, há o risco de que a criptografia de hoje não proteja o suficiente contra ataques de força bruta à medida que os computadores se tornam mais poderosos, sobretudo quando a computação quântica for praticada.** Embora os sistemas de produção, sem dúvida, sejam atualizados com os melhores recursos de criptografia ao longo do tempo (como já existiam desde a criptografia de 56 bits dos anos 1990), os backups feitos com antigas tecnologias e chaves de criptografia podem se tornar vulneráveis à descriptografia por agentes não autorizados. Portanto, a criptografia pode não proteger para sempre seus dados confidenciais contidos nos backups. Você deve armazená-los em um local seguro ou destruí-los quando não forem mais necessários.

Exclusões

Alguns arquivos e pastas não precisam de backup, a menos que você crie um disco de imagens (nesse caso, a imagem deve ser exatamente igual ao disco).

Os arquivos de paginação do sistema operacional e outros arquivos temporários que não servem para nada se um sistema for restaurado não precisam de backup.

A seguir, há exemplos de arquivos e pastas que você pode excluir de backups em uma máquina Windows 10. Se usa um software de backup, é provável que ele venha com uma lista de exclusões padrão, que pode ser como esta:

» **A Lixeira,** que faz backup temporário dos arquivos excluídos, caso um usuário mude de ideia sobre sua exclusão.

» **Caches do navegador,** arquivos temporários da internet oriundos de navegadores, como Edge, Explorer, Firefox, Chrome, Vivaldi ou Opera.

» **Pastas temporárias,** geralmente chamadas de Temp ou temp, residem em c:\, no diretório do usuário ou no diretório de dados do software.

- **Arquivos temporários,** geralmente denominados *.tmp ou *.temp.
- **Arquivos de troca do sistema operacional,** como pagefile.sys.
- **Informações da imagem do sistema no modo de hibernação do sistema operacional,** como hyberfil.sys.
- **Backups** (a menos que queira fazer backup dos backups), como o Histórico de Arquivos do Windows.
- **Arquivos do sistema operacional armazenados em backup durante uma atualização dele,** geralmente encontrados em C:\Windows.old em computadores Windows que tiveram seus sistemas operacionais atualizados.
- **Arquivos de cache do Microsoft Outlook (*.ost),** mas é necessário fazer backup dos armazenamentos de dados locais do Outlook (*.pst) (em muitos casos, podem ser os arquivos mais críticos de um backup).
- **Arquivos de log de desempenho** em diretórios chamados PerfLogs.
- **Arquivos indesejados,** que os usuários criam como arquivos temporários pessoais para armazenar informações, como um arquivo de texto no qual o usuário digita um número de telefone que alguém lhe disse, mas que já anotou na agenda do smartphone.

Backups integrados

Alguns aplicativos possuem recursos de backup integrados que protegem você de perder seu trabalho se o computador travar, a energia faltar ou se não tiver uma bateria extra.

Um desses programas é o Microsoft Word, que oferece aos usuários a capacidade de configurar a frequência com que os arquivos devem ser salvos para a AutoRecuperação. Para a maioria das pessoas, esse recurso é bastante útil. O autor deste livro até se beneficiou desse recurso enquanto o escrevia!

Embora o mecanismo de configuração da AutoRecuperação varie conforme a versão do Word, na maioria das versões modernas, o processo é semelhante a: Selecionar Arquivo ⇨ Opções ⇨ Salvar e a configure como achar melhor.

DICA

Os backups integrados levam apenas alguns segundos para ser configurados, normalmente executados sem a participação ativa do usuário e evitam muito conflito. Em quase todos os casos, se o recurso estiver disponível, ative-o.

Ferramentas de Backup

Você pode usar vários tipos de ferramentas para criar, gerenciar e restaurar dados a partir de backups. Elas automatizam vários tipos de backups e gerenciam o processo de sincronização permanente. Têm uma ampla variedade de faixas de preço, dependendo de sua robustez e escalabilidade.

Softwares de backup

Os *softwares de backup* destinam-se a executar e gerenciar backups e suas restaurações. Há vários fornecedores com recursos que variam entre os produtos e as plataformas suportadas (por exemplo, os recursos do mesmo pacote de software podem variar entre as versões Windows e Mac). Certas ofertas destinam-se a usuários domésticos; algumas, a grandes empresas; e outras, a praticamente todos os níveis.

Você pode usar o software para fazer backup manual ou automático, ou seja, é possível configurá-lo para fazer backup de sistemas, dados, unidades ou pastas específicas em determinados horários, usando diferentes modelos, como completo, incremental etc.

CUIDADO

Os backups só poderão ser feitos se a máquina estiver ligada. Portanto, verifique se o dispositivo está ativado! (Alguns softwares de backup podem ser configurados para continuar um backup que foi pausado quando o dispositivo foi desligado ou ficou ocioso.)

DICA

O software de backup pode levar um tempo para ser configurado, mas depois disso, torna o processo muito mais fácil do que qualquer outro método.

O ideal é configurar seus sistemas para fazer backup automaticamente em horários específicos, para garantir que seja feito e não se esquecer quando surgir um de seus muitos compromissos.

CUIDADO

Não confunda essas opções manuais e automáticas com as cópias de tarefas manual e automatizada.

No entanto, se já trabalhou em um projeto importante ou passou muitas horas criando novos trabalhos em seu computador, convém iniciar um backup manual extra para proteger seu trabalho e o tempo que investiu nele.

DICA

Cuidado com o software de backup falso! Agentes inescrupulosos oferecem softwares gratuitos que contêm malware de várias severidades, desde adware irritante até invasões visando roubo de dados. Obtenha seu software de backup (bem como qualquer outro) de uma fonte confiável.

Software específico para a unidade

Alguns discos rígidos externos e dispositivos de estado sólido vêm com software de backup embutido. Costuma ser simples e fácil de usar, e os usuários escolhem a maneira mais conveniente de configurar suas rotinas de backup.

CUIDADO

Há três ressalvas, no entanto:

- » Lembre-se de não deixar a unidade conectada ao sistema que guarda o armazenamento de dados primário.
- » Se você usa versões específicas da unidade de software de backup, pode ser necessário adquirir todas elas no mesmo fabricante, para não complicar os procedimentos de backup e restauração.
- » É menos provável que ofereça suporte a tecnologias mais recentes, à medida que outros fornecedores as lançam, como o software de backup geral oferece.

Backup do Windows

O Windows vem com o software de backup básico incorporado. Tem vários recursos e, para muitas pessoas, é suficiente. Usar o Backup do Windows é certamente melhor do que não fazer backup.

Você pode configurá-lo em dois locais:

- » Em Configurações, na seção Atualização e Segurança.
- » Através do Painel de Controle tradicional, que pode ser executado no menu Iniciar. Backup e restauração é um item na visualização tradicional Todos os itens ou na seção Sistema e segurança da visualização moderna.

Além disso, um utilitário Backup de arquivos do Windows copia automaticamente os arquivos à medida que você os modifica. Acesse as opções de configuração através da opção Histórico de Arquivos, no Painel de Controle. Se tiver bastante espaço em disco e trabalhar com eficiência, verifique se seus arquivos são copiados com bastante frequência.

Para obter mais informações sobre a restauração de arquivos no Histórico de Arquivos do Windows, veja o Capítulo 15.

Backup de smartphone/tablet

Muitos dispositivos vêm equipados com a capacidade de sincronizar automaticamente seus dados com a nuvem, um processo que permite restaurar os dados em um novo dispositivo se esse for perdido ou roubado. Mesmo os dispositivos que não têm esse recurso podem executar um software que os fornece para uma pasta ou unidade específica.

O uso do recurso de sincronização oferece uma ótima proteção, mas também significa que seus dados estão *na nuvem*, ou seja, estão no computador de outra pessoa, e potencialmente acessíveis ao provedor de serviços em nuvem (no caso da maioria dos smartphones, a Apple ou o Google), bem como quaisquer órgãos governamentais que exijam acesso aos dados relevantes se tiverem um mandado, pessoas não autorizadas ou hackers que conseguem obter acesso a eles.

Mesmo que não tenha cometido nenhum crime, o governo pode exigir seus dados como parte dos procedimentos relacionados a crimes cometidos por outras pessoas. Mesmo que confie no governo para não abusar de seus dados, o próprio governo já sofreu várias violações e vazamentos, portanto, você tem um bom motivo para não confiar nele para proteger adequadamente suas informações.

Antes de decidir se deve ou não usar a sincronização, pense nos prós e nos contras.

Backups manuais de arquivo ou pastas

Os backups manuais são o que parecem: backups executados manualmente, em geral por pessoas que copiam arquivos, pastas ou ambos do disco rígido principal (ou unidade de estado sólido) para uma pasta de rede ou pen drive.

Os backups manuais atendei ao seu objetivo, mas usá-los por conta própria não é uma boa estratégia. As pessoas inevitavelmente não os fazem com a frequência que deveriam, não os armazenam adequadamente e, em geral, não copiam todos os itens que deveriam.

Backups de tarefas automatizadas

Os *backups de tarefas automatizadas* são basicamente backups manuais potencializados; são feitos automaticamente por um computador, e não por pessoas. Embora a automação do processo reduza o risco de esquecimento e negligência, a cópia de arquivos e pastas ainda é arriscada, porque, se algumas informações confidenciais, por algum motivo, não estiverem armazenadas na pasta adequada, não serão copiadas.

Uma possível exceção é o caso das unidades virtuais. Se alguém automatizar o processo de cópia do arquivo que contém toda a unidade na qual armazena todos os seus arquivos de dados, o backup poderá ser suficiente. Para a maioria dos usuários domésticos, no entanto, configurar uma rotina de cópia automatizada não é uma solução prática. Usar o software de backup é muito mais simples e melhor.

Backups de terceiros

Se você armazena dados na nuvem ou usa um serviço de terceiros para hospedar qualquer um dos seus sistemas ou dados, saiba que eles podem não fazer backup — geralmente, sem seu conhecimento ou aprovação. Se armazena dados no Google Drive, por exemplo, não tem absolutamente nenhum controle sobre quantas cópias o Google faz deles. Da mesma forma, se usa um serviço de terceiros, como o Facebook, qualquer dado que envia para os servidores da gigante das redes sociais, independentemente das configurações de privacidade definidas para os uploads (e mesmo os que excluiu), poderá ser copiado quantas vezes e em quantos locais a empresa desejar.

Em alguns casos, backups de terceiros se assemelham a backups de unidades. Enquanto o provedor faz backup dos seus dados, somente você — a parte que "possui" os dados — pode realmente lê-los de forma não criptografada a partir do backup. Em outros casos, no entanto, os dados de backup estão disponíveis para qualquer pessoa que tenha acesso a ele.

Dito isso, a maioria dos principais terceiros tem sistemas redundantes e robustos de infraestrutura e backup, o que significa que as chances de os dados armazenados em sua infraestrutura permanecerem disponíveis para os usuários são extremamente altas quando comparadas às dos dados nas residências da maioria das pessoas.

Onde Copiar

Para que os backups sejam úteis, devem ser armazenados adequadamente, para que possam ser acessados rápida e facilmente quando necessário. Além disso, o armazenamento inadequado prejudica gravemente a segurança das informações contidas neles. Você provavelmente já ouviu histórias de fitas de backup não criptografadas que continham informações confidenciais sendo perdidas ou roubadas.

Portanto, não existe uma abordagem padrão para o armazenamento adequado de backups. Você pode fazer backup em locais diferentes, o que resulta em diferentes locais de armazenamento.

Armazenamento local

Armazenar uma *cópia local* do backup, ou seja, em algum lugar perto do computador doméstico ou facilmente acessível ao proprietário de um smartphone, tablet ou laptop, é uma boa ideia. Se excluir um arquivo sem querer, poderá restaurá-lo rapidamente.

LEMBRE-SE

Mas nunca mantenha todos os seus backups locais. Se armazenar seus backups em casa, por exemplo, e sua casa sofrer graves danos em um desastre natural, poderá perder simultaneamente o repositório primário de dados (por exemplo, seu computador doméstico) e os backups.

Os backups sempre devem ser armazenados em um local seguro, não em uma estante de livros. Um cofre à prova de fogo e água, aparafusado ao chão ou preso à parede, é uma boa opção.

Além disso, lembre-se de que discos rígidos e outras mídias magnéticas têm menos probabilidade de sobreviver a certos desastres do que as unidades de estado sólido, pen drives e outros dispositivos que contêm chips de memória.

Armazenamento externo

Como um dos objetivos do backup é preservar dados (e sistemas), mesmo que sua cópia primária seja destruída, é bom ter pelo menos um backup *externo*, o que significa um local diferente de armazenamento primário dos dados.

As opiniões diferem quanto a que distância do armazenamento principal o backup deve ser mantido. Basicamente, mantenha-o longe o suficiente para que um desastre natural que afete severamente o local primário não afete o secundário.

DICA

Algumas pessoas armazenam uma cópia do backup de seus dados em uma bolsa à prova de fogo e água no cofre. Os cofres bancários geralmente sobrevivem a desastres naturais, portanto, mesmo que estejam próximos ao local primário, é provável que o backup seja preservado, ainda que não de imediato.

Nuvem

O backup na nuvem oferece os benefícios do armazenamento externo. Se perder todos os seus equipamentos e sistemas em um desastre natural, uma cópia dos dados quase sempre continuará na nuvem. Além disso, do ponto de vista prático, as chances são maiores de que a equipe de segurança da informação de qualquer grande provedor de armazenamento tenha muito mais conhecimento sobre como manter os dados seguros do que a maioria das pessoas e que tenha à disposição ferramentas que a pessoa comum não pode comprar ou licenciar.

Ao mesmo tempo, o backup baseado em nuvem tem suas desvantagens.

Ao usá-lo, você conta com terceiros para proteger seus dados. Embora possam ter mais conhecimento e melhores ferramentas, sua principal preocupação não é você. Se ocorrer uma violação e grandes clientes forem afetados, suas prioridades serão lhes atender. Além disso, sites importantes costumam ser grandes alvos para hackers, porque sabem que contêm um grande tesouro de dados, muito maior do que seu PC doméstico. É claro que se o governo atender ao mandado do provedor de nuvem, os agentes da lei poderão obter cópias de seus backups — mesmo que, em alguns casos, tenha sido provado que outra pessoa (e não você) cometeu um crime.

Dito isso, para a maioria das pessoas, o backup baseado em nuvem é interessante, com os prós superando os contras, especialmente se criptografá-lo, tornando o conteúdo inacessível ao provedor de nuvem.

LEMBRE-SE

Quando se tratam de computadores, o que *nuvem* realmente significa é "computador de outra pessoa". Sempre que armazena dados confidenciais, incluindo os que estão em backups, na nuvem, você os armazena em algum computador físico pertencente a outra pessoa. O provedor de nuvem pode oferecer uma proteção maior, mas não espere que o uso da nuvem elimine de alguma forma mágica os riscos de cibersegurança.

Armazenamento em rede

O backup em uma unidade de rede oferece uma combinação de recursos de vários locais anteriores para armazenar backups.

Como o backup local, o backup de rede está prontamente disponível, mas, talvez, a uma velocidade um pouco menor.

Como o backup externo, se o servidor de rede no qual o backup está localizado for externo, o backup estará protegido contra problemas no local em que os dados principais estão. Diferente do backup externo, no entanto, a menos que tenha certeza de que os arquivos são externos, podem estar no mesmo local dos dados primários.

Como o backup na nuvem, o backup de rede pode ser restaurado para outros dispositivos em sua rede. Diferente do backup na nuvem, pode ser acessível apenas para dispositivos na mesma rede privada (o que pode ser um problema ou, em algumas situações, uma vantagem do ponto de vista da segurança).

Além disso, o armazenamento em rede é implementado com discos redundantes e backups automáticos, oferecendo melhor proteção aos dados do que muitas outras opções de armazenamento.

DICA

Se optar pelo armazenamento em rede para backups, verifique se o mecanismo usado para fazê-los (por exemplo, software) tem as permissões de rede adequadas para o armazenamento. Em muitos casos, é preciso configurar login e senha.

Locais combinados

Não há motivo para fazer backup apenas em um local. Da perspectiva de uma rápida restauração, em quanto mais locais fizer backup dos dados com segurança, melhor. Na verdade, locais diferentes oferecem diferentes tipos de proteção otimizados para diferentes situações.

Manter uma cópia local para poder restaurar rapidamente um arquivo excluído sem querer, bem como manter um backup na nuvem em caso de desastre natural, por exemplo, é interessante para muitas pessoas.

No entanto, lembre-se de que, se armazenar backups em vários locais, precisará garantir que todos estejam seguros. Se não tiver certeza sobre a segurança de alguma forma de backup, tenha cuidado e não faça backup apenas baseado em uma lógica de "quanto mais backups, melhor".

Como locais de backup diferentes fornecem pontos fortes e fracos diferentes, a utilização de vários locais de backup pode protegê-lo melhor contra mais riscos do que usar apenas um site.

Onde Não Copiar

Nunca, jamais armazene backups anexados ao seu computador ou à sua rede, a menos que tenha outro backup que possa usar para a recuperação em caso de ataque de malware. O ransomware que infecta seu computador e torna os arquivos inacessíveis para você pode fazer o mesmo com o backup anexado.

Após o backup, nunca deixe os discos rígidos de backup ou de estado sólido conectados aos sistemas ou às redes das quais fez as cópias. Qualquer malware que infecte o sistema primário também pode se espalhar para os backups. A remoção do backup conectado ao material copiado pode fazer toda a diferença entre se recuperar rapidamente de um ataque de ransomware e ter de pagar um resgate caro a um criminoso.

Se fizer backup em uma mídia de gravação única e muitas leituras, como CD-Rs e DVD-Rs, é seguro deixá-lo em uma unidade anexada após finalizar a gravação e definir o disco para ser de somente leitura.

Criptografando Backups

Os backups podem facilmente se tornar um elo fraco na cadeia de segurança da proteção de dados. As pessoas que são eficientes em proteger suas informações pessoais e as organizações que tomam o mesmo cuidado com suas informações confidenciais e patenteadas geralmente não conseguem oferecer o mesmo nível de proteção aos mesmos dados que estão em backups.

Com que frequência ouvimos notícias, por exemplo, de dados confidenciais colocados em risco porque não estavam criptografados nos backups perdidos ou roubados?

DICA

Em geral, se não tem certeza se deve criptografar seu backup, é porque deve.

Criptografe seus backups se contiverem informações confidenciais, o que, na maioria dos casos, acontece. Afinal, se os dados são importantes o suficiente para ser copiados, as chances são muito grandes de que pelo menos alguns sejam sigilosos e devam ser criptografados.

Proteja adequadamente a senha necessária para desbloquear os backups. Lembre-se de que pode demorar um pouco até precisar usá-los, portanto, não confie na memória, a menos que use essa senha regularmente para testar os backups.

DICA

Do ponto de vista prático, muitos administradores de sistema profissionais que lidam com vários backups todos os dias nunca viram um backup que não precisasse ser criptografado.

Frequência dos Backups

Não há uma regra simples e padrão para a quantidade de vezes que você deve fazer backup de seu sistema e dados. Em geral, nunca perca trabalho suficiente a ponto de causar uma grande dor de cabeça.

A realização de um backup completo todos os dias requer mais espaço de armazenamento e leva mais tempo para ser executada. No entanto, isso representa mais cópias totais de dados disponíveis, portanto, se um backup falhar ao mesmo tempo que o armazenamento de dados primário, é provável que menos dados sejam perdidos, e menos backups sejam necessários para executar um sistema ou uma restauração de dados.

A execução de um backup completo todos os dias é viável para muitas pessoas, especialmente para quem pode fazê-lo após o horário de trabalho ou enquanto dorme. Essa estratégia garante uma proteção maior. Com os preços de armazenamento caindo nos últimos anos, o custo de fazê-lo, que antes era impensável para a maioria das pessoas, agora é acessível.

Algumas pessoas e organizações escolhem fazer um backup completo semanal e o associam a backups incrementais ou diferenciais diários. A estratégia anterior fornece a rotina de backup mais rápida; a última oferece a recuperação mais rápida e reduz o número de backups necessários para fazer uma restauração para dois dias, em vez de sete.

DICA

Além disso, considere adotar backups manuais ou um esquema automatizado se trabalha com materiais importantes durante o dia. Usar backups automatizados no aplicativo Word, por exemplo, pode poupá-lo de perder horas de trabalho se o computador travar. Da mesma forma, copiar documentos para um segundo local pode impedir a perda de trabalho significativo se seu disco rígido ou SSD falhar.

Para os aplicativos que não têm recursos de backup automático, algumas pessoas sugerem o uso da opção de menu Enviar do Windows ou do Mac, para enviar a si mesmas por e-mail cópias dos arquivos em que estão trabalhando. Embora essa não seja uma estratégia formal de backup, fornece maneiras de fazer backup do trabalho durante o dia entre os backups regulares, e geralmente externos, garantindo que se o computador de alguém parar repentinamente, um dia inteiro de trabalho não será perdido.

Em geral, se não tem certeza se está fazendo backup com frequência suficiente, é porque não está.

Eliminando Backups

Pessoas e organizações armazenam backups por longos períodos — às vezes, preservando materiais por tanto tempo, que a criptografia usada para protegê--los se torna suficiente para os invasores indiscretos.

Como tal, é imperativo que, de tempos em tempos, você destrua seus backups ou os recrie.

Os formatos de hardware e software mudam com o tempo. Se fez backup em fitas nos anos 1980, nas caixas Bernoulli no início dos anos 1990 ou em unidades Zip no final da mesma década, pode ser difícil encontrar hardwares, drivers compatíveis e outros softwares necessários para restaurá-lo hoje em um computador moderno.

Da mesma forma, se fez backup dos dados junto com vários programas DOS ou executáveis de 16 bits do Windows necessários para processar seu conteúdo, talvez não consiga restaurá-lo em muitas máquinas modernas, que não conseguem processá-lo. Obviamente, se fez uma imagem completa do sistema de uma máquina há 20 anos, terá dificuldades em restaurá-la hoje (talvez seja possível com máquinas virtuais, algo muito além do nível de habilidade técnica da maioria dos usuários).

Mesmo algumas versões mais antigas dos arquivos de dados podem não funcionar facilmente. Os documentos do Word de meados da década de 1990, por exemplo, que podem estar infectados com várias formas de malware, não são abertos nas versões modernas do Word, a menos que um usuário permita esse acesso, o que pode ser difícil ou impossível em determinados ambientes corporativos. Formatos de arquivo utilizados especificamente por softwares que saíram do mercado podem ser ainda mais difíceis de abrir.

Dessa forma, os backups antigos podem não ter muito valor para você. Portanto, quando um backup não for mais útil ou sua proteção de dados estiver em risco de comprometimento, livre-se dele.

Como descartar fitas, discos e outros? Você pode simplesmente jogá-los no lixo?

É claro que não! Isso mina totalmente a segurança dos dados nos backups.

Em vez disso, adote um dos seguintes métodos:

» **Substituição:** Vários programas de software gravam em cima de todos os setores da mídia de armazenamento várias vezes (o número real de vezes depende do nível de segurança especificado pelo usuário), dificultando, se não impossibilitando, a recuperação subsequente.

» **Desmagnetização:** Vários dispositivos com ímãs fortes podem ser usados para tornar os dados em mídia magnética (como discos rígidos e disquetes) fisicamente inacessíveis, expondo a mídia a um forte campo magnético.

» **Incineração:** A queima da mídia de armazenamento em fogo de alta temperatura é suficiente para destruí-la. Não tente fazer isso sozinho. Se deseja seguir esse método, encontre um profissional com experiência. O processo de incineração varia de acordo com o tipo de mídia.

» **Trituração:** Cortar em pedaços pequenos. O ideal é virar pó. Em qualquer caso, um triturador antiquado que corta a mídia em tiras não é seguro para mídias que não foram previamente substituídas ou desmagnetizadas.

DICA

A importância de armazenar e descartar adequadamente os backups é desmedida. Vazamentos graves de dados resultaram de mídias perdidas após um longo tempo de armazenamento.

Teste de Backups

Muitas pessoas pensaram que tinham backups adequados e, quando precisaram deles, descobriram que estavam corrompidos. Portanto, testá-los é fundamental.

Embora, teoricamente, devam-se testar todos os backups realizados e verificar se todos seus itens podem ser restaurados, esse esquema é impraticável para a maioria das pessoas. No entanto, teste o primeiro backup que faz com qualquer software, verifique os arquivos de recuperação automática na primeira vez em que usar o Word, e assim por diante.

Alguns softwares de backup têm o recurso de *verificação*, ou seja, depois de fazê--lo, verificam se os dados originais e os copiados correspondem. Fazer essa verificação após o backup aumenta em muito tempo o processo, mas vale a pena se você puder fazê-la, pois ajuda a garantir que nada foi gravado incorretamente ou que corrompido no processo.

Backups de Criptomoedas

Como a criptomoeda (veja o Capítulo 1) é rastreada em um livro contábil, e não armazenada em um banco, seu backup envolve copiar as chaves privadas usadas para controlar os endereços dela, não a criptomoeda em si. Muitas vezes, as chaves não são mantidas eletronicamente. São impressas em papel e armazenadas em um cofre de banco ou um cofre à prova de fogo.

Para aqueles que usam carteiras de hardware para armazenar as chaves de sua criptomoeda, o backup do dispositivo da carteira geralmente é uma *semente de recuperação*, uma lista de palavras que permite ao dispositivo recriar as chaves necessárias para os endereços relevantes. É geralmente aceito que a lista de palavras seja escrita em papel e armazenada em um cofre de banco e/ou análogo — não armazenada eletronicamente.

Backups de Senhas

DICA

Sempre que fizer backup de listas de senhas, pense na segurança. Para as senhas importantes, que não mudam frequentemente e cujo uso não costuma ser urgente, considere não fazer nenhum registro digital. Em vez disso, anote-as em um pedaço de papel e coloque-as em um cofre de banco.

Criando um Disco de Boot

Se precisar recriar seu sistema, precisará da capacidade de inicializar o computador, portanto, como parte do processo de backup, crie um disco de boot. Para a maioria dos smartphones e tablets, isso não é um problema, pois a redefinição do dispositivo para as configurações de fábrica já funciona como boot.

No entanto, essa simplicidade nem sempre se aplica aos computadores; ao executar seu primeiro backup, o ideal é criar um disco de boot que seja seguro para inicializar (em outras palavras, sem malwares e outros). A maioria dos pacotes de software de backup o orienta no processo, e alguns fabricantes de computadores fazem o mesmo na primeira inicialização do sistema. Vários pacotes de software de segurança também são distribuídos em CDs ou DVDs de boot.

254   PARTE 6 **Backup e Recuperação**

> **NESTE CAPÍTULO**
>
> » Descobrindo dois tipos principais de redefinições de dispositivo
>
> » Sabendo quando usá-los
>
> » Redefinindo seu dispositivo de forma adequada

Capítulo **14**

Redefinindo Tudo

O Capítulo 13 fala sobre backup e por que ele é um componente crítico de todo e qualquer plano de cibersegurança. Há quase 100% de chance de que, em algum momento, você perderá o acesso a algum arquivo necessário, e fazer a restauração será um "salva-vidas".

Neste capítulo, discuto a redefinição e mostro o que você precisa saber para fazê--la com êxito em seu dispositivo, para que fique tão bom (ou quase) quanto novo.

Duas Formas de Redefinir

Às vezes, a maneira mais fácil de restaurar — e garantir que nenhum dos problemas retorne — é redefinindo as configurações de fábrica do dispositivo, reinstalando os aplicativos e copiando os arquivos de dados de um backup.

DICA

Algumas formas de malware sobrevivem à redefinição de fábrica. Portanto, se seu dispositivo foi infectado por malware, lembre-se de resolver esse problema mesmo que planeje redefinir o dispositivo. Ou consulte um especialista.

Além disso, provavelmente haverá momentos em que seu dispositivo travará, ou seja, não responderá e deixará de funcionar normalmente. Tais ocasiões podem ser assustadoras para muitos usuários não técnicos, que assumem que podem perder seus dados. A execução do tipo adequado de redefinição nesses casos, no entanto, é bastante simples e quase sempre preserva os arquivos do usuário (embora os arquivos atualmente em trabalho possam ser preservados quando foram salvos pela última vez).

Há dois tipos de redefinição: fácil e difícil. É fundamental saber a diferença entre elas antes de usá-las.

Redefinições fáceis

A *redefinição fácil* é o equivalente a desligar fisicamente um dispositivo e depois ligá-lo. Não limpa programas, dados e nem malware.

DICA

Uma prática comum é reiniciar um dispositivo se ele travar e deixar de responder. Também é útil após uma falha do tipo Tela Azul da Morte (Figura 14-1).

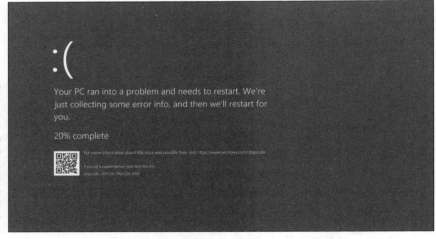

FIGURA 14-1: Uma variante da infame Tela Azul da Morte do Windows. Se vir essa tela, precisará fazer a redefinição fácil do computador.

Dispositivos antigos

A maioria dos dispositivos modernos possui um recurso de redefinição fácil, mas alguns mais antigos não. No entanto, a bateria deles geralmente é removível, então, removê-la e cortar toda a energia gera o mesmo efeito.

Computadores Windows

A maioria dos computadores Windows é reinicializada ao pressionar o botão Liga/Desliga por dez segundos. Mantê-lo pressionado corta a energia do computador, da bateria e de quaisquer adaptadores CA/rede elétrica conectados (mesmo que a bateria esteja conectada e totalmente carregada), e o desliga.

Depois que o dispositivo for desligado, aguarde dez segundos e pressione o botão Liga/Desliga para reiniciá-lo.

Computadores Mac

Vários modelos Mac são redefinidos de formas diferentes:

>> Mantenha o botão Liga/Desliga pressionado por cerca de cinco segundos, e o Mac se desligará. Solte o botão, aguarde alguns segundos e pressione-o novamente, para que seja reiniciado. Em alguns Macs, pressionar e segurar o botão Liga/Desliga pode exibir um menu; nesse caso, pressione R para reinicializar e reinicie diretamente, em vez de desligar e reiniciá-lo.

>> Mantenha pressionado Control + ⌘ junto com o botão Liga/Desliga.

>> Pressione e segure o botão TouchID até o Mac se reiniciar.

Dispositivos Android

A maneira de fazer a redefinição fácil dos dispositivos Android varia entre os fabricantes. É provável que um dos métodos a seguir funcione:

>> Pressione e segure o botão Liga/Desliga até ver um menu de desligamento/reinicialização, e pressione Reiniciar (ou pressione Desligar, aguarde alguns segundos e pressione o botão Liga/Desliga novamente para religar o dispositivo).

>> Pressione e segure o botão Liga/Desliga. Se nenhum menu aparecer, mantenha o botão pressionado por dois minutos. Em algum momento, o dispositivo se desligará; quando isso acontecer, aguarde dez segundos e religue-o.

>> Se a bateria for removível, retire-a, aguarde dez segundos, coloque-a novamente e ligue o dispositivo.

iPhones

A maneira de fazer a redefinição fácil de um iPhone varia de acordo com o modelo. Em geral, um dos seguintes métodos funciona:

>> Pressione e solte o botão Aumentar Volume, pressione e solte o botão Diminuir Volume, pressione e segure o botão lateral (Liga/Desliga) até que o logotipo da Apple apareça na tela. Aguarde o dispositivo se reiniciar.

» Pressione e segure o botão Liga/Desliga. Enquanto ainda o segura, mantenha pressionado o botão Diminuir Volume. Quando aparecer um prompt e um controle deslizante Deslizar para Desligar, desligue o dispositivo deslizando-o para a direita. Aguarde dez segundos e pressione Liga/Desliga para religá-lo.

» Pressione e segure o botão Liga/Desliga e, enquanto o faz, pressione e segure o botão Diminuir Volume. Continue segurando os dois botões enquanto o iPhone se desliga e religa. Solte os dois botões quando o logotipo da Apple aparecer na tela e aguarde a reinicialização do dispositivo.

CUIDADO

Se usa uma versão do iPhone X, essa opção pode acabar ligando para os serviços de emergência, porque esses botões específicos pressionados por mais de cinco segundos podem ser programados para emitir um sinal SOS.

Redefinições difíceis

A *redefinição difícil* reconfigura o dispositivo para sua imagem de fábrica ou algo semelhante (leia mais informações sobre a imagem de fábrica no Capítulo 13).

Se deseja recuperar a imagem original de fábrica — para reconfigurar da mesma maneira quando era novo —, siga as instruções específicas do dispositivo.

CUIDADO

As redefinições difíceis são quase sempre irreversíveis. Depois de executar uma redefinição difícil forçada e o dispositivo voltar às configurações de fábrica, não é possível desfazê-la. Tudo o que instalou e os dados armazenados provavelmente desaparecerão para sempre (em alguns casos, ferramentas avançadas recuperam parte do material, mas essas recuperações são incompletas e, em muitos casos, impossíveis). Assim, não execute uma redefinição difícil até ter certeza de que tem backup de todo o material de que precisa.

Lembre-se também do seguinte:

» Em alguns casos, uma redefinição de fábrica não voltará as configurações do dispositivo como quando era novo, porque, durante as atualizações do sistema operacional, a imagem de recuperação também se atualiza. A redefinição de fábrica o definirá para a configuração que teria (ou bastante semelhante) quando era novo, mas com o sistema operacional atualizado.

» Após executar uma redefinição de fábrica, um ou mais (ou possivelmente todos) patches e outras atualizações de segurança que instalou podem sumir, o que significa que o dispositivo ficará mais vulnerável a comprometimentos. Portanto, após a restauração, execute de imediato o processo de atualização do sistema operacional (repetidamente, até não encontrar mais atualizações necessárias), bem como o de qualquer software de segurança (também repita até não haver atualizações necessárias). Somente após a conclusão dessas etapas você deve instalar outros softwares e realizar outras atividades online.

Redefinindo um dispositivo Windows moderno

Seu dispositivo Windows moderno provavelmente oferece uma ou mais maneiras de redefini-lo. As seções a seguir descrevem os três principais métodos.

MÉTODO 1

1. **No menu Iniciar, clique em Configurações ou Configurações do PC, dependendo da versão do sistema operacional.**

2. **Nas Configurações do Windows, clique em Atualização e Segurança.**

A tela do Windows Update será exibida.

3. **Clique em Recuperação, no menu no lado esquerdo da janela.**

4. **Clique no botão Começar agora na seção Restaurar o PC, na parte superior da janela.**

Nesse ponto, pode ser solicitado o CD de instalação original, que vem junto com o Windows 10. Se vir essa mensagem, coloque o CD. Se não a receber, e a maioria dos usuários não a recebe, siga em frente.

O Windows oferece duas opções: remover programas e aplicativos e redefinir as configurações para os padrões de fábrica:

- **Manter meus arquivos:** Essa opção deixa seus arquivos de dados intactos (desde que estejam armazenados em pastas de dados).

- **Remover tudo:** Essa opção remove todos os arquivos de dados, junto com os aplicativos e programas (redefine para as configurações de fábrica).

5. **Selecione uma das opções de redefinição.**

DICA

Se fizer uma redefinição completa porque seu sistema foi infectado por malware ou seus arquivos de dados podem ter sido corrompidos, selecione Remover Tudo e restaure os arquivos de dados a partir de um backup limpo.

Se optar por remover seus arquivos junto com todo o resto, o Windows apresentará duas opções:

- **Apenas remova meus arquivos:** Essa opção apaga seus arquivos, mas não limpa a unidade. Isso significa que alguém que obtenha acesso a ela pode recuperar os dados que estavam nos arquivos — no todo ou em parte —, mesmo após a exclusão. Essa opção é relativamente rápida.

- **Remova os arquivos e limpe a unidade:** Essa opção não apenas remove todos os arquivos de dados, como limpa a unidade, ou seja, substitui todo 1 e 0 do arquivo, para reduzir drasticamente a probabilidade de que alguém no futuro possa recuperar dados dos arquivos excluídos. A limpeza de uma unidade é demorada; se selecionar essa opção, a restauração poderá demorar muito mais do que se optar pela primeira.

DICA

Se for redefinir o sistema para limpá-lo após se recuperar de uma infecção por malware, não há motivos para limpar a unidade. Se for entregá-lo a outra pessoa, é uma boa ideia limpar completamente a unidade (alguns argumentam que você deve limpar a unidade inteira com uma tecnologia de limpeza ainda melhor do que a fornecida pela opção de redefinição discutida neste capítulo).

Nesse ponto, você pode receber uma mensagem de aviso. Se o computador tinha um sistema operacional diferente e foi atualizado para o Windows 10, a redefinição removerá os arquivos de recuperação criados durante a atualização, que permitem fazer o downgrade do sistema operacional em execução — o que significa que, se redefini-lo, terá um computador com Windows 10 que não voltará ao sistema operacional anterior. Na maioria dos casos, esse aviso não é um problema significativo; o Windows 10 é relativamente maduro, e poucas pessoas que atualizaram para ele desde a publicação deste livro quiseram fazer downgrade.

Obviamente, se for redefinir o sistema porque não está funcionando corretamente após a atualização para o Windows 10, não continue com a redefinição. Faça o downgrade para a versão mais antiga com a ferramenta específica.

Você verá uma mensagem de aviso final mostrando que o computador está pronto para fazer a redefinição, e é isso mesmo. Leia as informações. Se não deseja que nada do que estiver escrito aconteça, não continue.

6. **Quando estiver pronto para prosseguir, clique no botão Redefinir.**

Pode sair para tomar um café. A redefinição demora, especialmente se optar por limpar a unidade.

7. **Após um tempo, se receber uma solicitação perguntando se deseja continuar no Windows 10 ou executar a solução de problemas, clique em Continuar.**

MÉTODO 2

Se o computador estiver *bloqueado*, ou seja, for inicializado em uma tela de login, mas não for possível fazer o login — por exemplo, se um hacker alterou sua senha —, você ainda pode redefinir as configurações de fábrica:

1. **Dê boot no PC.**

2. **Quando a tela de login aparecer, clique no ícone Liga/Desliga, no canto inferior direito.**

Várias opções lhe serão oferecidas. Não clique nelas ainda.

3. **Sem clicar em Nenhuma opção, primeiro mantenha pressionada a tecla Shift e clique em Reiniciar.**

   Um menu especial será exibido.

4. **Clique em Solucionar Problemas.**

5. **Selecione Restaurar o PC.**

6. **Selecione Remover Tudo.**

CUIDADO

Leia os avisos e entenda quais são as consequências de executar uma redefinição difícil antes de fazê-la. Essa redefinição é provavelmente irreversível.

MÉTODO 3

Este método varia um pouco conforme o fabricante do computador.

Para redefinir o dispositivo:

1. **Ligue o computador e inicialize no Windows 10.**

   Se tiver mais de um sistema operacional instalado no computador, selecione a instalação do Windows 10 que deseja redefinir. Se tudo o que tem é um sistema operacional, como é o caso da maioria das pessoas, não precisa selecionar nada, porque ele será inicializado automaticamente.

2. **Enquanto o computador estiver inicializando, pressione e segure a tecla F8 para entrar no menu de inicialização.**

3. **No menu de inicialização, na tela Opções de Inicialização Avançadas exibida, clique em Reparar Seu Computador e pressione Enter.**

4. **Se pedirem para escolher o layout de teclado, faça e clique em Avançar.**

5. **Selecione seu nome de usuário, digite sua senha e clique em OK.**

6. **No menu Opções de Recuperação do Sistema exibido, clique em Recuperação da Imagem do Sistema e siga as instruções para voltar às configurações de fábrica.**

DICA

Se os menus aparecerem de maneira diferente após pressionar F8 na última etapa, procure a opção Redefinição de Fábrica.

Redefinindo um dispositivo Android moderno

Os dispositivos Android modernos vêm equipados com um recurso de redefinição de fábrica, embora o local exato da opção varie com base no fabricante do dispositivo e na versão do sistema operacional.

CAPÍTULO 14 **Redefinindo Tudo**   261

Mostro vários exemplos de como fazer uma redefinição completa em vários dispositivos populares. É provável que outros tenham opções semelhantes.

SAMSUNG GALAXY SERIES COM ANDROID 9

Em telefones Samsung Galaxy populares com Android versão 9 (ou Android Pie, a versão mais recente no início de 2019), acesse a opção de redefinição de fábrica seguindo estas instruções:

1. Vá para o menu Configurações.

2. No menu principal de Configurações, clique em Gerenciamento geral.

3. Clique em Restaurar.

4. Clique em Restaurar padrão de fábrica.

5. Siga as instruções apresentadas nos respectivos avisos.

TABLETS SAMSUNG COM ANDROID 9

A popular série de tablets Samsung possui estruturas de menus para redefinições difícies semelhantes às da série Galaxy, embora um pouco diferentes.

1. Vá até o menu Configurações.

2. No menu principal de Configurações, clique em Gerenciamento geral.

3. Clique em Restaurar.

4. Clique em Restaurar padrão de fábrica.

5. Siga as instruções apresentadas nos respectivos avisos para continuar.

DISPOSITIVOS HUAWEI COM ANDROID 8

Os telefones Huawei, populares em toda a Ásia, podem ser redefinidos seguindo as seguintes etapas (ou semelhantes, conforme a versão do sistema operacional):

1. Vá até o menu Configurações.

2. No menu principal de Configurações, clique em Sistema.

3. Clique em Redefinir.

4. Clique em Restaurar configurações de fábrica.

5. Siga as instruções apresentadas nos respectivos avisos para continuar.

Redefinindo um Mac

Antes de redefinir um Mac, execute as seguintes etapas:

1. **Saia do iTunes.**

2. **Cancele a autorização de aplicativos bloqueados no Mac.**

Desconecte-os para efetuar login novamente no dispositivo recém-restaurado, que esses sistemas podem encarar como um dispositivo diferente.

3. **Saia de Mensagens.**

4. **Saia do iCloud.**

Pode-se fazer isso no aplicativo Preferências do Sistema, que pedirá senha.

Embora a redefinição difíciel funcione sem as três etapas anteriores, executá-las evita vários problemas na restauração.

Depois de sair do iTunes, Mensagens e iCloud:

1. **Reinicie o Mac no modo de recuperação, mantendo pressionadas as teclas Command e R enquanto reinicia.**

Você pode ver uma tela de seleção de idioma. Escolha o de sua preferência — em homenagem à última flor do Lácio, espero que seja português.

2. **Execute o Utilitário de Disco.**

3. **Na tela do Utilitário de Disco, selecione o volume principal do dispositivo, clique em Desmontar e depois em Apagar.**

4. **Apague quaisquer outros discos no dispositivo.**

5. **Saia do Utilitário de Disco clicando em Sair do Utilitário de Disco.**

6. **Clique em Reinstalar macOS e siga as etapas para reinstalar o sistema operacional no disco principal do Mac (veja a Figura 14-2).**

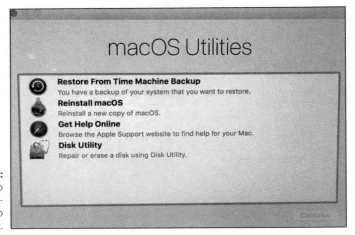

FIGURA 14-2: Menu Modo de recuperação do Mac.

Redefinindo um iPhone

Para fazer a redefinição difícil de um iPhone moderno:

1. **Vá até o menu Configurações e selecione Geral ⇨ Redefinir ⇨ Apagar Conteúdo e Ajustes.**

2. **Se pedirem seu ID e senha da Apple para confirmar a exclusão, insira-os.**

3. **Quando vir um aviso e um botão vermelho Apagar iPhone (ou iPad), clique nele.**

Personalize o Dispositivo após a Redefinição

Depois de redefinir um dispositivo, você deve:

» Instalar todas as atualizações de segurança.

» Instalar todos os programas e aplicativos que usa nele — e todas as atualizações relevantes.

» Restaurar seus dados a partir de um backup.

Veja o Capítulo 15 para obter mais detalhes sobre esses tópicos.

NESTE CAPÍTULO

» **Restaurando a partir de diferentes tipos de backup**

» **Descobrindo arquivos**

» **Recuperando criptomoeda**

Capítulo 15

Restaurando Backups

B ackup é um componente crítico de todo e qualquer plano de cibersegurança. Após redefinir um dispositivo para as configurações de fábrica como parte do processo de recuperação (veja o Capítulo 14), restaure seus dados e programas para que o dispositivo funcione normalmente.

Como a maioria das pessoas não precisa restaurar os backups regularmente e o processo é feito após a ocorrência de algo "ruim", que forçou a restauração, muitas fazem a restauração sob estresse. Como tal, tendem a cometer erros durante o processo, o que pode levar à perda de dados para sempre. Felizmente, este capítulo mostra como restaurar com sucesso.

O que Se Precisa Restaurar

Há quase 100% de chance de que, em algum momento, você perderá o acesso a algum arquivo de que ainda precisa, e restaurá-lo a partir de um backup salva vidas. Mas restaurar não é exatamente simples. É preciso considerar vários fatores antes de executar uma restauração. Planejamento e execução adequados fazem a diferença entre recuperar dados perdidos e perder ainda mais.

DICA

A restauração a partir de backups não é tão simples como muitas pessoas pensam. Não deixe de ler este capítulo antes de executá-la.

Pare! Agora...

Você notou que alguns dados a que deseja acessar estão ausentes. Notou que um arquivo está corrompido. Notou que algum programa não está sendo executado corretamente. Então, deve restaurar a partir de um backup, certo? Pera lá!

CUIDADO

Restaurar sem saber por que o problema ocorreu é perigoso. Por exemplo, se tiver uma infecção por malware no seu computador, a restauração enquanto o malware ainda estiver presente não removerá a ameaça e, dependendo do tipo de malware e backup, pode corromper os arquivos do backup. Se o malware corromper o armazenamento de dados primário, você pode perder seus dados e não conseguir restaurá-los!

Por exemplo, pessoas que tentaram restaurar dados de backups em discos rígidos externos perderam dados por causa de ransomware. No momento em que a unidade externa é conectada ao computador infectado, o ransomware se espalha para o backup, e tudo o que está criptografado também!

CUIDADO

O malware também pode se espalhar para o armazenamento em nuvem. Não o restaure sem saber o que aconteceu.

Mesmo no caso de backups em mídias de somente leitura, que o malware não pode infectá-las, tentar restaurá-los antes de neutralizar a ameaça representada pela infecção é um desperdício de tempo e disponibiliza mais dados para o malware roubar.

Antes de restaurar a partir de qualquer backup, diagnostique a origem do problema que causou a necessidade de restauração. Se excluiu acidentalmente um arquivo, por exemplo, e sabe que o problema ocorreu devido ao seu erro, vá em frente e o restaure. Mas se não tiver certeza do que aconteceu, aplique as técnicas descritas nos Capítulos 11 e 12 para descobrir o que precisa fazer para proteger seu computador antes de fazer a restauração.

Restaurando Backups Completos dos Sistemas

Um *backup completo do sistema* copia o sistema inteiro, incluindo o operacional, programas/aplicativos, configurações e dados. O termo vale para qualquer sistema, de smartphones a servidores massivos em data centers.

Como tal, o processo de restauração recria um sistema idêntico ao que foi feito no backup, no momento em que foi feito (isso não é totalmente verdadeiro no sentido absoluto — o relógio do sistema mostrará um horário diferente do sistema original, por exemplo —, mas é verdadeiro para os objetivos práticos).

Restaurando no dispositivo do qual a cópia foi feita

A restauração a partir de uma imagem do sistema funciona melhor quando os sistemas são restaurados no mesmo dispositivo do qual a cópia foi feita. Se o sistema foi infectado por malware, por exemplo, e você restaurar no mesmo dispositivo a partir de uma imagem criada antes da infecção, o sistema tende a funcionar bem (obviamente, você perderia qualquer trabalho e outras atualizações feitas desde então, portanto, esperamos que os tenha em backup, usando um dos métodos do Capítulo 13).

CUIDADO

As restaurações completas do sistema são irreversíveis. Tenha certeza absoluta de que deseja fazê-la antes de começar.

A restauração de um backup completo do sistema é a maneira mais rápida de restaurar um sistema inteiro, mas o processo pode demorar muito mais do que restaurar apenas alguns arquivos corrompidos. Também é muito mais provável que você apague acidentalmente configurações ou dados criados desde o último backup. Portanto, use-a somente quando for realmente necessário.

DICA

Se excluir acidentalmente vários arquivos ou até pastas, não faça uma restauração completa do sistema. Apenas restaure esses arquivos de um backup usando uma das técnicas descritas mais adiante neste capítulo.

Restaurando em um dispositivo diferente

A restauração a partir de uma imagem não funciona em um sistema com componentes de hardware totalmente diferentes do original. Em geral, quanto mais diferente for a imagem do sistema, mais problemas podem surgir.

LEMBRE-SE

Alguns desses problemas podem ser corrigidos automaticamente. Se restaurar um sistema com drivers de uma placa de vídeo para um sistema com outra, por exemplo, o sistema restaurado perceberá que os drivers errados estão instalados e não os usará. Em vez disso, usará os drivers internos padrões do sistema e instalará os drivers para a placa correta (em alguns casos, os baixará automaticamente ou solicitará que você faça isso).

Alguns problemas não são corrigidos automaticamente. Se o computador que fez backup usou um teclado e mouse padrões conectados por USB, e o dispositivo no qual está restaurando usa um teclado proprietário, que se conecta de outra forma, este pode não funcionar após a restauração; pode ser necessário conectar um teclado USB ao sistema para baixar e instalar os drivers do teclado proprietário. Tais situações têm se tornado cada vez mais raras devido à padronização e às melhorias nos sistemas operacionais modernos, mas ainda existem.

Alguns problemas não são corrigíveis. Se você tentar restaurar a imagem do sistema de um Mac em um computador feito para executar o Windows, não funcionará.

DICA

Alguns pacotes de software de backup permitem configurar uma restauração para instalar drivers separados ou procurar os que correspondam ao hardware no qual a restauração está sendo feita para substituir os encontrados no backup, que são inadequados. Se você tem um recurso desse tipo e tem dificuldade em restaurá-lo sem ele, pode tentar usá-lo.

Um backup completo do sistema pode ou não incluir um backup de todo o conteúdo em todas as unidades conectadas a ele, não apenas as montadas nele (teoricamente, todas essas unidades devem ser incluídas em uma imagem do sistema, mas o termo *imagem do sistema*, em geral, significa uma imagem dos discos rígidos internos e SSDs).

DICA

Se um dispositivo para o qual você tem uma imagem falhar, poderá usar a imagem do sistema para recriar todo o sistema como estava no momento em que o backup foi feito. Quando você usa o sistema reconstruído, ele deve funcionar exatamente como o sistema anterior no momento do backup.

Imagens originais do sistema

Se deseja recuperar a imagem original de fábrica de um sistema antes de restaurar seus dados e programas, veja o Capítulo 14, que é dedicado a essas restaurações.

Após executar uma redefinição de fábrica, um ou mais (e até todos) patches e outras atualizações de segurança que instalou no dispositivo podem desaparecer. O dispositivo está vulnerável a vários ataques. Imediatamente após a restauração, você deve executar o processo de atualização do sistema operacional (repetidamente, até não encontrar mais atualizações), bem como o processo de atualização para qualquer software de segurança (também repetidamente até não haver mais atualizações).

Somente após a conclusão dessas etapas você deverá instalar outro software, seus dados ou realizar outras atividades online.

Imagens posteriores do sistema

Antes de fazer a restauração a partir de qualquer imagem do sistema, verifique se um problema que a exija não permanecerá ou se será restaurado também. Se o computador foi infectado com ransomware, por exemplo, e você remover o malware com o software de segurança, mas precisa restaurar os arquivos criptografados criminalmente de um backup, é necessário atentar para não acabar restaurando os ransomwares junto com os dados.

Se tiver certeza de que uma imagem foi criada antes da ocorrência do problema, vá em frente e use-a. Em caso de dúvida, se possível, restaure em outro dispositivo e verifique-o com o software de segurança antes de executar a restauração real. Se não tiver outro dispositivo no qual possa restaurar e não tiver certeza se o backup está infectado, contrate um profissional.

Instalando o software de segurança

Após restaurar a partir de uma imagem do sistema (configurações de fábrica ou posteriores), a primeira coisa que deve fazer é verificar se o software de segurança está instalado. Do contrário, instale-o. De qualquer maneira, execute as atualizações automáticas até não haver mais.

DICA

Instale o software de segurança antes de fazer qualquer coisa online. Se não tiver um software de segurança instalado antes de executar essas tarefas, a execução poderá causar uma violação de segurança no dispositivo.

Se possui o software de segurança em CD ou DVD, instale-o com a mídia. Se criou uma unidade USB ou outro disco com o software de segurança, instale-o com a mídia. Caso contrário, copie o software de segurança para o disco rígido de onde estiver e o execute.

Mídia de instalação original

Para programas adquiridos e instalados após a compra do dispositivo, é possível reinstalá-los após restaurar a imagem original do sistema ou até uma imagem posterior criada antes da instalação do software.

DICA

Se reinstalar o software de um CD ou DVD, as atualizações lançadas após a criação do CD ou do DVD não serão instaladas. Configure o programa para atualizar automaticamente ou as baixe e instale manualmente. Em alguns casos, as rotinas de instalação do software também podem perguntar se deseja executar automaticamente uma verificação de atualizações logo após a conclusão da instalação. Em geral, responder que sim é a melhor ideia.

Softwares baixados

A maneira como se reinstala os programas que comprou e já instalou em algum momento após a compra do dispositivo depende de onde o software se localiza:

DICA

» **Se possui uma cópia do software em um pen drive,** é possível reinstalá-lo a partir da unidade conectando-o ao dispositivo, copiando os arquivos para o disco rígido e executando a instalação.

Se o pen drive puder ter sido infectado por malware — por exemplo, você está fazendo a restauração devido a uma infecção por malware e pode ter inserido o pen drive no computador infectado em algum momento —, verifique-o com software de segurança antes de executar ou copiar qualquer coisa dele. Faça isso a partir de um dispositivo com um software de segurança em execução que impeça a propagação de infecções após conectar a unidade à máquina que está sendo usada para a varredura.

» **Se copiou o software para um DVD ou CD,** instale a partir desse disco. Instale todas as atualizações necessárias.

» **Se o software adquirido puder ser baixado novamente de um armário virtual,** faça-o. Em alguns casos, o software será atualizado automaticamente para a versão mais recente. Em outros, será a versão original, portanto, instale as atualizações.

» **Se o software puder ser baixado da fonte original** (software de domínio público, trialware que ativa com um código etc.), fique à vontade para fazer o download novamente. Em alguns casos — por exemplo, se as versões mais recentes exigirem o pagamento de uma taxa de atualização —, talvez seja necessário fazer o download da versão anterior. Em qualquer caso, instale todas as atualizações para a versão instalada.

Backups completos de dados

Em muitos casos, faz sentido restaurar todos os dados em um dispositivo:

» **Após a restauração de uma imagem de fábrica:** E após a reinstalação de todo o software necessário, o dispositivo ainda não terá nenhum (ou quase nenhum) dos dados, portanto, é necessário restaurá-los.

» **Após certos ataques de malware:** Alguns malwares modificam e/ou corrompem os arquivos. Para garantir a integridade dos arquivos, após uma infecção, restaure todos os dados do backup. Claro, supondo que tenha um backup recente o suficiente para fazer isso sem perder nenhum trabalho.

» **Após uma falha no disco rígido:** Se um disco rígido falhar, no todo ou em parte, os arquivos precisam ser movidos para outra unidade. Se tiver uma unidade separada para dados e outra para o sistema operacional e programas — como muitas pessoas —, executar uma restauração completa dos dados é a maneira mais fácil.

» **Ao fazer a transferência para um novo dispositivo semelhante:** A restauração de um backup é uma maneira fácil de colocar todos os seus

> arquivos de dados no novo dispositivo. Como alguns programas armazenam configurações em pastas de dados do usuário, copiá-los diretamente ou executar uma restauração seletiva a partir de um backup é o melhor caminho. Porém, como as pessoas inadvertidamente deixam de fora arquivos ao usar essa técnica, às vezes são usadas restaurações completas.
>
> » **Após exclusões acidentais:** As pessoas excluem acidentalmente grandes partes de seus arquivos de dados. Uma maneira fácil de restaurar tudo e não se preocupar se as coisas estão "de volta ao que deveriam ser" é fazendo uma restauração completa de todos os dados.

Diferente da restauração de um backup completo do sistema, a restauração de um backup completo de dados não restaurará os aplicativos. Se um sistema precisar ser reconstruído completamente, a recuperação de dados exigirá restaurações anteriores às configurações de fábrica (ou uma imagem posterior do computador) e a reinstalação de todo o software.

DICA

O processo de várias etapas de restauração de uma imagem de fábrica e, em seguida, a reinstalação de aplicativos e a restauração de dados é mais tedioso do que restaurar a partir de uma imagem de sistema mais recente, mas também é muito mais portátil. A recuperação pode ser feita em dispositivos que variam bastante do original, usando imagens deles (ou em um novo dispositivo), seguida pela reinstalação de programas e pela restauração de dados.

Restaurando Backups Incrementais

Os *backups incrementais* são feitos após um backup completo e contêm cópias apenas da parte do conteúdo que foi alterada desde a execução do backup anterior (completo ou incremental).

DICA

Alguns produtos de software de backup simplistas usam backups incrementais e diferenciais internamente, mas ocultam o funcionamento interno dos usuários. Tudo o que os usuários fazem é selecionar quais arquivos ou tipos de arquivos restaurar e, se apropriado, quais versões deles, e o sistema funciona como mágica, ocultando a fusão de dados de vários backups na restauração resultante.

Backups incrementais dos dados

Em muitos casos de usuários domésticos, os *backups incrementais* copiam dados. Para recuperá-los nesse esquema, são necessárias várias etapas:

1. Uma restauração deve ser feita a partir do último backup de dados completo.

2. Após a conclusão, a restauração deve ser executada a partir de cada backup incremental feito desde o último backup completo.

Não incluir nenhum dos backups incrementais necessários na Etapa 2 leva a dados corrompidos, ausentes, presentes que não deveriam ser e inconsistentes.

CUIDADO

A maioria dos softwares de backup modernos avisa (ou impede) se você tenta pular os backups incrementais durante uma restauração incremental. No entanto, esse software às vezes não informa se está perdendo o backup ou backups finais em série.

Backups incrementais dos sistemas

Os *backups incrementais dos sistemas* são basicamente atualizações das imagens do sistema (imagens parciais no caso de backups parciais) que atualizam a imagem a partir dos dados com que o backup foi feito. O backup incremental do sistema contém cópias apenas da parte que foi alterada desde a execução do anterior (completo ou incremental).

Para restaurar a partir de um backup incremental do sistema:

1. Uma restauração deve ser feita a partir do último backup completo do sistema.

2. Após a conclusão, a restauração deve ser executada a partir de cada backup incremental feito desde que a imagem do sistema foi criada.

Excluir qualquer um dos backups incrementais necessários na Etapa 2 leva à corrupção de programas, dados, componentes do sistema operacional e problemas de incompatibilidade entre os softwares. A maioria dos softwares de backup modernos avisa (ou impede) se você pula vários incrementais durante uma restauração com um backup incremental. No entanto, geralmente não informam se está perdendo o backup final ou os backups em série.

Backups diferenciais

Os *backups diferenciais* contêm todos os arquivos que foram alterados desde o último backup completo (são semelhantes ao primeiro em uma série de backups incrementais executados após um backup completo).

DICA

Embora a criação de uma série de backups diferenciais leve mais tempo do que de uma série de incrementais, a restauração dos diferenciais é muito mais simples e rápida.

Para recuperar com um backup diferencial:

1. Faça a restauração a partir do último backup completo do sistema.

2. Após a conclusão, faça uma restauração do backup diferencial mais recente.

Restaure a partir do último backup diferencial, e não de qualquer outro.

DICA

Muitos sistemas de backup não avisam se você tenta restaurar a partir de um backup diferencial diferente do último. Antes de restaurar, verifique novamente se usa o mais recente!

A Tabela 15-1 mostra os processos de restauração comparativa de backups completos, incrementais e diferenciais.

TABELA 15-1   Processos de Recuperação

	Backup Completo	Backup Incremental	Backup Diferencial
Após o backup nº 1	Restaure a partir do backup nº 1	Restaure a partir do backup nº 1 (Completo)	Restaure a partir do backup nº 1 (Completo)
Após o backup nº 2	Restaure a partir do backup nº 2	Restaure a partir dos backups e nº 1 e nº 2	Restaure a partir dos backups nº 1 e nº 2
Após o backup nº 3	Restaure a partir do backup nº 3	Restaure a partir dos backups nº 1, nº 2 e nº 3	Restaure a partir dos backups nº 1 e nº 3
Após o backup nº 4	Restaure a partir do backup nº 4	Restaure a partir dos backups nº 1, nº 2, nº 3 e nº 4	Restaure a partir dos backups nº 1 e nº 4

Backups contínuos

Alguns *backups contínuos* são ideais para executar a restauração do sistema. Semelhante a uma imagem do sistema, permitem restaurar um sistema da forma como estava em determinado momento. Outros são terríveis para executar restaurações porque permitem restaurar apenas a versão mais recente, que geralmente sofre com a necessidade de ser reconstruída.

O uso normal de backups contínuos objetiva sanar falhas do equipamento, como um disco rígido que fica repentinamente bloqueado — e não a reconstrução de sistemas após um incidente de segurança.

Além disso, como os backups contínuos propagam constantemente o material do dispositivo que está sendo copiado, qualquer malware presente no sistema primário pode ir para o backup.

Backups parciais

Os *backups parciais* copiam uma parte dos dados. Da mesma forma, não devem ser usados como backups completos em caso de ataque de malware ou afins. Eles são úteis em outras situações, e você deve estar ciente de como restaurá-los.

Se tiver um conjunto específico de arquivos extremamente sigilosos, precisar fazer backup e armazená-los separadamente do restante do sistema, poderá usar um backup parcial. Se algo acontecer e você precisar reconstruir um sistema ou restaurar os dados confidenciais, precisará desse backup parcial separado para fazer a restauração.

As chaves privadas digitais que fornecem acesso a criptomoedas, recursos de criptografia/descriptografia de e-mail, e assim por diante, por exemplo, geralmente são armazenadas nesses backups junto com imagens de documentos extremamente confidenciais.

Frequentemente, são feitos backups parciais de dados confidenciais em unidades USB que ficam trancadas em cofres ou semelhantes. Nesses casos, a restauração do backup exige que o restaurador obtenha a unidade USB física, o que pode significar um atraso na restauração. Se a necessidade de restauração surgir às 18h de uma sexta-feira, por exemplo, e a unidade estiver em um cofre que não estará disponível até as 9h de segunda-feira, o material desejado ficará inacessível ao usuário por quase três dias.

LEMBRE-SE

Armazene seus backups parciais de uma maneira que permita acessar os dados quando necessário.

Outro cenário comum para backups parciais especializados é quando um backup baseado em rede é usado — especialmente dentro de uma pequena empresa —, e o usuário precisa fazer um backup de determinado material em caso de problemas técnicos durante a viagem. Esses backups nunca devem ser feitos sem a devida autorização. Se a permissão foi obtida e um backup foi criado, um usuário em trânsito que passa por um problema técnico que requer restauração de dados pode fazê-la copiando os arquivos da unidade USB (depois de, presumivelmente, descriptografar os arquivos usando uma senha forte ou outra forma de autenticação multifator).

Backups de pastas

Os *backups de pastas* são semelhantes aos parciais, porque os itens copiados se resumem a uma pasta específica. Se você executou um backup de pasta com uma ferramenta de backup, poderá restaurá-lo com as técnicas da seção anterior.

O processo de restauração é diferente se, no entanto, você criou o backup copiando uma pasta ou um conjunto de pastas para uma unidade externa (disco rígido, SSDs, unidade USB ou unidade de rede).

Teoricamente, basta copiar o backup para o local da pasta original. No entanto, isso poderá sobrescrever o conteúdo da pasta principal, fazendo com que quaisquer alterações feitas desde o backup sejam perdidas.

Backups de unidades

Os *backups de unidades* são semelhante a um backup de pasta, mas é feito o backup de uma unidade inteira, em vez de uma pasta.

Se você fez backup de uma unidade utilizando um software, é possível restaurá-la por meio dele.

Se fez backup de uma unidade copiando seu conteúdo para outro lugar, será necessário copiá-lo manualmente. Essa restauração pode não funcionar com perfeição, no entanto. Os arquivos ocultos e do sistema podem não ser restaurados, portanto, uma unidade inicializável com backup e restaurada dessa maneira pode perder a capacidade de inicialização.

Backups de unidades virtuais

Se você fez backup de uma unidade virtual criptografada, como uma unidade BitLocker de seu computador, poderá restaurar a unidade inteira de uma só vez ou arquivos e pastas isolados dela.

Restaurando toda a unidade virtual

Para restaurar a unidade virtual inteira de uma só vez, verifique se a cópia existente da unidade não é interna. A maneira mais fácil de fazer isso é inicializar o computador e não montar nenhuma unidade Bitlocker.

Se seu computador já estiver inicializado e a unidade estiver montada, basta desmontá-la:

1. **Selecione Iniciar ⇨ Este PC.**

2. **Localize a unidade Bitlocker montada.**

A unidade aparece com um ícone de cadeado, indicando que está criptografada.

3. **Clique com o botão direito e selecione Ejetar.**

Quando a unidade sair, a lista de unidades Este PC desaparecerá.

Depois que a unidade for desmontada, copie o backup da unidade para o local principal e substitua o arquivo que a contém.

Você pode desbloquear e montar a unidade.

Restaurando arquivos e/ou pastas

Para restaurar arquivos ou pastas individuais da unidade virtual, monte o backup como uma unidade virtual separada e copie os arquivos e as pastas para o primário como se estivesse copiando arquivos entre duas unidades.

DICA

O ideal é copiar o backup da unidade virtual antes de montá-la, então copiar os arquivos e/ou as pastas presentes nela, e montá-la como uma pasta de somente leitura.

DICA

Sempre desmonte a unidade de backup após copiar os arquivos para o local primário. Deixá-la montada — o que significa que duas cópias de uma grande parte do seu sistema de arquivos estarão em uso ao mesmo tempo — leva a erros humanos.

Lidando com Exclusões

Um dos problemas de qualquer restauração que não sobrescreve totalmente os dados em uma nova cópia é que ela pode não restaurar as exclusões.

Por exemplo, se após um backup completo você excluir um arquivo, criar dez novos arquivos, modificar dois arquivos de dados e executar um backup incremental, o backup incremental poderá ou não registrar a exclusão. Se restaurar do backup completo e depois do incremental, a restauração do incremental deverá excluir o arquivo, adicionar os dez novos arquivos e modificar os dois arquivos para a versão mais recente. Em alguns casos, no entanto, o arquivo excluído pode permanecer assim, porque algumas ferramentas de backup não são responsáveis por exclusões.

Mesmo quando esse problema ocorre, geralmente não é crítico. Você só precisa estar ciente dele. Obviamente, se excluiu arquivos confidenciais, verifique se a restauração os retornou ao computador (se pretende destruir permanente e totalmente um arquivo ou um conjunto de arquivos, remova-os dos backups).

Excluindo Arquivos e Pastas

Alguns arquivos e pastas não devem ser restaurados durante uma restauração. Na verdade, não deveriam nem ter sido copiados, a menos que se tenha gravado um disco, mas, em muitos casos, as pessoas os copiam de qualquer maneira.

A seguir há exemplos de alguns arquivos e pastas que podem ser excluídos das restaurações típicas feitas em uma máquina com Windows 10. Se você usar um software de backup, provavelmente ele excluirá esses arquivos ao criá-lo. Se copiar arquivos manualmente, poderá fazer o backup deles.

» Conteúdo da Lixeira.

» Caches do navegador (arquivos temporários da internet de navegadores, como Edge, Explorer, Firefox, Chrome, Vivaldi ou Opera).

» Pastas temporárias (geralmente chamadas Temp ou temporárias), armazenadas em C:\, no diretório do usuário ou no diretório de dados do software.

» Arquivos temporários (geralmente denominados *.tmp ou *.temp).

» Arquivos de troca do sistema operacional (pagefile.sys).

» Informações da imagem do sistema no modo de hibernação do sistema operacional (hyberfil.sys).

» Backups (a menos que queira fazer backup dos backups), como do histórico de arquivos do Windows.

» Arquivos do sistema operacional armazenados em backup durante uma atualização do sistema operacional (geralmente encontrados em C:\Windows.old no Windows cujos sistemas operacionais foram atualizados).

» Arquivos de cache do Microsoft Outlook (*.ost — observe que é necessário fazer backup dos armazenamentos de dados locais do Outlook [*.pst]; na verdade, em muitos casos, podem ser os arquivos mais críticos em um backup).

» Arquivos de log de desempenho em diretórios chamados PerfLogs.

» Arquivos indesejados que os usuários criam como arquivos temporários pessoais para armazenar informações (por exemplo, um arquivo de texto no qual o usuário digita um número de telefone que alguém lhe disse, mas que já inseriu na agenda do smartphone).

Backups integrados

Alguns aplicativos têm recursos de backup integrados que o protegem de perder seu trabalho se o computador travar, faltar energia, não restar energia na bateria e outros contratempos.

Alguns desses aplicativos solicitarão que você restaure documentos que, de outra forma, seriam perdidos devido a falhas no sistema ou algo semelhante. Quando você inicia o Microsoft Word após um desligamento anormal do aplicativo, por exemplo, ele fornece uma lista de documentos que podem ser recuperados automaticamente; às vezes, várias versões do mesmo documento.

Entendendo os Arquivos

O termo *arquivo* tem vários significados no mundo da tecnologia da informação. Descrevo os mais relevantes nas seções a seguir.

Vários arquivos armazenados em um

Às vezes, vários arquivos podem ser armazenados em um único. Esse conceito é entendido como unidades virtuais, anteriormente neste capítulo e no Capítulo 13. No entanto, o armazenamento de vários arquivos em um não requer a criação de unidades virtuais.

Você pode ter visto arquivos com a extensão .zip, por exemplo. Os *arquivos ZIP*, como são chamados, são contêineres que englobam um ou mais arquivos compactados. Armazenar vários arquivos em um contêiner desse tipo permite uma transferência muito mais fácil dos arquivos (um único arquivo ZIP anexado a um e-mail é muito mais fácil de gerenciar do que cinquenta pequenos). Também reduz a quantidade (às vezes significativamente) de espaço em disco e a largura de banda de internet necessária para armazená-los e movê-los.

Se precisar restaurar arquivos de um arquivamento desse tipo, poderá extrair todos os arquivos dele para sua fonte principal ou abri-lo e copiar os arquivos individuais para o local principal, como faria com qualquer arquivo encontrado em qualquer outra pasta.

Os arquivos compactados têm muitos formatos diferentes. Alguns aparecem automaticamente como pastas nos sistemas de arquivos Windows e Mac, e seu conteúdo, como arquivos e pastas dentro de pastas. Outros exigem um software especial para visualização e extração.

Dados antigos

Às vezes, os dados antigos são removidos dos sistemas primários e armazenados em outro local. Armazenar dados antigos melhora o desempenho. Por exemplo, se uma pesquisa em todos os itens de e-mail significa pesquisar 25 anos de mensagens, a pesquisa levará muito mais tempo do que avaliar os últimos três anos. Se quase todos os resultados relevantes sempre estiverem nos últimos anos, os e-mails mais antigos poderão ser movidos para um arquivo separado, onde você possa acessá-los e pesquisá-los separadamente, se necessário.

Se usar o arquivamento, leve isso em consideração ao restaurar os dados. Os arquivos precisam ser restaurados nos arquivamentos, e não restaurados acidentalmente nos armazenamentos de dados principais.

278   PARTE 6 **Backup e Recuperação**

Versões antigas

O termo *arquivo* também é usado para se referir a versões antigas de arquivos, pastas e backups, mesmo que estejam armazenados no local primário. Alguém que tem dez versões de um contrato, por exemplo, que foram executadas em diferentes momentos, pode manter todas elas em uma pasta Arquivo.

O arquivamento desse tipo pode ser feito por qualquer um ou vários motivos. Uma justificativa comum é evitar o uso acidental da versão antiga de um documento no lugar da atual.

Se estiver arquivando, leve isso em consideração ao restaurar os dados. Restaure todos os arquivamentos para seus locais apropriados. Você pode ver várias cópias do mesmo arquivo sendo restauradas; não assuma que isso é um erro.

Ferramentas de Backup

A restauração usando o software de backup é semelhante ao processo de criação do backup com ele.

Para restaurar usando o software de backup utilizado para criá-lo, execute o software (em alguns casos, talvez seja necessário instalar o software na máquina, em vez de executá-lo em um CD ou similar) e selecione Restaurar.

Ao restaurar, selecione a versão de backup correta.

CUIDADO

Cuidado com as falsas solicitações de restauração! Várias formas de malware apresentam avisos falsos, informando que seu disco rígido tem algum mau funcionamento e você deve executar uma restauração para reparar dados. Execute apenas restaurações de software que obteve de uma fonte confiável e nas quais sabe que pode confiar!

Muitos pacotes modernos de software de backup ocultam a abordagem usada para fazê-lo (completo, diferencial, incremental etc.) dos usuários e, em vez disso, permitem que escolham a versão dos arquivos que desejam restaurar.

Se usar o software especializado de backup e recuperação que acompanha um disco rígido externo ou dispositivo de estado sólido usado para fazer backup do dispositivo, conecte a unidade, execute-o (a menos que seja executado automaticamente) e siga as instruções da tela para fazer a restauração.

Esse software é simples de usar; a restauração funciona como uma versão simplificada da realizada com outro software de backup (veja a seção anterior).

LEMBRE-SE

Desconecte a unidade do sistema após executar a restauração!

Restauração de Backup do Windows

Para restaurar de um backup do Windows para os locais originais dos quais foi feito backup dos dados, siga estas etapas:

1. Selecione Iniciar ⇨ Configurações ⇨ Atualizações e Segurança ⇨ Backup.

2. Clique em Restaurar arquivos de um backup atual.

3. No visualizador do sistema de arquivos, navegue pelas diferentes versões de suas pastas e arquivos, ou digite e pesquise o nome do arquivo que está procurando.

4. Selecione o que deseja restaurar.

5. Clique em Restaurar.

Restaurando em um ponto de restauração do sistema

O Microsoft Windows permite restaurar o sistema como era em dado momento:

1. Clique no botão Iniciar e selecione Configurações.

2. Selecione Painel de Controle ⇨ Sistema e Manutenção ⇨ Backup e Restauração.

3. Clique em Restaurar meus arquivos para restaurá-los, ou em Restaurar arquivos de todos os usuários para restaurar todos os arquivos dos usuários (supondo que tenha permissões para fazê-lo).

Restaurando de um backup de smartphone/tablet

Muitos dispositivos portáteis vêm equipados com a capacidade de sincronizar automaticamente seus dados com a nuvem, o que permite restaurá-los em um novo dispositivo, se for perdido ou roubado.

Mesmo dispositivos que não têm esse recurso quase sempre podem executar um software que os fornece para uma pasta ou unidade específica.

Ao iniciar um dispositivo Android pela primeira vez após uma redefinição de fábrica, pode ser perguntado se você deseja restaurar seus dados. Se quiser, a restauração é bem simples. Basta responder sim.

Embora as rotinas exatas variem entre dispositivos e fabricantes, outras formas de restauração seguem, de alguma forma, o seguinte processo:

Para restaurar contatos de um cartão SD:

1. **Abra o menu Contatos.**

   Se houver um recurso de importação, selecione-o e vá para a Etapa 4.

2. **Selecione Configurações no menu principal (ou clique no ícone Configurações).**

   Se não forem exibidos todos os contatos, pode ser necessário clicar no menu Exibir e selecionar Todos os Contatos.

3. **Selecione Importar/Exportar contatos (ou, se essa opção não estiver disponível, selecione Gerenciar Contatos, depois Importar Contatos na próxima tela).**

4. **Selecione Importar do Cartão SD.**

5. **Revise o nome do arquivo para o backup da Lista de contatos e clique em OK.**

   Os contatos geralmente são copiados (ou exportados) para arquivos VCF.

Para restaurar uma mídia (fotos, vídeos e arquivos de áudio) de um cartão SD:

1. **Usando o Gerenciador de Arquivos, abra o cartão SD.**

2. **Clique para ativar as caixas de seleção próximas ao arquivo ou arquivos que deseja restaurar.**

3. **Para copiar arquivos para a memória do telefone, selecione Copiar ➪ Armazenamento Interno.**

4. **Selecione a pasta para a qual deseja copiar os arquivos ou a crie e vá para ela.**

5. **Selecione Copiar Aqui.**

Restaurando a partir de backup manual de arquivos ou pastas

Para restaurar de uma cópia manual de arquivo ou pasta, basta copiar o arquivo ou a pasta do backup para o armazenamento de dados principal (se for substituir um arquivo ou uma pasta, poderá receber um aviso do sistema operacional).

LEMBRE-SE

Desconecte a mídia na qual o backup está localizado quando terminar.

CAPÍTULO 15 **Restaurando Backups** 281

Utilizando backups de dados de terceiros

Se utilizou os recursos de backup de um provedor de terceiros que armazena dados na nuvem ou cujos serviços baseados em nuvem você utiliza, poderá restaurar seus dados por meio de uma interface fornecida pelo próprio provedor.

Se usar um provedor de serviços baseado em nuvem de terceiros e não tiver realizado backups, ainda poderá restaurar os dados. Entre em contato com o provedor. O próprio provedor pode ter feito backup dos dados sem notificá-lo.

Embora nunca deva confiar no provedor de serviços em nuvem executando backups que você não solicitou, se estiver com problemas e entrar em contato com ele, poderá (ou não) ficar surpreso ao descobrir que ele tem backups dos quais pode restaurar.

Restaurando para o Devido Lugar

Depois de restaurar de um backup físico, é necessário retornar os arquivos ao local apropriado por vários motivos:

- » Você não quer que sejam extraviados, caso precise novamente.
- » Você não quer que sejam roubados.
- » Você deseja garantir que não prejudique nenhuma estratégia e procedimento de armazenamento destinado a manter os backups em locais diferentes dos de armazenamento.

Armazenamento em rede

O ideal, ao restaurar a partir de um backup em rede, é montar a unidade como de somente leitura para evitar possíveis corrupções no backup. Além disso, desconecte-se do armazenamento de dados da rede depois de concluir a restauração.

Verifique se o mecanismo usado para executar a restauração (por exemplo, software de backup) tem as permissões de rede adequadas para gravar no local de armazenamento de dados principal.

Restaurando de locais combinados

Não há motivos para fazer backup em apenas um local. A restauração, no entanto, normalmente utiliza backups de apenas um local por vez.

Se precisar restaurar a partir de backups localizados fisicamente em mais de um local, tenha muito cuidado para não restaurar as versões incorretas dos arquivos, pois alguns podem existir em vários backups.

Locais Diferentes dos Originais

Quando se trata de restaurar dados, algumas pessoas optam por restaurar para locais diferentes dos originais, testar os dados restaurados e copiá-los ou movê-los para os locais originais. Essa estratégia reduz a probabilidade de misturar dados bons com ruins. Você pode piorar um dia ruim se perder alguns dados e descobrir que seu backup está corrompido. Se restaurar a partir desse backup sobregravando os dados originais e corrompê-los, perderá ainda mais dados.

Nunca Deixe os Backups Conectados

CUIDADO

Após a restauração, nunca deixe os discos rígidos de backup ou de estado sólido conectados aos sistemas ou às redes de backup. Quaisquer infecções futuras por malware que ataquem o sistema primário também podem se espalhar para os backups. A remoção do backup da conexão com o material copiado pode fazer toda a diferença entre se recuperar rapidamente de um ataque de ransomware e ter de pagar um resgate caro a um criminoso.

Se você fizer backup em mídias gravadas uma vez e lidas várias vezes, como CD-Rs, teoricamente é seguro deixar o backup em uma unidade conectada após finalizar a restauração, mas, ainda assim, você não deve fazê-lo. O backup precisa estar prontamente disponível no local apropriado, caso você precise dele no futuro.

Restaurando Backups Criptografados

Restaurar a partir de backups criptografados é basicamente o mesmo que restaurar a partir de backups não criptografados, exceto que você precisa desbloqueá-los antes da restauração.

Os backups protegidos por senha obviamente precisam que ela seja inserida. Os backups protegidos por certificados ou outras formas mais avançadas de criptografia podem exigir que um usuário tenha um item físico ou um certificado digital para restaurar.

Na maioria dos casos, usuários domésticos preocupados com segurança protegem seus backups com senhas. Se fizer isso (e deve), lembre-se da senha.

Testando Backups

Muitas pessoas achavam que tinham backups adequados e, quando precisaram restaurar, descobriram que estavam corrompidos. Portanto, testá-los é fundamental.

Embora teoricamente você deva testar todos os backups que faz e se todos os itens podem ser restaurados, esse esquema é impraticável para a maioria das pessoas. Mas teste o primeiro backup que faz com qualquer software, verifique os arquivos de recuperação automática na primeira vez que usar o Word, e assim por diante.

Alguns softwares de backup vêm com a capacidade de verificação, ou seja, após fazer um backup, eles verificam se os dados originais e os copiados correspondem. A execução dessa verificação depois de feito um backup adiciona um tempo significativo ao processo. No entanto, se puder fazer, vale a pena, pois garante que nada foi gravado incorretamente ou corrompido durante o processo.

Restaurando Criptomoedas

A restauração das criptomoedas após serem apagadas de um computador ou outro dispositivo em que estavam armazenadas é totalmente diferente de qualquer um dos processos de restauração descritos neste capítulo.

Tecnicamente falando, a criptomoeda é rastreada em um livro contábil, não armazenada em um lugar, portanto, a restauração não visa a criptomoeda real, mas as chaves privadas necessárias para controlar os endereços de armazenamento. (Detesto o termo *carteiras digitais* no que tange à criptomoeda — armazenamos chaves digitais, não criptomoedas, em carteiras digitais. O termo *chaveiros digitais* é muito mais preciso e seria menos confuso.)

Felizmente, se você perdeu o dispositivo no qual a criptomoeda está armazenada, há as chaves impressas em papel, armazenadas em um cofre ou análogo. Obtenha o papel e terá suas chaves. Apenas não deixe o papel por aí; coloque-o novamente em local seguro o mais rápido possível (se mantiver o papel em um cofre, considere executar a técnica de restauração no banco para nunca tirá-lo da área do cofre).

Se armazenar criptomoeda como câmbio, poderá restaurar suas credenciais por qualquer meio que ele permita. O ideal é que, se fez backup de suas senhas adequadamente em um local seguro, basta acessá-las e usá-las.

Para aqueles que usam carteiras de hardware para armazenar as chaves das criptomoedas, o backup do dispositivo da carteira é uma *semente de recuperação*, uma lista de palavras que permitem ao dispositivo recriar as chaves necessárias para os endereços relevantes. É aceito que a lista de palavras seja escrita em papel e armazenada em um cofre de banco e/ou qualquer outro local seguro, mas não armazenada eletronicamente.

Dando Boot com um CD de Boot

Se precisar inicializar a partir de um disco de boot que criou (conforme necessário durante um processo de redefinição e restauração do sistema), inicialize o sistema, acesse as configurações da BIOS e defina a ordem de inicialização para iniciar com o disco com o qual deseja dar boot. Em seguida, reinicie o sistema.

286   PARTE 6 **Backup e Recuperação**

7

Ao Infinito e Além

NESTA PARTE...

Explore as carreiras de cibersegurança.

Conheça as tecnologias emergentes.

> **NESTE CAPÍTULO**
>
> » **Descobrindo cargos relacionados à cibersegurança**
>
> » **Observando as carreiras na área**
>
> » **Entendendo as certificações de cibersegurança**
>
> » **Sabendo como começar**

Capítulo **16**

Fazendo Carreira

Com uma escassez global de profissionais competentes em cibersegurança, nunca houve um momento melhor para seguir carreira, especialmente porque essa escassez parece se ampliar com o tempo.

Como resultado de uma oferta insuficiente de profissionais da área para atender à demanda por pessoas com habilidades relevantes, os pacotes de remuneração de profissionais de cibersegurança estão entre os melhores entre os profissionais de tecnologia.

Neste capítulo você conhecerá algumas funções na área, possíveis planos de carreira e certificações.

Cargos da Cibersegurança

Os profissionais da área têm uma ampla gama de responsabilidades, que variam com base em suas funções exatas, mas a maioria, se não todos, trabalha para proteger dados e sistemas contra comprometimento ou, no caso de determinadas posições governamentais, violar sistemas e dados dos adversários.

CAPÍTULO 16 **Fazendo Carreira** 289

Não há um único cargo na área. A profissão tem muitas nuances e caminhos diferentes pelos quais as carreiras dos profissionais podem progredir.

Engenheiro de segurança

Há vários tipos de *engenheiros de segurança*, mas a grande maioria é formada por técnicos que criam, mantêm e depuram sistemas de segurança da informação como parte de projetos organizacionais (corporativos, governamentais ou sem fins lucrativos). Os engenheiros de segurança que trabalham no ramo de serviços profissionais de fornecedores também ajudam a garantir que os softwares implementados nos clientes atuem de maneira segura.

Gerente de segurança

Os *gerentes de segurança* normalmente são de nível intermediário em empresas maiores, responsáveis por alguma área específica da segurança da informação. Um gerente de segurança, por exemplo, pode ser responsável por todo o treinamento de segurança de uma empresa, e outro, por supervisionar todos os seus firewalls para a internet. As pessoas que ocupam esses cargos realizam atividades de segurança menos práticas e tecnicamente detalhadas do que seus subordinados.

Diretor de segurança

Os *diretores de segurança* são as pessoas que supervisionam a segurança da informação de uma organização. Em empresas menores, geralmente são diretores de segurança da informação (CISO). As empresas maiores podem ter vários diretores responsáveis por vários subconjuntos do programa de segurança da informação; eles, por sua vez, se reportam ao CISO.

Diretor de segurança da informação (CISO)

O *CISO* é o responsável pela segurança da informação em toda a organização. Você pode pensar no papel dele como se fosse o chefe de gabinete das forças armadas defensivas da organização.

O CISO é um cargo de gerência sênior, de nível C. Atuar como CISO geralmente requer conhecimento e experiência significativos em gerenciamento, além de um entendimento profundo de segurança da informação.

Analistas de segurança

A função dos *analistas de segurança* é evitar violações da segurança da informação. Além de revisar os sistemas existentes, estudam ameaças emergentes, novas vulnerabilidades etc., para garantir que a organização permaneça segura.

Arquiteto de segurança

Os *arquitetos de segurança* projetam e supervisionam a implementação de contramedidas de segurança da informação organizacional. Precisam entender, projetar e testar infraestruturas de segurança complexas, e atuar regularmente como membros da equipe de segurança também envolvidos em projetos fora do departamento de segurança — por exemplo, ajudando a projetar a segurança necessária para um aplicativo personalizado que uma organização está projetando e construindo ou ajudando a orientar as pessoas em rede, pois estas projetam vários elementos da infraestrutura corporativa da rede de TI.

Administrador de segurança

Os *administradores de segurança* instalam, configuram, operam, gerenciam e solucionam problemas de contramedidas de segurança da informação em nome de uma organização. É a eles que os amadores se referem quando dizem: "Estou tendo um problema e preciso ligar para o responsável pela segurança da empresa."

Auditor de segurança

Os *auditores de segurança* realizam auditorias, ou seja, verificam se políticas, procedimentos, tecnologias, e assim por diante, estão funcionando conforme o esperado e protegendo de forma eficaz e adequada dados, sistemas e redes corporativos.

Criptógrafo

Os *criptógrafos* são especialistas e trabalham com criptografia, usada para proteger dados confidenciais.

Alguns criptógrafos desenvolvem sistemas de criptografia para proteger dados confidenciais, enquanto outros, conhecidos como analistas de criptografia, fazem o oposto: analisam informações criptografadas e sistemas de criptografia para quebrar a criptografia e descriptografar as informações.

Em comparação com outros cargos de segurança da informação, os criptógrafos trabalham desproporcionalmente para agências governamentais, militares e acadêmicas. Nos EUA, muitos cargos do governo em criptografia exigem a cidadania norte-americana e uma autorização de segurança ativa.

Analista de vulnerabilidades

O *analista de vulnerabilidade* examina sistemas de computadores, bancos de dados, redes e outras partes da infraestrutura de informações em busca de possíveis vulnerabilidades. As pessoas que trabalham nessas posições devem ter permissão explícita para fazê-lo. Ao contrário dos testadores de invasão, descritos adiante, os analistas de vulnerabilidade não agem como pessoas de fora tentando violar sistemas, mas como pessoas que têm acesso a sistemas com a capacidade de examiná-los em detalhes desde o início.

Hacker ético

Os *hackers éticos* tentam atacar, invadir e comprometer sistemas e redes em nome — e com a permissão explícita — dos proprietários das tecnologias, a fim de descobrir vulnerabilidades de segurança que os proprietários possam corrigir. Os hackers éticos às vezes são chamados de *testadores de invasão*. Enquanto muitas empresas têm seus próprios hackers éticos, um número significativo de pessoas nessas posições trabalha para empresas de consultoria que oferecem seus serviços a terceiros.

Pesquisador de segurança

Os *pesquisadores de segurança* são visionários que procuram descobrir vulnerabilidades em sistemas existentes e possíveis ramificações de segurança de novas tecnologias e outros produtos. Às vezes, desenvolvem novos modelos e abordagens de segurança com base em suas pesquisas.

CUIDADO

No que diz respeito à ética, e à maioria das jurisdições, um pesquisador de segurança que hackeia uma organização sem permissão explícita dela não é um pesquisador de segurança nem um hacker ético, mas um reles criminoso.

Hacker ofensivo

Os *hackers ofensivos* tentam invadir os sistemas dos adversários para prejudicá-los ou roubar informações.

Nos EUA, é ilegal que uma empresa entre na ofensiva e ataque qualquer um — inclusive revidar contra hackers que estão tentando ativamente invadir a organização. Como tal, todos os trabalhos ofensivos de hackers nos EUA são cargos no governo, como em agências de inteligência. Se você gosta de atacar e não está satisfeito em ser um hacker ético, talvez queira seguir uma carreira no governo ou nas forças armadas. Muitas posições ofensivas de hackers exigem autorizações de segurança.

Engenheiro de segurança de software

Os *engenheiros de segurança de software* integram a segurança ao software conforme é projetado e desenvolvido. Também o testam para garantir que não haja vulnerabilidades. Em alguns casos, podem codificar o próprio software.

Auditor de segurança do código-fonte do software

O *auditor de segurança do código-fonte do software* revisa o código-fonte dos programas em busca de erros de programação, vulnerabilidades, violações de políticas e padrões corporativos, problemas regulatórios, violação de direitos autorais (e, em alguns casos, violação de patente) e outros problemas que precisem ser resolvidos.

Gerente de segurança de software

Os *gerentes de segurança de software* supervisionam a segurança do software por todo o seu ciclo de vida, dos requisitos comerciais iniciais até o descarte.

Consultor de segurança

Há muitos tipos de *consultores de segurança*. Alguns, como o autor deste livro, aconselham executivos de empresas sobre estratégias de segurança, atuam como testemunhas especializadas ou ajudam as empresas de segurança a crescer e ter sucesso. Outros são testadores práticos de invasão. Alguns podem projetar ou operar componentes de infraestrutura de segurança, concentrando-se em tecnologias específicas. Quando se trata de consultoria de segurança, há funções em praticamente todas as áreas da segurança da informação.

Especialista em segurança

A alcunha *especialista em segurança* se refere àqueles que atuam em muitas funções. Todas elas, no entanto, exigem, pelo menos, bons anos de experiência profissional em segurança da informação.

Equipe de resposta a incidentes

A *equipe de resposta a incidentes* é composta de socorristas que lidam com incidentes de segurança. Os membros da equipe procuram conter e eliminar ataques, minimizando o dano causado por eles. Também realizam algumas análises sobre o que aconteceu, às vezes determinando que nenhuma atividade corretiva deve ser tomada. Pense neles como bombeiros da cibersegurança — lidam com ataques perigosos, mas às vezes são chamados para verificar se não há fogo.

Analista forense

Os *analistas forenses* são detetives digitais que, após algum tipo de evento na área, examinam dados, computadores, dispositivos de computação e redes para reunir, analisar e preservar adequadamente evidências e deduzir o que exatamente aconteceu, como foi possível e quem foi o responsável. Pense neles como inspetores da aplicação da lei e de companhias de seguros que analisam propriedades após um incêndio para determinar o que aconteceu e o responsável.

Especialista em regulamentos de cibersegurança

Os especialistas em regulamentos de cibersegurança são conhecedores dos vários regulamentos relacionados à cibersegurança e ajudam a garantir que as organizações os cumpram. Muitas vezes, mas nem sempre, são advogados com experiência em vários assuntos relacionados à conformidade.

Especialista em regulamentos de privacidade

Os *especialistas em regulamentos de privacidade* conhecem os vários regulamentos relacionados à privacidade e ajudam a garantir que as organizações os cumpram. Muitas vezes, mas nem sempre, são advogados com experiência em vários assuntos relacionados à privacidade.

Explorando as Carreiras

Os profissionais de segurança da informação podem seguir várias carreiras diferentes. Alguns se tornam gurus técnicos focados em subseções específicas da segurança, enquanto outros desenvolvem um amplo conhecimento da área e sua interface com muitas outras de um negócio. Outros ainda focam a gestão.

DICA

As pessoas devem considerar seus objetivos de longo prazo ao planejar suas carreiras. Por exemplo, se deseja se tornar CISO, convém trabalhar em vários cargos práticos diferentes, fazer um MBA e buscar promoções e certificações nas áreas de gestão de segurança da informação; mas se deseja se tornar arquiteto sênior, é melhor se concentrar nas promoções em vários cargos envolvidos na análise e no design de segurança, no teste de invasão e na obtenção de diplomas técnicos.

As seções a seguir fornecem exemplos de possíveis carreiras.

Carreira: Arquiteto de segurança sênior

Nos EUA, os arquitetos de segurança ganham mais de US$100 mil e, em alguns mercados, bem mais, o que torna esse cargo bastante atraente. Embora a carreira de cada pessoa seja única, uma estrutura típica para se tornar arquiteto de segurança sênior pode ser assim:

1. **Faça um dos seguintes:**
   - Tire um diploma de bacharel em Ciência da Computação.
   - Tire um diploma em qualquer área e seja aprovado em um exame de certificação de nível básico em cibersegurança (por exemplo, Security+).
   - Consiga um trabalho técnico, sem diploma, e demonstre proficiência nas tecnologias relevantes usadas como parte dele.

2. **Trabalhe como administrador de rede ou administrador de sistemas e ganhe experiência prática em segurança.**

3. **Obtenha uma credencial um pouco mais focada (por exemplo, CEH).**

4. **Trabalhe como administrador de segurança, administrando vários sistemas de segurança diferentes por muitos anos.**

5. **Ganhe uma ou mais certificações gerais de segurança (por exemplo, CISSP).**

6. **Torne-se arquiteto de segurança e ganhe experiência nessa função.**

7. **Ganhe uma certificação avançada de arquitetura de segurança (por exemplo, CISSP-ISSAP).**

8. **Torne-se um arquiteto de segurança de nível sênior.**

CUIDADO

Não espere se tornar arquiteto de nível sênior da noite para o dia; muitas vezes leva uma década ou mais de experiência para se alcançar tal posição.

CAPÍTULO 16 **Fazendo Carreira** 295

Carreira: CISO

Nos EUA, os diretores de segurança da informação ganham US$150 mil ou mais (muito mais em certos setores), mas os trabalhos podem ser bastante estressantes; os CISOs são responsáveis pela segurança da informação corporativa, muitas vezes lidando com emergências. Embora a carreira de cada pessoa seja única, uma estrutura típica para se tornar CISO pode ser assim:

1. **Obtenha um diploma de bacharel em Ciência da Computação ou em Tecnologia da Informação.**

2. **Faça um dos seguintes:**

- Trabalhe como analista de sistemas, engenheiro de sistemas, programador ou em algum outro cargo técnico relacionado.

- Trabalhe como engenheiro de rede.

3. **Migre para a segurança e trabalhe como engenheiro de segurança, analista de segurança ou consultor de segurança, assumindo várias funções dentro de uma organização ou como consultor de organizações, expondo-se a várias áreas diferentes de segurança da informação.**

4. **Obtenha certificações gerais em segurança da informação (por exemplo, CISSP).**

5. **Migre para a gestão da segurança, tornando-se gerente de uma equipe de operações de segurança. Com o tempo, o ideal é gerenciar várias equipes de segurança da informação, cada uma focada em diferentes áreas.**

6. **Faça um dos seguintes:**

- Faça um mestrado em Cibersegurança (em especial com foco em gestão de segurança da informação).

- Faça um mestrado em Ciência da Computação (de preferência com foco em cibersegurança).

- Faça um mestrado em Gestão de Sistemas de Informação (sobretudo com foco em segurança da informação).

- Faça um MBA.

7. **Faça um dos seguintes:**

- Torne-se CISO da divisão (*de facto* ou *de jure*).

- Torne-se CISO de uma empresa relativamente pequena ou organização sem fins lucrativos.

8. Obtenha uma credencial avançada de segurança da informação focada em gestão da segurança da informação (por exemplo, CISSP-ISSMP).

9. Torne-se CISO de uma empresa maior.

CUIDADO

O caminho para se tornar CISO pode levar facilmente uma década ou até décadas, dependendo do tamanho da organização atendida.

Primeiros Passos

Muitas pessoas que trabalham em segurança da informação começaram suas carreiras em outras áreas da tecnologia da informação. Em alguns casos, o pessoal foi exposto ao incrível mundo da cibersegurança enquanto atuava em cargos técnicos. Em outras situações, fizeram trabalhos técnicos não diretamente ligados à segurança da informação, mas com a intenção de desenvolver várias habilidades e usar os cargos como trampolins para o mundo da segurança.

DICA

Empregos nas áreas de análise de risco, engenharia e desenvolvimento de sistemas e rede são bons pontos de entrada. Um administrador de e-mail, por exemplo, provavelmente aprenderá bastante sobre segurança de e-mail e, possivelmente, também sobre arquitetura de projetos de rede seguros e proteção de servidores em geral. É provável que as pessoas que desenvolvem sistemas baseados na web aprendam sobre segurança na web e também sobre design de software seguro. E os administradores de sistemas e redes aprenderão sobre a segurança dos itens pelos quais são responsáveis por manter em funcionamento e íntegros.

Alguns dos trabalhos técnicos que o preparam para funções relacionadas à cibersegurança incluem:

» Programador.

» Engenheiro de software.

» Desenvolvedor web.

» Engenheiro de suporte a sistemas de informação (especialista prático de suporte técnico).

» Administrador de sistemas.

» Administrador de e-mail.

» Administrador de rede.

» Administrador de banco de dados.

» Administrador de site.

CAPÍTULO 16 **Fazendo Carreira** 297

Algumas funções não técnicas também preparam as pessoas para carreiras em funções não técnicas de segurança da informação. Veja alguns exemplos:

» Auditor.

» Detetive de aplicação da lei.

» Advogado com foco em áreas jurídicas relacionadas à cibersegurança.

» Advogado com foco em conformidade regulatória.

» Advogado com foco em áreas jurídicas relacionadas à privacidade.

» Analista de gestão de riscos.

Explorando Certificações Populares

As certificações reconhecidas de cibersegurança e, em menor grau, os certificados que mostram a conclusão bem-sucedida dos cursos de cibersegurança provam a um empregador que seu conhecimento em cibersegurança atende a certos padrões e o ajudam a avançar na carreira desejada.

Há muitas certificações de segurança da informação no mercado hoje. Algumas focam tecnologias ou áreas específicas, enquanto outras são mais amplas.

Embora esteja fora do escopo deste livro explorar todas as certificações disponíveis hoje, a seguir estão as cinco mais populares, e mais reconhecidas, que podem ser ideais para as pessoas em relativio início de carreira em cibersegurança.

CISSP

A certificação CISSP (Certified Information Systems Security Professional, ou profissional certificado em segurança de sistemas de informação), lançada em 1994, abrange uma ampla gama de domínios relacionados à segurança, investigando detalhes em algumas áreas mais do que em outras. Fornece aos empregadores o conforto de saber que os funcionários compreendem aspectos importantes de mais do que apenas uma ou duas áreas de segurança da informação; como os componentes de segurança da informação são altamente interconectados, o conhecimento amplo é útil e necessário à medida que alguém sobe na hierarquia da gestão da segurança da informação.

O CISSP se destina a pessoas com anos de experiência em segurança da informação; na verdade, mesmo que você possa fazer o exame CISSP sem experiência, não receberá a credencial até trabalhar na área pelo mínimo anos de exigidos. Como resultado, as pessoas que possuem CISSP, com anos de experiência nas costas, exigem salários mais altos do que os colegas que possuem outras certificações.

298　　PARTE 7 **Ao Infinito e Além**

A credencial CISSP, emitida pela altamente conceituada organização (ISC) 2, é neutra ao fornecedor e mais perene do que muitas outras. Os materiais de estudo e os cursos de treinamento para o exame CISSP estão amplamente disponíveis, e os testes são administrados em mais locais e em mais datas do que a maioria das outras, se não todas as outras, certificações de cibersegurança. Vários complementos para o CISSP estão disponíveis para os interessados em provar seu domínio da arquitetura de segurança da informação (CISSP-ISSAP), gestão (CISSP-ISSMP) e engenharia (CISSP-ISSEP).

A (ISC)2 exige que os titulares das credenciais da CISSP aceitem cumprir um Código de Ética específico e que realizem atividades significativas de educação continuada para manter suas credenciais, que são renovadas a cada três anos.

O CISSP não se destina a testar habilidades técnicas práticas, e não o faz. Pessoas que procuram demonstrar domínio de tecnologias específicas ou áreas de tecnologia, por exemplo, teste de invasão, administração de segurança, auditoria etc., podem considerar buscar uma certificação geral mais focada tecnicamente ou algumas certificações específicas de produtos e habilidades.

(A título de curiosidade, o autor deste livro tem uma certificação CISSP, além de duas credenciais complementares (CISSP-ISSAP e CISSP-ISSMP), e escreveu o guia oficial de estudo do (ISC)2 para o exame CISSP-ISSMP.)

CISM

A credencial CISM (Certified Information Security Manager, ou gerente de segurança da informação certificado), da Associação de Controle e Auditoria de Sistemas de Informação (ISACA), explodiu em popularidade desde sua criação, há pouco menos de duas décadas.

Resultante de uma organização focada em auditoria e controles, a CISM é, de modo geral, um pouco mais focada que o CISSP em políticas, procedimentos e tecnologias para gestão, e controle de sistemas de segurança da informação, como normalmente ocorre em grandes empresas ou organizações.

Como no CISSP, para obter uma CISM, o candidato deve ter vários anos de experiência profissional em segurança da informação. Apesar das diferenças entre o CISSP e a CISM — com o primeiro se aprofundando nos tópicos técnicos, e o segundo, naqueles relacionados à gestão —, os dois têm alto valor. Ambos são bem respeitados.

CEH

O CEH (Certified Ethical Hacker, ou hacker ético certificado), oferecido pelo Conselho Internacional de Consultores de Comércio Eletrônico (CE-Council), é destinado a pessoas com, pelo menos, dois anos de experiência profissional que pretendam conseguir credibilidade como hackers éticos (em outras palavras, testadores de invasão).

O CEH é um exame prático que testa as habilidades dos candidatos como hackers: da realização de reconhecimento e invasão à escalada de privilégios e roubo de dados. Esse exame testa muitas habilidades práticas, incluindo veículos de ataque, como vários tipos de malware; técnicas de ataque, como injeção de SQL; métodos de análise de criptografia usados para miná-la; métodos de engenharia social para minar as defesas técnicas via erro humano; e como os hackers podem evitar a detecção encobrindo seus rastros.

O Conselho CE exige que os detentores de credenciais CEH adquiram um número significativo de créditos de educação continuada para mantê-las, algo bastante importante para um exame que testa o conhecimento prático, especialmente quando se considera a rapidez com que as tecnologias mudam no mundo de hoje.

Security+

Security+ é uma certificação geral de cibersegurança neutra em relação ao fornecedor que pode ser útil especialmente àqueles em início de carreira. É oferecido e administrado pela respeitada organização sem fins lucrativos de educação em tecnologia CompTIA. Embora tecnicamente não exista um número mínimo de anos de experiência profissional necessário para obter uma designação CompTIA Security+, de uma perspectiva prática, a maioria das pessoas provavelmente achará mais fácil passar no exame depois de trabalhar e ter experiência prática de, pelo menos, um ou dois anos.

O exame Security+ entra em detalhes mais técnicos que o CISSP ou o CISM, abordando diretamente o conhecimento necessário para desempenhar funções como as relacionadas à auditoria de TI básica, teste de invasão, administração de sistemas, administração de rede e administração de segurança; portanto, o CompTIA Security+ é uma boa certificação para muitos novatos.

Qualquer pessoa que recebeu a certificação Security+ a partir 2011 deve obter créditos de educação continuada para mantê-la.

GSEC

GSEC (Global Information Assurance Certification Security Essentials Certification ou certificação global de segurança da informação) é uma certificação básica de segurança que envolve materiais ministrados pelo Instituto SANS, uma respeitada empresa de treinamento em segurança da informação.

Como o Security+, o GSEC contém muito mais material prático do que as certificações CISM ou CISSP, tornando-o mais valioso do que as alternativas mencionadas em alguns cenários, e menos em outros. Apesar de ser considerado básico, o exame GSEC é, em geral, considerado mais difícil e abrangente do que o teste necessário para obter uma designação Security+.

Todos os detentores de credenciais do GSEC devem demonstrar experiência profissional contínua ou crescimento educacional no campo da segurança da informação, a fim de mantê-las.

Verificabilidade

Os emissores de todas as principais credenciais de segurança da informação fornecem aos empregadores a capacidade de verificar se uma pessoa tem as credenciais reivindicadas. Por motivos de segurança, essa verificação pode exigir conhecimento do número de identificação da certificação do usuário, que os titulares de credenciais normalmente não divulgam.

CUIDADO

Se obtiver uma certificação, mantenha suas informações atualizadas no banco de dados do emissor. Você não deseja perder sua certificação porque não recebeu um lembrete para enviar créditos de educação continuada ou pagar uma taxa de manutenção.

Ética

Muitas certificações de segurança exigem que os titulares de credenciais sigam um código de ética que não apenas exige que cumpram todas as leis e regulamentos governamentais, mas também ajam de maneira adequada, mesmo que excedam a letra da lei.

CUIDADO

Entenda esses requisitos. Perder uma credencial devido a um comportamento antiético prejudica gravemente a confiança que outras pessoas depositam em alguém e inflige todo tipo de consequências negativas à sua carreira em segurança da informação.

Superando um Registro Criminal

Embora um registro criminal não impeça alguém de obter muitos empregos relacionados à cibersegurança, pode ser uma barreira insuperável quando se trata de obter determinados cargos. Qualquer coisa que impeça alguém de obter uma habilitação de segurança, por exemplo, o desqualificaria para trabalhar em determinadas funções do governo e de suas subsidiárias.

Em alguns casos, a natureza, a época e a idade em que alguém cometeu crimes pesam bastante na decisão do empregador. Algumas organizações de segurança da informação concordam perfeitamente em contratar um ex-hacker adolescente reformado, por exemplo, mas podem ser avessas a contratar alguém que foi condenado por um crime violento quando adulto. Da mesma forma, alguém que cumpriu pena de prisão por um crime de computador cometido duas décadas atrás, mas cujo registro foi desde então limpo, pode ser visto de maneira bastante diferente por um empregador em potencial do que alguém que foi libertado recentemente da prisão depois de cumprir uma sentença por crime semelhante.

Outras Profissões com Foco em Cibersegurança

Além de trabalhar diretamente na área, há muitas oportunidades em áreas que se relacionam diretamente a profissionais de cibersegurança e se beneficiam do aumento global da atenção a ela.

Os advogados podem decidir, por exemplo, se especializar em leis relacionadas à cibersegurança ou no cumprimento das regulamentações de privacidade pelas empresas, e o pessoal de aplicação da lei pode desenvolver conhecimentos forenses utilizados na investigação de crimes cibernéticos.

O ponto principal é que a cibersegurança criou, cria e continuará a criar, no futuro próximo, muitas oportunidades profissionais lucrativas para pessoas em várias áreas. Você não precisa ser um gênio técnico para se beneficiar do boom da disciplina.

Se acha a cibersegurança fascinante, explore as oportunidades oferecidas.

NESTE CAPÍTULO

» **Entendendo as tecnologias emergentes e seu potencial impacto na cibersegurança**

» **Experimentando a realidade virtual e a realidade aumentada**

Capítulo 17

Pequenas Tecnologias, Grandes Ameaças

O mundo passou por uma transformação radical nas últimas décadas, com a adição dos benefícios do poder da computação digital para praticamente todos os aspectos da vida humana. No decorrer de apenas uma geração, a sociedade ocidental evoluiu de câmeras de filme de uso específico, fotocopiadoras, televisão em circuito fechado e receptores de transmissão de música baseados em ondas de rádio para dispositivos conectados com recursos de todos esses dispositivos e muito mais — tudo dentro de um único aparelho. Simultaneamente, surgiram novos modelos avançados de tecnologia de computação, criando um tremendo potencial para uma incorporação ainda maior da tecnologia no cotidiano. Ofertas que seriam consideradas ficção científica há poucos anos se tornaram tão normais e onipresentes, que as crianças nem sempre acreditam quando os adultos falam o quanto o mundo mudou nos últimos anos.

Com o advento das novas tecnologias e a transformação digital da experiência humana, também surgem grandes riscos à segurança da informação. Neste capítulo você descobre algumas tecnologias que estão mudando rapidamente o mundo e como impactam a cibersegurança. Esta lista de tecnologias emergentes não é de forma alguma abrangente. As tecnologias evoluem constantemente e, portanto, o tempo todo criam novos desafios de segurança da informação.

Confiando na Internet das Coisas

Há pouco tempo, os únicos dispositivos conectados à internet eram computadores clássicos: desktops, laptops e servidores. Hoje, a realidade é outra.

De smartphones e câmeras de segurança a cafeteiras e equipamentos de ginástica, dispositivos eletrônicos de todos os tipos têm computadores embutidos, e muitos desses computadores estão constante e perpetuamente conectados à internet. A *Internet das Coisas (IoT)*, como é comumente conhecido o ecossistema de dispositivos conectados, cresceu exponencialmente nos últimos anos.

E por ironia, enquanto os consumidores veem muitos desses dispositivos conectados comercializados em lojas e online, a grande maioria dos dispositivos IoT é, na verdade, componentes de sistemas comerciais e industriais. De fato, alguns especialistas acreditam até que 99% dos dispositivos de computadores não tradicionais conectados vivem em ambientes comerciais e industriais. A confiabilidade das empresas de serviços públicos, fábricas e outras instalações, hospitais e a maior parte da espinha dorsal das existências econômica e social de hoje depende muito de uma tecnologia estável e segura.

Obviamente, todos e quaisquer dispositivos de computação (computadores clássicos ou outros tipos de dispositivos inteligentes) sofrem de vulnerabilidades e são potencialmente hackeáveis e exploráveis para fins nefastos. As câmeras conectadas à internet, por exemplo, projetadas para permitir que as pessoas vigiem casas ou empresas, podem permitir que hackers não autorizados assistam aos mesmos vídeos. Além disso, esses dispositivos podem ser requisitados para uso em ataques a outros dispositivos. Em outubro de 2016, o ataque do Mirai Botnet utilizou muitos dispositivos IoT infectados em uníssono e colocou o popular serviço DNS Dyn offline. O *DNS* é o sistema que converte nomes lidos por humanos em endereços numéricos do Protocolo da Internet (endereços IP) compreensíveis por máquina. Como resultado do ataque à Dyn, muitos sites e serviços de alto perfil, incluindo Twitter, Netflix, GitHub e Reddit, sofreram interrupções, porque as pessoas não podiam acessá-los, já que seus nomes nos URLs não podiam ser traduzidos nos endereços apropriados da internet.

Da mesma forma, a IoT cria um tremendo potencial para sabotagem séria. Considere os possíveis efeitos de invadir um sistema industrial envolvido na fabricação de equipamentos médicos. As pessoas poderiam morrer se bugs ou backdoors fossem inseridos no código executado no computador incorporado no dispositivo e depois explorados assim que o dispositivo estivesse em uso!

304   PARTE 7 **Ao Infinito e Além**

STUXNET

Em 2009 ou 2010, o malware conhecido como Stuxnet prejudicou uma instalação de refinamento de urânio iraniano que se acreditava enriquecê-lo para construir armas nucleares. Acredita-se que o sofisticado ataque cibernético tenha sido lançado por uma equipe conjunta de guerreiros cibernéticos dos EUA e de Israel.

O Stuxnet mirou os sistemas de controle industrial da Siemens que os iranianos usavam para operar e gerenciar centrífugas de refino de urânio. O malware fez com que os sistemas de controle enviassem instruções inadequadas às centrífugas, enquanto informavam que tudo estava funcionando corretamente. Acredita-se que o ataque cibernético tenha aumentado e diminuído inadequadamente a velocidade das centrífugas. As mudanças incorretas de velocidade fizeram com que os tubos de alumínio delas sofressem um estresse inesperado e, como resultado, se expandissem, fazendo com que entrassem em contato com outras partes da máquina e danificassem gravemente o dispositivo.

Há poucas dúvidas de que o sucesso operacional do Stuxnet motivará outros guerreiros cibernéticos a lançar tipos semelhantes de ataques no futuro.

Ataques que prejudicam os sistemas controlados por dispositivos conectados são possíveis, mesmo quando esses sistemas não estão conectados à internet pública (veja o box).

Você viu hackers exigindo resgates em troca de não liberar vídeos das câmeras de segurança doméstica das pessoas?

Você poderia ver hackers exigindo resgates em troca de não fazer com que as geladeiras se desligassem e estragassem sua comida — ou até encontrar criminosos que desligam os frigoríficos quando as pessoas saem para o trabalho e os ligam antes que as vítimas voltem para casa, causando estragos nos alimentos para envenenar indivíduos desavisados.

À medida que os carros inteligentes (basicamente todos os veículos fabricados na última década ou mais) se tornaram mais comuns, os criminosos poderiam invadi-los e causar acidentes? Ou chantagear as pessoas para pagar resgates em troca de não baterem seus carros? Antes de responder a essas perguntas, considere que os pesquisadores de segurança demonstraram em mais de uma ocasião como os hackers podem assumir o controle de alguns veículos e fazer com que os freios parem de funcionar.

E quando carros e caminhões autônomos são a norma? As apostas só crescerão com o avanço da tecnologia.

A IoT abre um mundo de possibilidades. Também aumentará drasticamente a superfície de ataque que os criminosos podem explorar e os riscos se a cibersegurança não for adequadamente mantida.

CAPÍTULO 17 **Pequenas Tecnologias, Grandes Ameaças** 305

Criptomoedas e Blockchain

A *criptomoeda* é um ativo digital (às vezes considerada uma moeda digital) projetado para funcionar como meio de troca que usa vários aspectos da criptografia para controlar a criação de unidades, verificar a precisão das transações e protegê-las.

As criptomoedas modernas permitem que partes que não confiam umas nas outras interajam e façam negócios sem a necessidade de terceiros confiáveis. As criptomoedas utilizam a tecnologia blockchain, ou seja, suas transações são recodificadas em um livro contábil cuja integridade é protegida pelo uso de várias técnicas que devem garantir que apenas transações precisas sejam respeitadas por outras pessoas que visualizam uma cópia dele.

Como as criptomoedas são rastreadas por meio de listas de transações em livros contábeis, tecnicamente não há carteiras de criptomoedas. A moeda é virtual e não é armazenada em nenhum lugar, nem mesmo eletronicamente. Em vez disso, os proprietários de criptomoedas controlam os vários endereços no livro com a criptomoeda associada depois de executar todas as transações até o momento.

Por exemplo, se o Endereço 1 tiver 10 unidades de uma criptomoeda e o Endereço 2, 5 unidades, e uma transação é registrada mostrando que o Endereço 1 enviou 1 unidade de criptomoeda para o Endereço 2, o resultado é que o Endereço 1 tem 9 unidades, e o Endereço 2 tem 6.

Para garantir que apenas proprietários legítimos de criptomoedas possam enviar dinheiro de seus endereços, as criptomoedas utilizam uma implementação sofisticada de PKI, em que cada endereço tem seu próprio par de chaves públicas e privadas, sendo o proprietário o único a possuí-lo. O envio de criptomoeda de um endereço requer a assinatura da transação de saída com a chave privada associada.

Como qualquer pessoa com conhecimento da chave privada associada a um endereço do livro contábil específico pode roubar qualquer quantia de criptomoeda registrada nele como pertencente a esse endereço, e como as criptomoedas são líquidas e difíceis de rastrear em sua organização humana ou empresarial da vida real, criminosos tentam roubá-las por meio de hackers. Se um bandido obtém a chave privada de um endereço de criptomoeda do computador de alguém, pode transferi-la rápida e facilmente para um endereço que controle. Na verdade, se o criminoso obtiver a chave de alguma forma, poderá roubar a criptomoeda sem hackear nada. Tudo o que precisa fazer é emitir uma transação enviando o dinheiro para outro endereço e assiná-la com a chave privada.

Como as criptomoedas não são gerenciadas centralmente, mesmo que esse roubo seja detectado, o proprietário legítimo tem pouca esperança de recuperar o dinheiro. A reversão de uma transação exigiria, na maioria dos casos, um consenso inatingível da maioria dos operadores no ecossistema da criptomoeda, o que é extremamente improvável que aconteça, a menos que a criptomoeda tenha sido roubada a ponto de minar a integridade de sua categoria. Mesmo nesses casos, pode ser necessário desembolsar uma nova criptomoeda para obter essa reversão, e muitos operadores ainda se recusarão a desfazer as transações como uma ameaça ainda maior à integridade da criptomoeda do que um grande roubo.

Além de fornecer aos hackers uma maneira fácil de roubar dinheiro, as criptomoedas também facilitaram outros crimes cibernéticos. A maioria dos resgates exigidos por ransomware, por exemplo, precisa ser paga em criptomoeda. De fato, a criptomoeda é a força vital do ransomware. Diferentemente dos pagamentos feitos por transferência bancária ou cartão de crédito, os de criptomoeda feitos com inteligência são extremamente difíceis de rastrear até as pessoas da vida real, e são irreversíveis quando a transação é liquidada.

Da mesma forma, os criminosos têm a capacidade de *minerar* a criptomoeda, ou seja, executar vários cálculos complexos necessários para liquidar transações e criar novas unidades, roubando o poder de processamento de outras pessoas. O malware com criptografia, por exemplo, comanda clandestinamente os ciclos de CPU dos computadores infectados para executar esses cálculos e, quando novas unidades de criptomoeda são geradas, transfere o controle para os criminosos que operam o malware. A mineração de criptomoedas é uma maneira simples de criminosos monetizarem suas invasões. Os computadores invadidos podem, portanto, ser usados para "imprimir dinheiro" sem o envolvimento das vítimas, como normalmente é necessário para muitas outras formas de monetização, como o ransomware.

Os criminosos também se beneficiaram do aumento drástico do valor da criptomoeda. Por exemplo, aqueles que aceitaram o Bitcoin como pagamento por resgates de ransomware há vários anos e não o sacaram totalmente desfrutaram de retornos surpreendentes — às vezes aumentando sua participação no valor do dólar por um fator de centenas ou até milhares. Alguns desses criminosos provavelmente sacaram parte de suas criptomoedas durante o frenesi do mercado de 2017 e podem ter pequenas fortunas que agora investem na criação de novas tecnologias de crimes cibernéticos.

DICA

A tecnologia blockchain, que serve como o mecanismo subjacente que alimenta as criptomoedas, também tem usos potenciais nas contramedidas de cibersegurança. Um banco de dados distribuído pode ser a melhor maneira de armazenar informações sobre servidores de backup e recursos redundantes do que as estruturas existentes, porque a natureza distribuída aumenta drasticamente o número de pontos de falha necessários para derrubar todo o sistema. Da mesma forma, as defesas distribuídas contra ataques DDoS (negação de serviço distribuída) podem se mostrar mais eficazes e econômicas do que o modelo atual de uso de infraestruturas massivas únicas para combatê-los.

O blockchain também oferece uma maneira de criar registros transparentes de transações ou atividades — visíveis por qualquer pessoa, mas que não podem ser modificadas por ninguém, e para as quais apenas as partes autorizadas podem criar novas transações apropriadas.

Otimizando a Inteligência Artificial

Inteligência artificial, tecnicamente falando, refere-se à capacidade de um sistema eletrônico perceber seu ambiente e executar ações que maximizem a probabilidade de alcançar seus objetivos, mesmo sem o conhecimento prévio sobre as especificidades do ambiente e a situação em que se encontra.

Se essa definição parece complicada, é porque é. A definição de inteligência artificial de uma perspectiva prática parece ser um alvo em movimento. Conceitos e sistemas que eram considerados formas de inteligência artificial há uma ou duas décadas — por exemplo, tecnologias de reconhecimento facial — são tratados como sistemas de computador clássicos atualmente. Hoje, a maioria das pessoas usa o termo para se referir a sistemas de computador que aprendem, isto é, imitam como os seres humanos aprendem com a experiência a tomar cursos de ação específicos ao encontrar uma nova experiência. Em vez de serem pré-programados para agir com base em um conjunto de regras específicas, os sistemas de inteligência artificial examinam conjuntos de dados para criar os próprios conjuntos de regras generalizadas e tomar decisões relacionadas. Os sistemas otimizam as próprias regras à medida que encontram mais dados e veem os efeitos da aplicação de suas regras a eles.

A inteligência artificial provavelmente transformará a experiência humana, pelo menos tanto quanto a Revolução Industrial. A Revolução Industrial, é claro, substituiu os músculos humanos por máquinas — as últimas provando ser mais rápidas, mais precisas, menos propensas a ficar cansadas ou doentes e menos dispendiosas do que os primeiros. A inteligência artificial é a substituição do cérebro humano pelo pensamento do computador e, em algum momento, também se mostrará muito mais rápida, precisa e menos propensa a doenças ou sonolência do que qualquer mente biológica.

A era da inteligência artificial tem vários impactos importantes na cibersegurança:

» Uma crescente necessidade de cibersegurança.

» O uso da inteligência artificial como ferramenta de segurança.

» O uso da inteligência artificial como ferramenta de hackers.

308   PARTE 7 **Ao Infinito e Além**

Maior necessidade de cibersegurança

À medida que sistemas de inteligência artificial se tornam cada vez mais comuns, a necessidade de uma cibersegurança forte cresce drasticamente. Os sistemas de computadores tomam decisões cada vez mais importantes sem o envolvimento de seres humanos, o que significa que os riscos de não protegê-los também aumentam. Imagine se um hospital implementasse um sistema artificial para analisar imagens médicas e fazer diagnósticos. Se esse sistema ou seus dados fossem invadidos, relatórios incorretos causariam sofrimentos e mortes. Infelizmente, esse problema não é mais teórico (veja o box).

Obviamente, essa pesquisa representa apenas a ponta do iceberg. Os sistemas industriais de IA podem ser manipulados para alterar produtos de maneira a aumentar o perigo e a tecnologia de transporte projetada para otimizar rotas e melhorar a segurança recebe dados que aumentam o perigo e criam atrasos desnecessários.

Além disso, como malfeitores podem minar a integridade dos sistemas sem invadi-los, simplesmente introduzindo pequenas alterações difíceis de encontrar em grandes conjuntos de dados, e como as decisões tomadas pelos sistemas não se baseiam em regras predefinidas conhecidas pelos seres humanos que os criaram, proteger todos os elementos de tais sistemas se torna crítico. Uma vez que os problemas são introduzidos, seres humanos e máquinas provavelmente não serão capazes de encontrá-los ou mesmo saberão que algo está errado.

O ponto principal: para que os projetos de inteligência artificial sejam bem-sucedidos, devem incluir cibersegurança pesada.

A IA ALTERA RESULTADOS DE REM

Em 2019, pesquisadores israelenses descobriram que a tecnologia de inteligência artificial pode modificar imagens médicas de maneira a enganar os radiologistas e os sistemas projetados para diagnosticar condições médicas com base em exames, incluindo relatar câncer quando não existia e ignorá-lo quando existia. Mesmo depois que os pesquisadores disseram aos radiologistas envolvidos que a IA estava sendo usada para manipular as imagens de varredura, estes ainda não conseguiam fazer diagnósticos corretos e encontraram câncer incorretamente em 60% das varreduras normais nas quais tumores foram adicionados artificialmente, e não encontraram em 87% daquelas nas quais a IA os removeu.

Ferramenta de cibersegurança

Um dos maiores desafios que os profissionais de operações de cibersegurança enfrentam atualmente é ser praticamente impossível dedicar tempo suficiente para analisar e agir em todos os alertas produzidos pelas tecnologias da área. Um dos primeiros usos principais da inteligência artificial na área é como agente para priorizar alertas. Esse agente primeiro aprende como os sistemas são usados e quais atividades são anômalas, bem como quais alertas antigos realmente indicavam problemas sérios, em vez de atividades benignas ou problemas menores. As iterações futuras provavelmente envolverão a própria IA agindo sobre os alertas, em vez de encaminhá-los para os seres humanos.

Ferramenta de hackers

A inteligência artificial não é apenas uma ferramenta defensiva; também pode ser uma arma poderosa nas mãos dos invasores. Por razões óbvias, não forneço detalhes neste livro sobre como usá-la para iniciar ataques avançados, mas discuto exemplos gerais.

Os sistemas de IA podem, por exemplo, ser usados para varrer e analisar outros, a fim de encontrar erros de programação e configuração. Os sistemas de IA também podem ser usados para analisar organogramas, redes sociais, sites corporativos, comunicados de imprensa, e assim por diante, a fim de aplicar, e talvez até implementar, ataques de engenharia social com a máxima eficácia.

A IA também pode ser utilizada para minar sistemas de autenticação. Por exemplo, um sistema que recebe uma gravação de uma pessoa dizendo muitas coisas diferentes pode ser enganado por outro que imite a voz dela, mesmo que o sistema de autenticação solicite à IA que pronuncie palavras para as quais a IA não fez nenhuma gravação da voz humana.

LEMBRE-SE

O ponto principal é que, quando se trata do uso da IA como ferramenta de cibersegurança, é provável que haja uma batalha espiã entre ciberinvasores e ciberdefensores, tentando criar IAs cada vez melhores que derrotem o outro.

Experimentando a Realidade Virtual

Realidade virtual é uma experiência que ocorre dentro de uma realidade gerada por computador, e não no mundo real.

A tecnologia atual de realidade virtual exige que os usuários usem algum tipo de fone que lhes passe mensagens e bloqueie sua visão do mundo real (em alguns casos, em vez de usar um fone, o usuário entra em uma sala especial equipada com um projetor ou vários projetores, que gera um efeito semelhante). Essas imagens, combinadas com sons e, em alguns casos, movimentos físicos e outras experiências humanas sensíveis, fazem com que o usuário experimente o ambiente virtual como se estivesse realmente presente nele. Uma pessoa que usa equipamentos de realidade virtual pode se mover, olhar e interagir com ela.

A realidade virtual incorpora, pelo menos, componentes visuais e de áudio, mas também pode oferecer vibrações e outras experiências sensoriais. Mesmo sem informações sensoriais adicionais, um ser humano pode experimentar sensações, porque o cérebro humano muitas vezes interpreta o que vê e ouve em um ambiente virtual como se fosse real. Por exemplo, alguém andando de montanha-russa em um ambiente virtual pode sentir enjoo em uma queda acentuada, mesmo que, na realidade, não esteja se movendo.

Os ambientes virtuais imersivos podem ser semelhantes ou completamente diferentes do que uma pessoa experimentaria no mundo real. As aplicações populares da realidade virtual já incluem turismo (por exemplo, passear por um museu de arte sem estar lá), entretenimento (jogos em primeira pessoa) e propósitos educacionais (dissecação virtual).

Os sistemas de realidade virtual, é claro, são baseados em computador e, como resultado, têm muitos dos mesmos problemas de segurança que outros sistemas análogos. Mas a realidade virtual também apresenta muitas novas preocupações de segurança e privacidade:

» Alguém pode invadir ecossistemas de realidade virtual e lançar ataques visuais que desencadeiem convulsões ou dores de cabeça? (Sabe-se que luzes estroboscópicas de vários desenhos animados e em alguns monitores causam convulsões.)

» Outras pessoas podem tomar decisões sobre suas habilidades físicas com base no seu desempenho em aplicativos de realidade virtual? Governos, por exemplo, podem se recusar a emitir carteiras de motorista para pessoas com desempenho ruim em jogos de direção em realidade virtual? Seguradoras de automóveis podem coletar clandestinamente dados sobre os hábitos de dirigir das pessoas na realidade virtual e usá-los para aumentar seletivamente as taxas?

» Os hackers podem vandalizar um ambiente virtual, substituindo arte por pornografia, por exemplo, em um museu que oferece visitas virtuais?

» Os hackers podem representar uma figura de autoridade, como um professor em uma sala de aula virtual, criando um avatar semelhante ao usado pela pessoa e, assim, induzir outros usuários a tomarem ações prejudiciais (como pedir às pessoas respostas para testes, que podem roubar e passar como próprios para o verdadeiro professor)?

» Da mesma forma, os hackers podem se passar por um colega ou um familiar e, assim, obter e abusar de informações confidenciais?

CAPÍTULO 17 **Pequenas Tecnologias, Grandes Ameaças** 311

» Os hackers podem modificar os mundos virtuais de maneira a ganhar dinheiro no mundo real — como criar pedágios para vários lugares?

» Os hackers podem roubar uma moeda virtual usada em vários mundos virtuais?

» Os hackers podem usurpar o controle da experiência de um usuário para ver o que ele experimenta ou até modificá-la?

Em teoria, quando se trata de riscos criados pela realidade virtual, posso compilar uma lista que ocuparia um livro inteiro, e o tempo certamente dirá quais riscos serão problemas do mundo real.

Transformando Experiências com a Realidade Aumentada

Realidade aumentada é a tecnologia na qual imagens, sons, cheiros, movimentos e/ou outros materiais sensoriais gerados por computador são sobrepostos à experiência do usuário no mundo real, transformando a experiência em um composto de elementos reais e artificiais. A tecnologia de realidade aumentada pode adicionar elementos à experiência do usuário — por exemplo, mostrar a ele o nome de uma pessoa acima de sua cabeça à medida que se aproxima —, assim como remover ou mascarar elementos, como converter bandeiras nazistas em retângulos pretos com as palavras "Derrote o ódio" nelas.

GOOGLE GLASS

Google Glass é uma tecnologia de óculos inteligentes que consiste em um dispositivo de exibição e câmera embutido em óculos. O usuário vê informações sobrepostas ao seu campo de visão e pode se comunicar com os óculos por comandos de voz.

A primeira versão do Google Glass, em abril de 2013, gerou polêmica relacionada às possíveis implicações de privacidade criadas por pessoas que os utilizassem.

O Google Glass é um exemplo de tentativa inicial de realidade aumentada focada no consumidor que estava à frente do mercado. O Pokémon Go, por outro lado, foi um exemplo de jogo usando realidade aumentada que foi um enorme sucesso.

A realidade aumentada provavelmente se tornará uma parte importante da vida moderna na próxima década. Ela apresentará muitos riscos que a realidade virtual tem, bem como riscos associados à fusão dos mundos reais e virtuais, como a configuração de sistemas para associar indevidamente vários elementos do mundo real a dados virtuais.

Como em todas as tecnologias emergentes, o tempo dirá. Mas, se você decidir investir em tecnologias de realidade aumentada ou realidade virtual, não deixe de entender quaisquer problemas de segurança relacionados.

POKÉMON GO

Pokémon Go é um jogo de realidade aumentada para dispositivos móveis que foi lançado em julho de 2016, como resultado de uma colaboração entre Niantic, Nintendo e The Pokémon Company. O jogo, que é gratuito para jogar, mas oferece itens por uma taxa, tornou-se um sucesso imediato e foi baixado mais de meio bilhão de vezes até o final de 2016. Ele usa o GPS de um dispositivo móvel para localizar, capturar, combater e treinar criaturas virtuais, chamadas Pokémon, que aparecem na tela do dispositivo no contexto da localização do jogador no mundo real, sobrepostas à imagem que resultaria se o jogador estivesse apontando sua câmera para alguma área dentro do seu campo de visão.

No início de 2019, acredita-se que o jogo tenha sido baixado mais de um bilhão de vezes e gerado mais de US$3 bilhões em receita mundial.

314   PARTE 7 **Ao Infinito e Além**

8 A Parte dos Dez

NESTA PARTE...

Descubra como melhorar sua cibersegurança sem gastar muito.

Aprenda com os erros dos outros.

Aprenda a usar o Wi-Fi público com segurança.

> **NESTE CAPÍTULO**
>
> » Entendendo que você é um alvo
>
> » Protegendo-se com softwares
>
> » Criptografando, fazendo backup e muito mais

Capítulo **18**

Dez Formas Baratas de Se Proteger

Nem todas as melhorias de segurança exigem um grande desembolso de dinheiro. Neste capítulo você descobre dez maneiras de melhorar rapidamente sua cibersegurança sem gastar muito dinheiro.

Entenda que Você É um Alvo

As pessoas que acreditam que os hackers querem violar seus computadores e telefones e que os criminosos querem roubar seus dados agem de maneira diferente daquelas que não entendem a verdadeira natureza da ameaça. A internalização da realidade de hoje o ajudará a desenvolver um ceticismo saudável, além de impactar sua atitude e comportamento de várias outras maneiras — muitas delas você nem sequer percebe que o afetam.

Por exemplo, quando você acredita que é alvo de ciberataques, é menos provável que confie cegamente que os e-mails que recebe do seu banco foram realmente enviados pelo banco, e, assim, é menos provável que se torne vítima de golpes de

CAPÍTULO 18 **Dez Formas Baratas de Se Proteger** 317

phishing do que as pessoas que acham que não são alvos. As pessoas que acreditam que criminosos buscam suas senhas e números PIN também têm maior probabilidade de proteger melhor esses dados confidenciais do que aquelas que acham que os criminosos "não têm motivos para querer" seus dados.

Use Softwares de Segurança

Todos os dispositivos de computador (laptops, telefones, tablets etc.) que abrigam informações confidenciais ou serão anexados a redes com outros dispositivos precisam de softwares de segurança. Vários pacotes populares e baratos incluem antivírus, firewall, antispam e outras tecnologias benéficas.

Os dispositivos portáteis devem ter recursos de limpeza remota e software otimizado para sistemas móveis; lembre-se de ativar esses recursos assim que adquirir o dispositivo. Muitos telefones vêm com software de segurança pré-instalado pelos fornecedores; ative e use-o (para obter mais detalhes sobre a proteção de dispositivos móveis, veja o Capítulo 5).

Criptografe Informações Sigilosas

Armazene todos os dados confidenciais em formato criptografado. Se tiver dúvidas sobre se algo é sigiloso o suficiente para ser criptografado, é provável que sim, então erre por excesso e criptografe.

A criptografia é incorporada a muitas versões do Windows, e há muitas ferramentas gratuitas disponíveis. É impressionante a quantidade de dados confidenciais comprometidos que poderiam ter permanecido seguros se os agentes dos quais foram roubados usassem ferramentas de criptografia gratuitas.

Além disso, nunca transmita informações confidenciais, a menos que sejam criptografadas. Nunca insira informações confidenciais em nenhum site se ele não estiver usando a criptografia SSL/TLS, como evidenciado pelo carregamento da página com HTTPS, e não HTTP, uma diferença facilmente vista na linha de URL de um navegador da web.

A criptografia envolve algoritmos matemáticos complexos, mas você não precisa conhecer nenhum dos detalhes para utilizar e se beneficiar dela.

Um ponto de que você deve estar ciente, no entanto, é que há duas famílias principais de algoritmos de criptografia usadas hoje:

>> **Simétrica:** Você usa a mesma chave secreta para criptografar e descriptografar.

318 PARTE 8 **A Parte dos Dez**

» **Assimétrica:** Você usa uma chave secreta para criptografar e outra para descriptografar.

A maioria das ferramentas simples de criptografia utiliza a criptografia simétrica, e tudo de que você precisa se lembrar é de uma senha para descriptografar seus dados. Ao longo de sua carreira, no entanto, você pode encontrar vários sistemas assimétricos que exijam que estabeleça uma chave pública e uma chave privada. A chave pública é compartilhada com o mundo, e a chave privada é mantida em segredo. A criptografia assimétrica ajuda no envio de dados:

» Se deseja enviar informações a João para que apenas ele possa lê-las, criptografe os dados com a chave pública de João para que somente ele possa lê-las, porque é o único agente que a possui.

» Se deseja enviar informações a João e quer que ele saiba que você as enviou, criptografe os dados com sua própria chave privada, e João irá descriptografá-las com sua chave pública e saberá que você as enviou porque somente você tem a chave privada que combina com a pública.

» Se deseja enviar informações a João em um formato que somente ele possa ler e um formato que ele saiba que você enviou, criptografe com sua própria chave privada e com as chaves públicas de João.

Na verdade, como o assimétrico exige muito do processador, raramente é usado para criptografar conversas inteiras. Em vez disso, é utilizado para criptografar *chaves de sessões* especiais, ou seja, para transmitir às partes em uma conversa as chaves necessárias para a criptografia simétrica. Discussões adicionais sobre criptografia assimétrica estão além do escopo deste livro.

Sempre Faça Backup

Faça backup com frequência suficiente para que, se algo der errado, você não entre em pânico com a quantidade de dados perdidos porque seu último backup foi há muito tempo.

DICA

Veja uma regra geral: se não tem certeza se está fazendo backup com frequência suficiente, provavelmente não está. Por mais conveniente que pareça, não mantenha seus backups anexados a seu computador ou mesmo à sua rede de computadores (veja o Capítulo 13). Se mantiver os backups anexados dessa maneira, correrá um risco sério de que, se um ransomware ou outro malware conseguir infectar sua rede, também corromperá os backups, o que prejudicaria o motivo para fazê-los!

De preferência, os dois backups são armazenados no local e fora dele. O armazenamento no local permite que se restaure rapidamente. O externo garante que os backups estejam disponíveis mesmo quando um local se torna inacessível ou outra coisa devasta todos os equipamentos de computador e dados digitais em um lugar específico.

Mais uma coisa: teste regularmente se seus backups realmente funcionam. O backup é inútil se você não consegue restaurar seus dados a partir dele.

Não Compartilhe Senhas e Outras Credenciais de Acesso

Todas as pessoas que acessam um sistema importante devem ter as próprias credenciais de acesso. Não compartilhe senhas de banco online, e-mail, redes sociais e afins com seus filhos ou outras pessoas — cada um precisa ter o próprio acesso.

LEMBRE-SE

A implementação de tal esquema não apenas melhora a capacidade de rastrear a fonte dos problemas, se eles ocorrerem, mas, talvez o mais importante no caso das famílias, cria um senso de responsabilidade muito maior e incentiva as pessoas a proteger melhor suas senhas.

Use a Autenticação Adequada

Você provavelmente já ouviu o senso comum de usar senhas complexas para todos os sistemas, mas não exagere. Se o uso de muitas senhas complexas estiver causando a reutilização de senhas em vários sistemas sigilosos ou a anotação de senhas em locais não seguros, considere outras estratégias para formar suas senhas, como combinar palavras, números e nomes próprios, como custard4tennis6Steinberg. Veja o Capítulo 7 para ler mais detalhes.

Para os sistemas extremamente sigilosos, se formas mais fortes de autenticação, como a autenticação multifator, estiverem disponíveis, aproveite as ofertas e use-as.

Para os sistemas para os quais as senhas realmente não importam, considere o uso de senhas fáceis de lembrar. Não desperdice inteligência se não for necessário.

Como alternativa, use um gerenciador de senhas, mas não para as senhas mais sigilosas, porque é sempre bom manter um olho no peixe e outro no gato.

Use as Redes Sociais com Inteligência

O compartilhamento excessivo de publicações nas redes sociais causou e continua a causar muitos problemas, como vazamento de informações confidenciais, violação de regras de conformidade e assistência a criminosos para realizar ataques cibernéticos e físicos.

Verifique se o telefone não corrige automaticamente algum material confidencial ao postar e atente para não cortar e colar acidentalmente nada sigiloso em uma janela de rede social.

Separe o Acesso à Internet

Quase todos os roteadores Wi-Fi modernos permitem executar duas ou mais redes — use esse recurso. Se você trabalha em casa, considere conectar seu laptop à internet por uma rede Wi-Fi diferente daquela usada por seus filhos para navegar na web e jogar videogame. Conforme explicado no Capítulo 4, procure o recurso Convidado nas páginas de configuração do seu roteador — é onde você encontrará a capacidade de configurar a segunda rede (geralmente chamada de rede Convidado ou Guest).

Use o Wi-Fi Público com Consciência

Embora o Wi-Fi público seja uma grande conveniência que a maioria das pessoas utiliza regularmente, também cria sérios riscos à cibersegurança. Devido aos benefícios que o Wi-Fi público oferece, os profissionais de cibersegurança, que pregam que as pessoas devem deixar de usá-lo, têm a mesma probabilidade de sucesso em seus esforços do que teriam se tivessem as instruído a abandonar computadores inseguros e voltar para a máquina de escrever.

Como tal, é importante que você aprenda a usar o Wi-Fi público com segurança e compreenda várias técnicas para melhorar suas chances de se defender de pessoas maliciosas (veja o Capítulo 6).

Contrate um Profissional

Especialmente se estiver iniciando ou administrando uma pequena empresa, obter aconselhamento especializado pode ser um investimento inteligente. Um profissional de segurança da informação pode ajudá-lo a projetar e implementar sua abordagem de cibersegurança. O custo mínimo de uma pequena ajuda profissional pode se pagar muitas vezes em termos de tempo, dinheiro e agravos economizados no caminho.

LEMBRE-SE

As pessoas que o atacarão (cibercriminosos e outros hackers) têm e utilizam conhecimentos técnicos. Assim como você contrata um advogado se precisa resolver um crime, um médico se sente um vírus se aproximando e um contador se é auditado pela Receita Federal, contrate um profissional de cibersegurança.

> **NESTE CAPÍTULO**
>
> » **Observando a violação da Marriott, divulgada em 2018**
>
> » **Compreendendo a violação da Target**
>
> » **Conhecendo outras violações**

Capítulo **19**

Dez Lições das Maiores Violações

Aprender com as experiências dos outros pode evitar dores e sofrimentos desnecessários para as pessoas. Neste capítulo, discuto cinco violações que ensinam dez lições. Escolhi especificamente essas cinco porque impactaram diretamente a mim ou a um familiar, e, devido às magnitudes das respectivas violações, provavelmente também afetaram a você e aos seus entes queridos.

Marriott

Em novembro de 2018, a Marriott International divulgou que hackers violaram sistemas pertencentes à cadeia de hotéis Starwood já em 2014 e permaneceram nos sistemas até setembro de 2018, cerca de dois anos depois que a Marriott adquiriu a Starwood.

No momento da divulgação, a Marriott estimou que a violação pode ter afetado até 500 milhões de clientes e os dados comprometidos variavam apenas do nome e das informações de contato de alguns clientes a dados muito mais detalhados (incluindo números de passaporte, dados de viagens, números de viajantes frequentes etc.) para outros. A Marriott também estimou que os números de cartão de crédito de 100 milhões de pessoas — junto com as datas de vencimento, mas sem códigos CVC — foram comprometidos, mas esses dados estavam em um banco de dados criptografado, e a Marriott não viu nenhuma indicação clara de que os hackers que obtiveram os dados pudessem descriptografá-lo.

As evidências sugerem que o ataque contra a Marriott foi realizado por um grupo chinês afiliado ao governo chinês e lançado em um esforço para coletar dados sobre cidadãos dos EUA. Se tal atribuição estiver correta, a violação da Marriott provavelmente seria a maior violação conhecida até o momento por uma organização financiada pelo Estado-nação de dados civis pessoais.

Em julho de 2019, o Information Commissioner's Office do Reino Unido (OIC) anunciou que pretendia impor uma multa equivalente a US$123 milhões à Marriott como penalidade pela falta de proteção adequada dos dados do consumidor, conforme exigido pelo General Data Protection Regulation (regulamento geral de proteção de dados, da sigla em inglês GDPR) da União Europeia (veja o Capítulo 9 para obter mais informações sobre o GDPR). De acordo com um pedido da Marriott pela SEC, a empresa pretende recorrer à penalidade assim que a multa for formalmente apresentada, o que não havia acontecido no momento da escrita deste livro.

Embora muitas lições possam ser aprendidas, duas se destacam:

» **Quando alguém adquire uma empresa e sua infraestrutura de informações, é necessária uma auditoria completa de cibersegurança.** Vulnerabilidades ou hackers ativos dentro da empresa adquirida podem se tornar uma dor de cabeça para o novo proprietário, e os reguladores governamentais podem até tentar responsabilizar a empresa adquirente pelas falhas da empresa adquirida.

Como afirmou a comissária de informações do Reino Unido, Elizabeth Denham: "O GDPR deixa claro que as organizações devem ser responsáveis pelos dados pessoais que causam. Isso pode incluir a devida diligência ao fazer uma aquisição corporativa e a implementação de medidas de responsabilidade adequadas para avaliar não apenas quais dados pessoais foram adquiridos, mas também como são protegidos."

LEMBRE-SE

Não confie nas empresas adquiridas para divulgar problemas de cibersegurança; elas podem não estar cientes de problemas potencialmente graves.

» **Do ponto de vista da inteligência, os governos estrangeiros, sobretudo aqueles que competem com os Estados Unidos e outras potências ocidentais, valorizam dados sobre civis.** Tais governos podem procurar e usar informações para chantagear pessoas para espionarem, procurar pessoas com pressão financeira que possam ser receptivas a aceitar dinheiro em troca de serviços ilegais, e assim por diante.

Target

Em dezembro de 2013, a gigante cadeia de varejo Target divulgou que hackers haviam violado seus sistemas e comprometido cerca de 40 milhões de números de cartões de pagamento (uma combinação de números de cartões de crédito e débito). Nas semanas seguintes, a Target revisou esse número. No total, a violação pode ter afetado até 110 milhões de clientes-alvo, e as informações acessadas podem incluir não apenas as de cartão de pagamento, mas outras de identificação pessoal (como nomes, endereços, números de telefone e de e-mail).

Os hackers entraram na Target explorando uma vulnerabilidade em um sistema usado por uma empresa terceirizada de climatização HVAC que estava atendendo à Target e tinha acesso aos sistemas de ponto de venda da empresa de varejo.

Como resultado da violação, o CEO e o CIO da Target renunciaram, e a empresa estimou que a violação causou cerca de US\$162 milhões em danos à companhia.

Duas lições do incidente da Target se destacam:

» **A gerência será responsabilizada quando as empresas sofrerem ataques cibernéticos.** Carreiras pessoais podem ser prejudicadas.

» **Uma pessoa ou uma organização é tão segura quanto a parte mais vulnerável que tem acesso a seus sistemas.** Como um elo fraco de uma cadeia forte, um terceiro com segurança inadequada e acesso aos sistemas de alguém pode facilmente minar milhões de dólares em investimentos em cibersegurança. Os usuários domésticos devem considerar a moral da história da Target ao permitir que pessoas de fora usem seus computadores ou redes domésticas. Você pode ter cuidado com sua ciber-higiene pessoal, mas se permitir que alguém que não tenha cuidado se junte à sua rede, o malware no dispositivo também poderá se propagar para suas máquinas.

Sony Pictures

Em novembro de 2014, um hacker vazou dados confidenciais roubados do estúdio de cinema da Sony Pictures, incluindo cópias de filmes ainda não lançados da Sony, e-mails internos entre funcionários, informações sobre remuneração dos funcionários e várias outras informações pessoais sobre funcionários e suas famílias. O hacker também limpou muitos computadores na infraestrutura de informações da Sony.

O vazamento e a limpeza ocorreram após o hacker roubar dados da Sony por um ano, levando até 100 terabytes de material. Os executivos da Sony aparentemente consideraram spam várias demandas que o hacker havia comunicado por e-mail. O plano, procedimentos e contramedidas da Sony em cibersegurança não detectaram o grande volume de dados sendo transferidos ou tomaram medidas bastante insuficientes na detecção.

Após a violação, um agente que afirma ser o hacker ameaçou realizar ataques terroristas físicos contra cinemas que mostram o próximo filme da Sony, *The Interview*, uma comédia sobre uma trama para assassinar o líder norte-coreano Kim Jong-un. Com a credibilidade e as capacidades dos atacantes claramente declaradas pela violação, os operadores de cinema levaram a ameaça a sério, e muitas das principais redes de cinema norte-americanas afirmaram que não exibiriam *The Interview*. Como resultado, a Sony cancelou a estreia formal e o lançamento do filme nos cinemas, oferecendo-o apenas como uma versão digital para download, seguido por exibições limitadas nos cinemas.

Embora alguns especialistas em cibersegurança estivessem inicialmente céticos sobre a atribuição, o governo dos Estados Unidos culpou a Coreia do Norte pela invasão e ameaças subsequentes, e, em setembro de 2018, apresentou acusações formais contra um cidadão norte-coreano que alegou estar envolvido na execução do hack enquanto trabalhava para o equivalente norte-coreano da Agência Central de Inteligência.

Aqui estão duas lições que se destacam:

» Dependendo da tecnologia que a Sony realmente tinha, essa violação mostra a necessidade de implementar a tecnologia de prevenção de perda de dados e que a tecnologia de cibersegurança pode ser extremamente ineficaz se não for utilizada com adequação.

» Os Estados-nação podem usar ataques cibernéticos como uma arma contra empresas e indivíduos que consideram prejudiciais a seus objetivos, interesses e aspirações.

Escritório de Gestão de Pessoas

Em junho de 2015, o Escritório de Gestão de Pessoas (OPM) dos Estados Unidos, que gerencia processos e registros de pessoal do governo federal dos EUA, anunciou que havia sido vítima de uma violação de dados. Embora o escritório inicialmente tenha estimado que muito menos registros foram comprometidos, a estimativa final do número de registros roubados foi superior a 20 milhões.

Os registros roubados incluíam informações de identificação pessoal, como números de Previdência Social, endereços residenciais, datas e locais de nascimento etc. de funcionários atuais e antigos do governo, bem como de pessoas que foram submetidas a verificação de antecedentes, mas que nunca foram empregadas. Embora o governo inicialmente acreditasse que o conteúdo dos formulários sigilosos do SF-86 — que contêm todo tipo de informação usada nas verificações de antecedentes para obter autorizações de segurança — não estava comprometido, acabou divulgando que esses dados podem ter sido acessados e roubados, o que significa que os atacantes podem ter obtido um tesouro de informações privadas sobre pessoas com todo tipo de autorização de segurança.

Acredita-se que a violação do OPM seja uma combinação de mais de uma violação — uma provavelmente começou por volta de 2012 e foi detectada em março de 2014, e a outra, em maio de 2014 e não foi detectada até abril de 2015.

Muitas lições podem ser aprendidas, mas duas se destacam:

> » **As organizações governamentais não são imunes a violações graves** — e mesmo depois de violadas uma vez, ainda podem permanecer vulneráveis a violações subsequentes. Além disso, como seus colegas civis, podem não detectar violações por um tempo e podem subestimar inicialmente o impacto de determinada violação ou série de violações.

> » **As violações em uma organização podem afetar pessoas cujas conexões com ela já terminaram há muito tempo** — algumas pessoas nem lembram por que a organização tem seus dados. A violação do OPM impactou pessoas que não trabalhavam no governo há décadas ou que haviam solicitado autorização há muitos anos, mas que acabaram nunca trabalhando para o governo.

Anthem

Em fevereiro de 2015, a Anthem, a segunda maior seguradora de saúde dos Estados Unidos, divulgou que havia sido vítima de um ataque cibernético que comprometera informações pessoais de quase 80 milhões de clientes atuais e antigos. Os dados roubados incluíam nomes, endereços, números da Previdência Social, datas de nascimento e histórico de emprego. Acredita-se que os dados médicos não tenham sido roubados, mas os dados obtidos foram suficientes para criar sérios riscos de roubo de identidade para muitas pessoas.

Acreditava-se que a violação — provavelmente a maior da história do setor norte-americano de saúde — tenha ocorrido em 2014, quando um funcionário de uma subsidiária da seguradora clicou em um link em um e-mail de phishing.

Duas lições se destacam:

» **O setor de saúde está cada vez mais se tornando um alvo.** (Isso também se vê no tremendo número de ataques de ransomware direcionados a hospitais nos últimos anos, conforme visto no Capítulo 3.)

» **Embora muitas vezes as pessoas imaginem que violações de grandes corporações exigem técnicas sofisticadas de James Bond, a realidade é que muitas vezes, talvez na maioria, as violações graves são feitas por meio de técnicas simples e clássicas.** O phishing ainda faz maravilhas para criminosos. Os erros humanos são quase sempre parte integrante de uma violação grave.

> **NESTE CAPÍTULO**
>
> » Usando Wi-Fi público adequadamente
>
> » Protegendo-se ao usar Wi-Fi público

Capítulo **20**

Dez Opções Seguras com o Wi-Fi Público

Talvez você não perceba que pode fazer algumas coisas para se proteger ao usar o Wi-Fi público. Neste capítulo, você descobre dez maneiras de manter seus dispositivos seguros enquanto acessa o Wi-Fi público.

Use Seu Celular como Ponto de Acesso Móvel

Se você possui um plano ilimitado de dados de celular, pode evitar os riscos do Wi-Fi público transformando seu celular em um ponto de acesso móvel e conectando seu laptop e quaisquer outros dispositivos que não disponham de serviço de dados a ele, em vez de ao Wi-Fi público.

Desative o Wi-Fi Quando Não Estiver Usando

Desativar o Wi-Fi impedirá que seu dispositivo (sem notificá-lo) se conecte a uma rede com o mesmo nome que você conectou anteriormente. Os criminosos podem, e configuraram, pontos de acesso Wi-Fi com nomes semelhantes às redes Wi-Fi públicas populares, em um esforço para atrair as pessoas a se conectarem a redes envenenadas que encaminham suas vítimas para sites falsos ou distribuem malware para dispositivos conectados. Como um bônus, desligar o Wi-Fi também economizará a bateria.

Não Realize Tarefas Sigilosas por Wi-Fi Público

Não faça transações bancárias online, compre online nem acesse registros médicos online enquanto estiver usando uma conexão de Wi-Fi pública.

Não Redefina Senhas ao Usar o Wi-Fi Público

Você deve evitar redefinir as senhas pelo Wi-Fi público. Na verdade, deve abster-se de redefinir senhas enquanto estiver em um local público, independentemente de estar ou não usando o Wi-Fi público.

Use um Serviço de VPN

Se você não pode usar uma conexão de celular e deve usar a conexão de Wi-Fi pública para uma tarefa delicada, apesar da recomendação de não fazê-lo, pelo menos considere usar um serviço de VPN, que agrega vários benefícios de segurança. Há muitos serviços de VPN populares disponíveis hoje.

No entanto, existe uma desvantagem em usar um serviço de VPN. Você pode perceber que suas comunicações ficam um pouco mais lentas ou sofrem com maior latência do que sem o VPN em execução.

Use o Tor

Se não deseja que seu histórico de navegação seja rastreado por ninguém, considere navegar usando o Tor (veja o Capítulo 4), que passa suas comunicações por muitos servidores e torna o rastreamento extremamente difícil. Existem até navegadores Tor para smartphones. Como uma VPN, o Tor deixa suas comunicações mais lentas.

Use Criptografia

Use HTTPS, em vez de HTTP, para todas as páginas da web que o oferecem, impedindo que outros usuários na rede vejam o conteúdo de suas comunicações.

Desative o Compartilhamento

Se estiver usando um computador ou dispositivo que compartilha algum de seus recursos, desative todos e quaisquer compartilhamentos antes de se conectar ao Wi-Fi público. Se não tiver certeza se seu dispositivo compartilha recursos, verifique. Não assuma que isso não acontece.

Use Softwares de Segurança em Todo Dispositivo Conectado a Wi-Fi Público

Para computadores, os pacotes de segurança devem incluir, no mínimo, antivírus e recursos de firewall pessoal. Para smartphones e tablets, use um aplicativo planejado especificamente para protegê-los. E, claro, verifique se o software de segurança está atualizado antes de se conectar a redes de Wi-Fi públicas.

Wi-Fi Público É Diferente do Compartilhado

Nem todo Wi-Fi público é igualmente arriscado. Geralmente, existe um risco muito menor de ser desviado para sites falsos ou de malwares sendo entregues ao seu dispositivo se você usar a rede Guest protegida por senha em um site cliente, por exemplo, do que se usar Wi-Fi gratuito não protegido oferecido por um biblioteca pública. Isso não significa que você deve confiar totalmente na rede; outros convidados ainda representam riscos.

Índice

A

acesso
  auditável, 162
  limitar o, 161
  remoto, 11, 207
administradores de segurança, 291
adulteração, 28
adware, 36
ameaças persistentes avançadas (APTs),
  42
analista
  de segurança, 291
  de vulnerabilidade, 292
  forense, 294
área segura, 127
armário virtual, 236
armazenamento digital, 10
arquitetos de segurança, 291
arquivos ZIP, 278
ataque
  avançado, 41–42
  contenção, 216
  cross site scripting, 37
  DDoS, 22
    objetivo de um, 23
  de destruição de dados, 25
  de engenharia social, 12
  de serviço da web envenenado, 37–38
  direcionado, 41
  DoS, 22, 175
  etapas, 215
  oportunista, 41
  serviço da web envenenado, 37
  tipos, 22

water holing, 142
wiper, 25
ataques
  calculados, 40
  combinados, 40, 43
  DDoS, 19, 307
  de credenciais, 39
  de dicionário, 40
  de engenharia social, 39
  de phishing, 156, 224
  intermediários, 18
ativos, inventário, 187
auditor de segurança, 291
  do código-fonte do software, 293
autenticação, 131
  baseada em SMS, 134
  biométrica, 132–133
  formas de, 106–107
  multifator, 85, 106–107, 162, 163–164,
    175

B

backdoors, 304
backup, 76, 218, 233
  completo do sistema, 234–235, 266
  contínuo, 238, 273
  cópia local, 246
  criptografado, 250, 283
  de pastas, 239, 274
  descartar, 251
  de tarefas automatizadas, 245
  de terceiros, 246
  de unidades, 240–241, 275
  diferencial, 237–238, 272–273

ferramentas de, 243

incremental, 237, 271–272

dos sistemas, 272

nuvem, 247

parcial, 239–240, 274

provedor de terceiros, 282

restaurar dados, 236

software de, 279–280

unidade virtual de, 240

bait malware, 138

banco online, 84, 103

bancos de dados de senhas, 122

big data, 11

biometria, 132

BitLocker, 240, 275

blended malware, 36

blockchain

tecnologia, 306–308

bloqueio duplo, 168

boot, disco, 253

boot sectors, 32

botnets, 25

buffer, 201

C

cadeado, ícone, 112

carreiras, tipos, 295

cartão de crédito ou débito, 228

informações roubadas, 224

cartão de crédito virtual, 105

cavalo de Troia, 33, 36

CEH, certificado, 299

certificação

CISSP, 298

chaveiros digitais, 284

cibercrime, 10, 16

cibersegurança, 59

auditoria, 324

certificações, 298

computadores domésticos, 70

contratar profissional, 322

detecção, 76

elo fraco, 57

ferramenta IA, 310

funcionários, 160

mudanças

na política, impacto na, 13

na sociedade, impacto na, 12

papel da, 18–20

ramificação da segurança, 8

recuperação, 77

resposta, 76

sanções internacionais, 16

seguro, 79, 168, 191

significados, 8

CISM, credencial, 299

CISO, 186, 290

compartilhamento excessivo, 143

confidencialidade, 18

consultores de segurança, 293

contas fakes, 149

sinais de alerta, 153

controladores lógicos programáveis
(PLCs), , 47

CPTD, 92

componentes, 93

credenciais, 162

criptografia, 318

de ponta a ponta, 83

famílias, 318

criptógrafo,

criptógrafos, 291–292

criptominerador, 56

criptomoeda, 10, 253, 306–308

mineração de, 35, 307

restaurar, 284

334   Cibersegurança Para Leigos

D

dados, 102
    biométricos, 171
    integridade, 18
    precisão, 18
dark web, 23, 55
defesa do perímetro, 73
desastres externos, 59
desfiguração, 197
diretores de segurança, 290
dispositivos
    fixos, 89–90
    inteligentes, 11, 85
    móveis, 89–90, 95
drive-by downloads, 39

E

editor de registro, 200
eleições, 14
    Donald Trump, 15
    manipulação de bancos, 14
empresas públicas, 183
engenharia social, 58, 116, 138
    ataques de, 113, 138–142
    roubo de senha, 39
    seis conceitos, 142
engenheiros
    de segurança, 290
    de software, 293
envenenamento
    de DNS, 38
    digital, 111
equilíbrio de poder, 17
equipe de resposta a incidentes, 294
especialista
    em regulamentos
      de cibersegurança, 294
      de privacidade, 294
    em segurança, 293–294

exclusões, 276

F

Facebook, 152
fadiga da cibersegurança, 1
FCRA, 60
filhos, informações sobre, 146
firewall, 11, 290
    roteador, 73
fraude do CEO, 27
fraudes, 53
    prevenção, 189

G

General Data Protection Regulation
  (GDPR), 170–171
gerenciador
    de senhas, 126–127, 129
    de tarefas, 199
gerente
    de segurança, 290
      de software, 293
Google Glass, 312
Google Voice, 163
GSEC, certificação, 300
guerreiros cibernéticos, 12

H

hacker
    tipos, 52
hackers ofensivos, 292–293
hacktivismo, era, 15
hacktivistas, 24, 50
higiene cibernética, 83, 156
homem do meio, 29–30
HTTPS, 112, 318

Índice   335

I

imagem
    de fábrica, 235, 271
    do sistema, 234, 268
incidentes, plano de resposta, 189
informações
    compartilhadas, 81
    confidenciais, 88, 89
inteligência artificial, 308–310
interceptação, 29
Internet das Coisas (IoT), 11, 71–72, 85, 176, 304–305
IP, endereço, 74

K

keylogger, 35

L

latência, 200–201
leis de divulgação de violações, 170
Leve Seu Próprio Dispositivo (BYOD), 164
limpeza do sistema, 217–218
LinkedIn, 151
links envenenados, 142
localização, 148

M

malvertising, 38
malware, 10, 16, 32, 70
métodos de proteção de dispositivos, 94–95
métricas, 187
mídia de instalação, 236
Modo Privado/Navegação Anônima, 82

N

não spyware que também espiona, 35
navegador, redefinir, 222
nuvem, 248

O

os três pilares da segurança cibernética, 18–19

P

passphrases, 125
patches de segurança, 160
Payment Card Industry Data Security Standard (PCI DSS), 169
PCI DSS, padrão, 182
PCI, níveis, 169
perda de dados, 188
personificação, 26
pesquisadores de segurança, 292
phishing, 26, 138
PIN, 84
Plug and Play, 86
Pokémon Go, 313
ponta a ponta, criptografia, 83
portas virtuais, 205
preenchimento de credenciais, 122
privacidade, 80
    dicas, 82
    modo, , 83
proxy, 29, 203–204, 206

R

ransomware, 10, 33, 56, 196, 225
realidade
    aumentada, 312–313
    virtual, 310–312
recursos, controlar uso, 164
redefinição, 256, 258
    computadores Windows, 256
    difícil, 258–259, 261
    dispositivos Android, 257, 262
    dura, 261
    iPhone, 257, 264
    modelos Mac, 257, 263

tablets Samsung, 262

telefones Huawei, 262

redes sociais, 12, 63, 146, 167

regras e regulamentos, 183

regulamentos de cibersegurança

especialista,

regulamentos de privacidade

especialista,

resgate, 225

de rensomware, 25

resposta a incidentes

equipe,

restauração, 267

do sistema, 221

software de, 269

riscos

comerciais, 20

humanos, 187

para a privacidade, 19

para as finanças, 19

pessoais, 20

profissionais, 19

root, telefone, 104

roteadores Wi-Fi, 321

roubo

de bancos de dados de senhas, 39

de propriedade intelectual (IP), 31

senha

alterar, 129

autenticação, 121

corporativa, 166

fácil de adivinhar, 123

formato hash, 227

forte, 128

gerenciamento, 126

níveis de risco, 125

passphrases, 124

roubo de, 39

SplashData, 123

sequestro virtual, 145

sincronização, 239

smartphone, 91

smishing, 27

sniffing de rede, 40

software

de backup, 243–244

de segurança, 75, 109, 156, 219, 269, 318

SOX, lei, 182

spear phishing, 27

spyware, 35

SSL/TLS, 318

Stuxnet, malware, 46–47, 47, 49, 305

superfície de ataque, 180

S

sandbox, 172

scambaiting, 139

scareware, 34, 142

script kiddies, 48

Security+, certificação, 300

segmentos de rede, 176

segurança, 89, 187

da informação, 8

física, 88–89, 94

semente de recuperação, 253, 284

T

técnica do pretexto, 138

tecnologia antimalware, 78

Tela Azul da Morte, 206, 256

tendência viral, 148

terceirização, 13

testadores de invasão, 292

TLS/SSL, certificado, 175

tokens de hardware, 134–135

Tor, navegador, 82, 117

U

Unidade de Processamento Central (CPU), 22
USB, dispositivos, 135

V

violação, 70
    de dados, 88
violações, divulgação, 183
vírus, 32
vishing, 28
VPN, 175
vulnerabilidades zero day, , 47

W

whaling, 28
Wi-Fi público, 111, 329
Windows
    backup, 244, 280
    excluir arquivos e pastas, 276
    redefinir, 259
worms, 33

Z

zero day malware, 36

CONHEÇA OUTROS LIVROS DA PARA LEIGOS

Todas as imagens são meramente ilustrativas.

+ CATEGORIAS

Negócios - Nacionais - Comunicação - Guias de Viagem - Interesse Geral - Informática - Idiomas

SEJA AUTOR DA ALTA BOOKS!

Envie a sua proposta para: autoria@altabooks.com.br

Visite também nosso site e nossas redes sociais para conhecer lançamentos e futuras publicações!

www.altabooks.com.br

ALTA BOOKS
E D I T O R A

/altabooks ▪ /altabooks ▪ /alta_books